杨天石

著

胡适研究
长短录

团结出版社
·北京·

© 团结出版社，2025 年

图书在版编目（ＣＩＰ）数据

胡适研究长短录 / 杨天石著 . -- 北京 : 团结出版
社 , 2025.6.
ISBN 978-7-5126-5552-2

Ⅰ. K825.4-53

中国国家版本馆 CIP 数据核字第 2025QF3595 号

责任编辑：闫　妮
封面设计：阳洪燕

出　　版：团结出版社
　　　　　（北京市东城区东皇城根南街 84 号　邮编：100006）
电　　话：（010）65228880　65244790（出版社）
　　　　　（010）65238766　85113874　65133603（发行部）
　　　　　（010）65133603（邮购）
网　　址：http://www.tjpress.com
电子邮箱：zb65244790@vip.163.com
经　　销：全国新华书店
印　　装：三河市东方印刷有限公司

开　　本：170mm×240mm　　16 开
印　　张：24.75　　　　　　　　字　　数：287 千字
版　　次：2025 年 6 月 第 1 版　　印　　次：2025 年 6 月 第 1 次印刷

书　　号：978-7-5126-5552-2
定　　价：68.00 元
　　　　　（版权所属，盗版必究）

序

耿云志

胡适研究已经走过近半个世纪的历程。早在 20 世纪 90 年代，人们就说，大陆的胡适研究已成"显学"了。现在，大陆参与研究胡适的学者，已经有数百人。据截至 2013 年上半年的统计，1979 年以来大陆各种报刊所发研究胡适的论文和文章有多达三千篇，出版的专书达一百六十多部。近八九年来缺乏统计，但可以肯定会有大量的增加。新世纪以来，有大批年轻学者加入胡适研究的队伍。胡适研究向深、广两方面强劲推展，正未有已。

在这种情况下，我的朋友，著名近代史学者杨天石先生的《胡适研究长短录》将出版，实在是一件可庆幸的事。

胡适虽然非常关心政治，经常发表主张，参与政治论争，后来在抗日战争的特殊年代里又一度出任驻美大使，以后也长期同政府当局，同重要领导人保持密切联系，但他终归还是个学者、思想家。这样一个人，何以在四十多年来，成为学界关注最多，相关论著数量最大的历史人物呢？

　　我想，大概有三个方面的原因：其一，由于胡适在文学革命和新文化运动中所建立起来的知识领袖的地位，加之，他在文学、史学、哲学以及教育等诸多领域都有开创性贡献，有很大的影响力，有很高的社会声望和国际声望，所以他是研究中国近代思想史、文化史、学术史乃至政治史、外交史都绝对绕不开的人物。其二，从胡适离开大陆以后，他就一直被作为反面人物而不断地被批判，特别是在1954—1955年，全国掀起大规模的批判胡适的政治运动，批判文章、言论铺天盖地。以此，胡适的面目被全部抹黑，其历史地位与影响被全盘否定。这种情况到了改革开放的年代，到了拨乱反正的年代，自然会发生反弹。还历史以本来的面目，自然也就要求还胡适的本来面目。于是，实事求是地研究胡适，客观公正地评价胡适，就成了摆在学者们面前的重大课题。其三，胡适与中共在政治上的最大分歧是中共主张暴力革命，胡适主张和平改革。中共夺取政权之后，本应逐渐转向和平改革与建设的路线。但因主客观上的种种原因，这个转向被延误了三十年。只要不死抱住历史偏见不放，就会明白，在和平改革与建设的年代里，在实现国家现代化的过程中，胡适当年所反复强调的某些思想主张，对我们很有启发和借鉴的意义。

　　胡适是中国近代史特别是民国史上一个无法绕开的人物，更是一个有巨大影响的人物。如果他的影响不是足够巨大，就无法解释何以要那样动员全国的力量对胡适进行大批判。对这样一个人物，做实事求是的研究，可以帮助人们全面地、更加接近真实地了解历史，理解历史，并从中得到有益的启示。所以，研究胡适，不仅仅还胡适一个人的本来面目，而且是客观地、实事求是地研究中国近代史，特别是民国史，以及思想史、文化史、学术史无法回避的一个课题。这就是四十多年来，研究胡适特别受人注意的主要原因。

　　曾经终生提倡和平改革的胡适，我们从他那里究竟可以借鉴一些什么东西，这是可以从容讨论、深入探讨的问题。讨论，探讨，就要运用思想。"多想出智慧"，这是尽人皆知的古训。最可怕的是不思想。胡适曾说，他可以原谅自己政治上的敌人，却不能原谅自己不思想的坏习惯。不思想，就懒惰，就愚昧，就被别人牵着鼻子走，这是最不幸的。我在为刘波先生所作胡适画像的题词中说："读胡适的书，学会深入浅出，把道理说明白；读胡适的书，养成独立思考的习惯；读胡适的书，为国造因，勤谨和缓。"这也是我对胡适研究的主要期待。

　　二十年前，我在一篇文章里说，胡适研究将是个"常新的话题"。意思是，在进行现代化和民族复兴的长期而艰巨的历史征程中，胡适的一些思想主张，将仍然是人们继续关注的话题。

　　人类的思想总是因应生存环境的挑战而产生的。但有些影响深远的思想家，他们的思想往往超出一个短暂时代的范围，触及人类生存的一些具有普遍意义的问题，揭示了某些有普遍意义的真理，昭示了某种较长期的发展趋向。因此，他们思想中的某些方面，某些内容，某些命题，在他们死后很长时间还会屡次被重新提起，被重新解释。

　　回首检视过去一百年的奋斗历程，检视思想家们的思想遗产，人们开始有了新的认识。而胡适，因为曾遭遇全面的大批判和彻底的否定，因此他的思想主张仿佛是第一次被发现的一样，吸引了许多爱思考的人们的注意。就胡适这个历史人物而言，重要的是他为中国民族的命运曾经认真地、诚实地思考过。例如，他对于如何摆脱专制主义、宗法观念的束缚，解放人的创造力；应如何以开放的文化心态面对一个新的世界等问题所提出的主张。又例如，他提出只有不断地自觉的改革才能把国家引向现代化之路的主张，他坚信只有理性的民族主义才能帮助我们确立较为合理的世界秩序的主张，等等，在今天都值得中国人和全世界的人认真地思考。

杨天石先生的《胡适研究长短录》是有特别价值的一部书。天石先生研究思想史开始甚早，他的《泰州学派》等书，曾颇受老一辈的思想史专家侯外庐先生的重视。后来他被调入近代史研究所，从事民国史研究数十年。他对国民党史，对蒋介石尤有深入研究，对民国时期的其他重要人物及相关历史事件相当熟悉。因为胡适是绕不开的历史人物，所以天石先生在从事自己的研究工作中，颇积累了一些关于胡适的材料，有些还是很不易得的第一手材料。利用这些材料，天石先生以工作之余暇陆续写成这些关于胡适的专题论文和文章。最早的一篇写于1990年，最近的一篇写于2021年。一共二十篇，每篇各有其独到处。

天石先生是具有深厚学术素养的中国近代史著名学者，因为熟谙历史社会背景，是以论列人物，解释事件，都能准确到位。尤其是他善于寻觅线索，追踪史迹，挖掘材料，从而，每论到一个人物，常常能做到首尾连贯，事迹详瞻，全面而有深度。例如书中关于胡适与钱玄同，胡适与周作人，胡适与杨杏佛，胡适与蒋介石等文，虽然别人也可以写，但恐不易做到天石先生那样圆满。

天石先生自谦，说他这些研究胡适的文章，只是为胡适研究"敲边鼓，添热闹"。实则，远非如此。像天石先生这样著作等身的历史学者参与胡适研究，这本身就是为这项工作增光添彩。而且这也说明，胡适研究，确是中国当代一项有重大历史意义和现实意义的课题。大家可能知道，在海内外还有许多著名的历史学家做胡适研究，各有其特别的贡献。

胡适是在多学科、多领域都有开创性贡献的学者。今天从事研究胡适的，也包含多学科、多领域的学者。我相信，胡适研究的队伍会越来越大，胡适研究的成绩会越来越提高，胡适的思想主张会被越来越多的人了解。

2022 年春节过后，天石先生将其《胡适研究长短录》书稿发给我，要求我写一篇序。当时颇有点惶惶然。但又想，我与天石先生共事四十余年，从 1977 年一起撰写《中华民国史》第一卷起，在以后的学术工作中，在推展中国现代文化学会的工作中，以及许多共同参与的其他活动中，我们都一直在一起。如此交情，岂可固辞？遂答应勉力为之。今天草成此文，容有不周不妥之处，请天石先生及读者诸君批评指正。

2022 年 3 月 8 日于泰康之家·燕园

编者注：耿云志先生于 2024 年 8 月在北京逝世。

自序

　　胡适不是我的研究对象。我在大学所学专业虽是文学，但志在研究唐诗，想探寻唐诗成为中国古典文学高峰的原因，推动新时期诗歌创作高峰的再起。后来由研究柳亚子等人的南社转而研究近代文学，应该说，走近胡适了。不过，由于 1970 年 9 月庐山会议之后，理论界纷纷批判"唯心主义先验论"，我应中华书局之邀，于 1972 年赶写了一本题名为《王阳明》的小册子，第一版就印了三十万两千册，还被选送到日本展览。这在当时，算是一炮打响，自此，就被书局编辑、又黑又矮的"小老包"紧紧抓住，于是，写《泰州学派》，写《朱熹及其哲学》，一发而不可收，接二连三地写了几本中国哲学史的小册子。直到 1978 年 4 月，我被调入中国社会科学院近代史研究所。该所房屋原是胡适住宅，胡适逃离大陆时，大量文稿、文件、档案，就留在了原地。这批资料后来统称"胡适档案"。照道理说，资料就在身边了，然而，我还是没有开始研究胡适。

　　我的中学时期，各门功课，不论文科、理科，用南方话来说，都"呱呱叫"，全市统考，经常拿高分。用今天的语言说，大概可算是"学霸"。不过，由于大学时期读书用功，天真坦言，说过"走进北大，今后的道路是'通过学术为社会主义服务'。"不知怎的，这句话被理解为"拒绝思想改造"。整风鸣放时期，我虽然没有说过什么不妥的话，但被戴上一顶"白专"帽子，受到严厉批判。1960 年毕业，我被分配到南苑一个培养拖拉机手的短期训练班，教全校的"语文儿"。①后来转调到北京师范大学第一附属中学，"文革"后期"复课闹革命"，向解放军学习，我被安排当"连长"，可以主动排课。我当时视文学为雷区，就安排自己教英语和数学，不过为期很短，大部分时间也还是教语文。直到 1978 年 4 月，费了九牛二虎之力，我才被调入中国社会科学院近代史研究所。一晃之间，十八年过去了。自然，我勤勉教书、育人，受到学生的尊敬和喜爱。我当年的学生中许多人至今都还对我记忆犹深，这使我很感动。不过，个人做学问的最好时间却大部分抛荒了。

我之所以研究胡适，完全是美籍华人教授李又宁鼓励和催促的结果。李又宁，出生于江苏南京。十四岁时迁居我国台湾地区，先后进入台北第一女中，台湾大学历史系就读，最终获得美国哥伦比亚大学历史学博士学位。其后进入纽约圣若望大学任教。曾任该校亚洲研究所所长，主编《中国历史研究》(Chinese Studies in History)，创办天外出版社，是在中国台湾和美国华人学界都有盛名的历史学家。

又宁教授对中国历史有自己独特的看法，也有自己独特的研究途径。她最初研究中国的女权运动，继而倡导研究胡适，不仅要研究胡适本人，

---

①　约在 1960 年 10 月，我从北京大学毕业后，被分配到位于京郊南苑的"北京八一农业机械学校"，一位老干部看了介绍信，以标准的带儿化语尾的京腔问我："你是教语文儿的？"

而且要研究他的社会关系，因此主编《胡适和他的朋友》《胡适与他的学生》《胡适与国民党》《胡适与民主人士》等丛书多种、多册。近年来提倡研究在美华人，李教授称之为华美族。她主持华美族研究会已达四十年。这些年则日益注重蒋介石等中国近代史研究的更多方面。

我认识又宁教授，大概是 1988 年，正值她访华时期。又宁教授端庄、热情、大方、慷慨，乐于助人。1990 年，我应美中学术交流委员会之邀访美，第一站是纽约。李教授不仅从郊区远道赶到机场接我，而且热心地为我安排食宿，嘱咐哥伦比亚大学附近的一家中餐馆，要我每日到该馆就餐，只记账，餐费由她日后统付。其后我到波士顿哈佛大学、华盛顿美国国会图书馆和国家档案馆、加州斯坦福大学等处访问，长达六七个月，始终得到她周到、细致的关心和照顾。记得当年 4 月 6 日，第 42 届美国亚洲学会年会在美国芝加哥召开，这是世界研究亚洲学者的一次盛会。其时我刚到纽约不久，李教授就出资为我报名，买机票、订房间，亲自陪我参会，会后又陪我返回纽约。会议期间，主办方宣布成立胡适研究国际学会，名重一时的余英时教授任会长，又宁教授任理事长兼董事长。我曾两次参加以"胡适和他的朋友"为主题的小组讨论会，得以见到当时研究胡适的诸位世界名家。可以说，这是我走近胡适研究界的开端或契机。

古人有"余事"之说。清代外交家、政治改革家、诗人黄遵宪的《支离》诗云："穷途竟何世，余事作诗人。"我所学并非历史，之所以被调入近代史研究所，是因为董必武、周恩来等国家领导人多年、多次，要求编写《中华民国史》这一断代史书，为此而新成立的研究组需要写手。我 1978 年入所后，立即全力投入该书第一编的写作，初稿写出后又奉命参加通稿。其后又受命写作并主持《中华民国史》第二编第五卷的编辑。这样，研究中华民国史成了我的主业，蒋介石成了我关注的主要历史人物，胡适研究就始终只能是"余事"。不过，由于胡适的重要历史地位，研究民国史期间，我总会断断续续地接触到胡适及其相关资料，加之又宁教授在美国的不断命题或鼓励，我也就断断续续地做点胡适研究，写点长长短短的文章。这些文章，近日由我的助手闫妮女士收集起来，我检视之后，觉得虽远远未能进入胡适研究的堂奥，但所用资料，或稀见、难见，颇为珍贵，或反映胡适的一些秘密的政治主张和政治活动以及社会见解和文学观点，似乎对胡适研究也还有点补充、拾遗以及敲边鼓、添热闹的作用，遂同意结集。

举例说，胡适的《欧游日记》，原以缩微胶卷形式藏于美国，1990 年台湾远流版《胡适的日记》所未收。同年我访问美国时发现此件，遂于次年 7 月 10 日，在《团结报》发表文章及日记手稿书影，阐述胡适当时认为世界已经进入"为无产阶级争自由"的时代，他"充分的承认社会主义的主张"，制订党纲四条，准备组织"自由党"，为"内政改革"而斗争。这本日记及胡适当年的上述思想从来不为世人所知，我的文章发表后，《欧游日记》于五年后，才于 1996 年末引入国内。① 又如 1937 年，北平和天津相继为日本帝国主义侵占，胡适曾错误地主张承认"满洲国"，借以保障华北地区的安全。为此，他曾与人联合上书蒋介石，提出建议和条陈，被蒋介石拒绝并受到当时的参谋总长程潜等人的激烈批评。此事见于台北的蒋介石档案中。然而，胡适毕竟是爱国主义者，不久，他即受命出任驻美大使，向美国政府和人民宣传中国外交，争取美援。应该承认，胡适在美国的工作是努力的、有成绩的，但是，蒋介石却在 1942 年 8 月 15 日免去

---

① 《胡适研究丛刊》第 2 辑，中国青年出版社 1996 年 12 月版。

了胡适的驻美大使职务，改以魏道明继任。何以然？本书根据美国胡佛档案馆所藏《宋子文档案》揭开了这个秘密。

本书所利用的稀见资料还有美国哥伦比亚大学珍本和手稿图书馆所藏《陈光甫档案》，其中《陈光甫日记》为大陆同名图书所未收，《胡适与陈光甫谈话记录》则为1947年3月胡、陈二人在上海国际饭店的一份谈话稿，尚未刊行。谈话中，胡适盛赞国民党结束训政，开始宪政，以及所谓"还政于民"，是"中外政党史上从未有过的创举"，表现出对独裁者蒋介石及其腐朽政党的依恋和迷信。同一谈话中，他还透露了给中共领袖毛泽东写信，要求中共成为其理想中政治角色的秘密。

为了研究台湾时期蒋介石和胡适的晚年关系，我曾仔细研读二人的日记和相关资料，发现这一时期，胡适对蒋介石仍存幻想，蒋介石则继续利用胡适的声望为己服务，但是，由于胡适始终坚持自己的民主、自由理念，蒋介石对胡适的认识则逐步升级，由"妄人""无赖政客"，进而为"反动敌人"。

最后特别值得感谢的是钱玄同先生的长公子钱秉雄先生。我在整理钱玄同日记的过程中得到过他的许多帮助。在我要求阅读钱玄同生前未刊往来书札时，他与其公子端伟弟兄二人又尽其所有出示并出借给我，现在本书所介绍的胡适致钱玄同论《醒世姻缘传》的信件，就是秉雄先生从钱玄同的藏书中发现的。据胡适研究专家欧阳哲生先生告诉我，此函连胡颂平所编资料宏富的《胡适之先生年谱长编初稿》增补版都未提到。一查，果然。

胡适研究之路并非坦途。据说早些年，某出版社计划再版《胡适文存》，受到过严厉反对。我的朋友耿云志教授长期提倡研究胡适，他的最大贡献是将近代史研究所收藏的"胡适档案"编辑为《胡适遗稿及秘藏书信》，皇皇 42 巨册。相信只要胡适研究存在，这套书也将永传学界。云志教授在编辑这套资料的同时，还写了多种研究胡适的专著，受到学界瞩目，成为这一领域的大家和权威。和云志一起写作《中华民国史》第一编以来，我们已同事数十年之久。此次承他惠允为本书作序，厚情高谊，感何如之！

杨天石

2022 年 1 月 26 日，3 月 11 日改定

目 录

溥仪出宫、胡适抗议及其论辩 ①

溥仪出宫本来是 1912 年制订的清室优待条件规定的。此项条件共八款。其第一款规定："大清皇帝辞位之后，尊号仍存不变。中华民国以待各国君主之礼相待。"其第二款规定："大清皇帝辞位之后，岁用百万两，俟改铸新币后，改为四百万元，此款由中华民国拨用。"其第三款规定："大清皇帝辞位之后，暂居宫禁，日后移居颐和园。侍卫人等，照常留用。"当时不少革命党人就对这一优待条件表示不满，认为"存废帝之名，辱我民国；糜四兆之款，吸我利源"，它"貌袭文明，实伏乱源"，要求修改或推翻。孙中山虽同情这一主张，但因客观条件限制，无力改变。民国初年，清室曾经有过按优待条件搬往颐和园的准备，但因感到袁世凯无相逼之意，也就在紫禁城里住下来了。此后，经过张勋复辟，社会上不断有人呼吁废除溥仪尊号，令其出宫，但历届北洋政府均意在优容，这就使得溥仪在"黄圈圈"里继续做他的小皇帝。这种情况，直到 1924 年冯玉祥发动"首都革命"

---

① 原载《团结报》，1989 年 4 月 8 日，录自杨天石《哲人与名士》，中国人民大学出版社 2007 年版。

后才得以改变。

当年 11 月 4 日，黄郛摄政内阁会议通过修改清室优待条件，其主要内容为："永远废除皇帝尊号，与国民在法律上享有同等权利"；"每年补助清室家用五十万元"；"清室按照原优待条件即日移出宫禁，自由选择住居，但民国政府仍负保护责任。"次日，溥仪被迫出宫。有关情节，电视剧《末代皇帝》有很多生动的表现。

废除溥仪尊号、令其出宫一事得到了社会舆论的普遍赞扬。章太炎致电黄郛等人，誉为"第一功"。他认为，溥仪身在"五族共和"之中，而妄行复辟，制造内乱，本应受刑事处分，现在饶他一命，令其出宫，"仍似过宽，而要不失为优待"。孙中山也致电冯玉祥，认为"复辟祸根既除，共和基础自固"。即使是溥仪本人，虽然满肚子不高兴，也不得不在对记者谈话时表示："余极愿为一自由之人，长此困守深宫，举动胥为礼法束缚，余甚难堪。此次出宫，为余夙愿，今始克偿，故并无其他不便之感。"但是，出人意料的是，被认为是"新文化领袖"和"新思想代表"的胡适却提出了抗议。11 月 5 日，胡适致函外交总长王正廷，内称：

先生知道我是一个爱说公道话的人，今天我要向先生们组织的政府提出几句抗议的话。今日下午外间纷纷传说冯军包围清宫，逐去皇帝；我初不信，后来打听，才知道是真事。我是不赞成清室保存帝号的，但清室的优待乃是一种国际的信义，条约的关系。条约可以修正，可以废止，但堂堂的民国，欺人之弱，乘人之丧，以强暴行之，这正是民国史上的一件最不名誉的事。

函中所言"欺人之弱",意指溥仪为弱者;所谓"乘人之丧",则指半个月前瑾太妃去世。胡适发出此信后,还亲赴醇亲王府向溥仪表示慰问,声称"这在欧美国家看来,全是东方的野蛮"。

胡适的抗议信部分发表于 11 月 9 日的《晨报》。除了溥仪的英文老师庄士敦致函胡适表示赞许外,进步人士纷纷指责。周作人致函胡适,认为在民国放着一个复过辟而保存着皇帝尊号的人,在中国的外国报纸又时常明说暗说地鼓吹复辟,十分危险。他说:

> 这次的事,从我们秀才似的迂阔的头脑去判断,或者可以说是不甚合于"仁义",不是绅士的行为,但以经过二十年拖辫子的痛苦的生活,受过革命及复辟的恐怖的经验的个人的眼光来看,我觉得这乃是极自然极正当的事。

12 日,胡适复函周作人,回忆他 1922 年和溥仪的第一次相见,认为溥仪在那时就诚心诚意要求"取消帝号""不受优待费",并称庄士敦也"没有什么复辟谬论",因此,完全可以从容办理,多保存一点"绅士的行为"。信末,胡适表示,倘要讨论"什么是极正当",那就非二十五万字不可,自己不愿继续讨论下去。

继周作人之后,李书华、李宗侗也致函胡适,对他的言论表示"非常骇异"。信中说:

> 中华民国国土以内,绝对不应该有一个皇帝与中华民国同时存在。皇帝的名号不取消,就是中华民国没有完全成立,所以我们对于清帝

废除帝号，迁出皇宫，是根本上绝对赞同的。这是辛亥革命应该做完的事，而现在才做完，已经迟了十三年了。

针对胡适所谓优待清室乃是一种"国际信义"和"条约关系"的说法，信中提出："这是民国对于清废帝的关系，与国际条约的性质，当然不能相提并论。"针对胡适所谓"欺人之弱，乘人之丧，以强暴行之"的说法，信中指出："对于溥仪先生的帝号，当然不能承认是他应有的权利。所以修改优待条件的举动，当然与强者对弱者强夺完全不同。至于'乘人之丧'的理由，尤其不能成立。清室取消帝号的问题，是民国国体的问题，焉能与一妃之丧拉在一齐？"

对二李的批评，胡适复函称："你们两位既屡以民国为前提，我要请你们认清一个民国的要素在于容忍对方的言论自由。"他满腹牢骚地说：

　　一个民国的条件多着呢！英国不废王室而不害其为民国，法国容忍王党而不害其为民国。我并不主张王室的存在，也并不赞成复辟的活动。我只要求一点自由说话的权利，我说我良心上的话，我也不反对别人驳我。但十九日来，只见谩骂之声，诬蔑之话，只见一片不容忍的狭陋空气而已。

他表示：

　　你们既说我是"根本错误"，我也不愿申辩。我只要指出，在一个民国里，我偶然说两句不中听、不时髦的话，并不算是替中华民国丢脸出丑。等到没有人敢说这种话时，你们懊悔就太迟了。

胡适的这封信明显地离开了原来论辩的主题，因此二李于 12 月 5 日再次致函胡适，说明："我们的信，不过是与你辩论是非，并没有一点干涉你自由说话权利的意思。你的信中，屡次提到言论自由，似乎已到题外。"二李并指出，"英国不废王室"确是事实，但英国只能算作君主立宪国，而不能称为民国；法国虽"容忍王党"，但没有保存王号，路易十六还被送上了断头台。信末，二李套用胡适的话说：

> 我们知道你是个"并不主张王室存在，也不赞成复辟活动"的人，但是这种人，国内仍然不少，异日他们如果对于中华民国弄出他种是非的时候，还要以你"偶然说的两句话"为借口，那个时候，"你懊悔就太迟了"！

对此信，胡适未再作复，真的"不愿申辩"了。

钱玄同与胡适①

钱玄同和胡适的友谊始于"五四"前夜，延伸至 21 世纪 30 年代。二人的思想性格虽然有较大的反差，但二十多年中，始终互相支持，互相影响，共同为中国新文化事业作出了巨大贡献。

一、"小批评，大捧场"

古有所谓"神交"之说，常用以指人们虽未见面，却已经精神交通，成为莫逆。钱玄同与胡适的友谊即发端于"神交"。1917 年 1 月 1 日，《钱玄同日记》云：

> 往访尹默，与谈应用文字改革之法。余谓文学之文，当世哲人如陈仲甫、胡适之二君均倡改良之论。二君邃于欧西文学，必能于中国

---

① 原载李又宁主编《胡适和他的朋友》第一集，（纽约）天外出版社 1990 年版。2022 年 2 月增改。

钱玄同

文学界开新纪元。余则素乏文学智识，于此事全属门外汉，不能赞一辞，而应用文之改革，则二君所未措意。其实应用文之弊，始于韩、柳，至八家之文兴，桐城之派倡，而文章一道，遂至混沌。晚唐以后，至于今日，其间能撇去此等申申夭夭之丑文字者，惟宋明先哲之语录耳。今日亟图改良，首须与文学之文划清，不能存丝毫美术之观念，而古人文字之疵病，虽见于六艺者，亦不当效。①

尹默，沈尹默，学者、诗人、书法家。时任北京大学教授。当时，胡适还是个二十二岁的年轻人，正在美国哥伦比亚大学研究哲学，同时探索中国文学改革的道路。1916年8月，他寄书陈独秀，提出文学革命八条件。11月，写成《文学改良刍议》。钱玄同于此即断言，胡适"必能于中国文学界开新纪元"，这不能不说是独具慧眼。1月7日日记又云：

至尹默处，携胡适之《论句读及文字符号》一文（见《科学》第二卷第一期）往。因客冬尹默与幼渔及我，选有关于中国古今学术升降之文百余篇，拟由学校出资排印，尹默意欲用西文点句之法及加施种种符号，将以胡文所论供参考。此意我极谓然。

① 本文所引《钱玄同日记》，均据钱秉雄先生家藏未刊原稿。2014年8月，此稿由钱先生委托，杨天石主编，鲁迅博物馆阎彤等及杨天石弟子刘贵福共同整理，交北京大学出版社出版。

幼渔，马裕藻的字，也是北京大学教授。胡适的《论句读及文字符号》发表于 1915 年，当时并未受到重视，但是，钱玄同、沈尹默却敏感地注意到了，并且试图立即加以实践。

胡适的《文学改良刍议》当年 1 月在《新青年》二卷五号发表，钱玄同立即致函陈独秀，表示"极为佩服"，"其斥骈文不通之句，及主张白话体文学，说最精辟"，钱玄同并称：

> 具此识力，而言改良文艺，其结果必佳良无疑，惟选学妖孽，桐城谬种，见此又不知若何咒骂，虽然得此辈多咒骂一声，便是价值增加一分也。①

选学，指《文选》之学。《文选》，又名《昭明文选》。六朝时梁武帝长子萧统组织文人编辑，选录周至六朝时一百三十余名作者和少数佚名作者的七百余篇作品。桐城，指清代中叶流行起来的以方苞、刘大櫆为代表的桐城派古文。钱玄同称之为"妖孽"和"谬种"，代表了他对当时以文言写作的两种旧的文学派别的蔑视。

2 月 15 日，钱玄同再次致函陈独秀，特别肯定胡适的"不用典"的主张，认为此论"实足祛千年来腐臭文学之积弊"。② 他以中国文学的发展历史说明，齐、梁以前的文学，如《诗经》《楚辞》、汉魏歌诗、乐府等，朴实真挚，从无用典者，只是到了后世，才习非成是，竞相用典，成为文学窳败的一大原因。在《文学改良刍议》中，胡适虽主张"不用典"，但又认

---

① 《新青年》第二卷第六号，《通信》，第 12 页。
② 《新青年》第三卷第一号，《通信》，第 1—2 页。

为"工者偶一用之，未为不可"，特别举了苏轼诗、江亢虎文等为例，作为"用典之工"的例子。对此，钱玄同不以为然，认为无论工拙，用典均为行文之病；至于普通应用文，更须老老实实讲话，务期老妪能解。他表示：

> 白话中罕有用典者，胡君主张采用白话，不特以今人操今语，于理为顺，即为驱除用典计，亦以用白话为宜。弟于胡君采用白话之论，固绝对赞同者也。①

信中，钱玄同还就文章中人的称谓、骈散、文法，小说、戏剧的文学价值等问题，广泛发表了看法。信末，钱玄同再次表示了他对"桐城巨子""选学名家"的蔑视，称他们的作品为"高等八股"。

钱玄同是章太炎的弟子，有名的声韵训诂学家，当时是北京大学教授，他的信使胡适有受宠若惊之感。尽管胡适正在紧张地准备博士考试，还是于5月10日复函陈独秀，接受钱玄同的批评，承认所举用典五例，有"不当"和"失检"之处，对钱玄同所论文中称谓、骈散、文法等问题，均"极表同情"。②信中，胡适也对钱玄同所论《聊斋志异》等小说提出了不同看法，由此二人反复通信，展开了中国古典小说评价问题的讨论。

钱玄同对《文学改良刍议》的批评是局部的、细节性的，而肯定则是总体的、根本性的，胡适后来称之为"小批评，大捧场"。他说："钱玄同教授则没有写什么文章，但是，他却向陈独秀和我写了些小批评，大捧场的长信，支持我们的观点。这些信也在《新青年》上发表了。钱教授是位

---

① 《新青年》第三卷第一号，《通信》，第1—2页。
② 《新青年》第三卷第四号，《通信》，第7页。

古文大家，他居然也对我们有如此同情的反应，实在使我们声势一振。"①

读了胡适的《文学改良刍议》后，钱玄同一直想写一篇《论应用之文亟宜改良》，因课务繁忙，未能执笔。7月，《新青年》三卷五号发表了他的致陈独秀函，提出应用文改革大纲十三事，其主要者为"以国语为之""绝对不用典""无论何种文章，必施句读及符号""凡纪年，尽改用世界通行之耶稣纪元""改右行直下为左行横迤"等。稍后，钱玄同又致函陈独秀，建议《新青年》同人带头使用白话。他说：

> 我们既然绝对主张用白话体做文章，则自己在《新青年》里面做的，便应该渐渐地改用白话。我从这书通信起，以后或撰文，或通信，一概用白话，就和适之先生做《尝试集》一样的意思，并且还要请先生、胡适之先生和刘半侬（农）先生都来尝试。②

钱玄同满怀信心地表示："若是大家都肯'尝试'，那么必定'成功'。'自古无'的，'自今'以后一定会'有'了。"

《新青年》同人积极响应钱玄同的倡议，自此，愈来愈多的人采用白话写作，中国文化发展中长期存在的言文脱节现象得到彻底纠正，文学语言、书面语言迈上了健康发展的大道。

---

① 胡适英文口述稿，唐德刚编校译注《胡适的自传》，见《胡适研究资料》，北京十月文艺出版社1989年版，第248页。

② 《新青年》第三卷第六号，《通信》，第11页。

二、初次相识

1917 年 8 月，胡适应蔡元培之邀，回国任北京大学教授，讲授中国古代哲学史。10 日，到达北京。12 日，蔡元培在六味斋设宴接风，陪客有蒋竹庄、汤尔和、陶孟和、沈尹默、沈兼士、马幼渔及钱玄同等七人，这是钱、胡二人第一次见面。[①]14 日，钱玄同赴北大拜访胡适，未晤。19 日，钱玄同再至北大拜访，二人"畅谈甚乐"。胡适兴奋地谈起他对于中国儒学的新看法：

> 自汉至唐之儒学，以《孝经》为主，自宋至明之儒学，以《大学》为主。以《孝经》为主者，自天子以至庶人，均因我为我父之子，故不能不做好人，我之身但为我父之附属品而已。此种学说，完全没有个"我"。以《大学》为主，必先诚意、正心、修身，而后能齐家、治国、平天下，此乃以"我"为主者，故陆、王之学均能以"我"为主。如陆九渊所言，我虽不识一字，亦须堂堂做一个人是也。[②]

封建主义力图压抑、桎梏以至虐杀"我"，"五四"先驱者们则力图拯救、发现以至扩张"我"。胡适的这段议论未必是对儒学发展的正确总结，但他力图重新审视中国思想史，并且力图用一种新的观点加以阐释，因此，使钱玄同极为佩服，归来后立刻在日记中记述了这段谈话，并且加了一句评

---

① 《钱玄同日记》，1917 年 9 月 12 日。
② 《钱玄同日记》，1917 年 9 月 19 日。

钱玄同日记书影

语："此说可谓极精。"

胡适又说：

> 古书伪者甚多。然无论何书，未有句句皆具本来面目者，读书贵
> 能自择，不可为古人所欺。①

中国人喜欢托古立言或托古改制，因此，中国浩如烟海的文化典籍中
便掺进部分伪书。胡适看出了这一点，强调"自择"，摆脱古人的蒙蔽以发
现历史的"本来面目"，这一思想成为他后来提倡疑古辨伪的发端。对此，

---

① 《钱玄同日记》，1917 年 9 月 19 日。

钱玄同也很佩服，认为"此说亦极是"。

9月25日，钱玄同第三次去北大拜访胡适，从下午三点谈到六点。这次，还是胡适高谈阔论。他说：

> 现在之白话，其文法极为整齐。凡文言中止词为代名词者，每倒在语词上，如不己知、莫我知、莫余毒、不吾欺、不汝理、我诈尔虞之类，在白话则不倒置，略一修饰，便成绝好之文句。

胡适表示，他准备编辑《白话文典》一书，对此，钱玄同表示："此意吾极以为然。"[①]

两次谈话，胡适思想活跃，才华焕发，使钱玄同极为倾倒，他开始在各种场合赞美胡适。10月2日，钱玄同见到朱希祖，盛赞胡适的《墨经新诂》"做得非常之好"。[②]唐人杨敬之诗云："平生不解藏人善，到处逢人说项斯。"钱玄同之于胡适，颇有杨敬之对项斯的意味了。

在此期间，胡适和钱玄同之间多次通信，讨论并设计新式标点符号。[③]1918年1月，钱玄同在《新青年》四卷二号提出繁式和简式两种方案。1919年11月，胡适和钱玄同又联合马裕藻、周作人、朱希祖、刘半农，向教育部提出《请颁行新式标点符号议案》。[④]今天广为通行的标点符号正是他们当年呼吁、奋斗的结果。

---

① 《钱玄同日记》，1917年9月25日。
② 《钱玄同日记》，1917年10月2日。
③ 参见《胡适致钱玄同函》，1917年9月28日、30日，《中国现代文艺资料丛刊》第五辑，上海文艺出版社1980年版，第288—290页。
④ 《胡适文存》卷一。

三、关于中国小说的讨论

戊戌变法前后，严复、夏曾佑、康有为、梁启超等人为了启迪民智，开始重视小说的社会作用和艺术功能，小说在文学各门类中的地位得到了前所未有的提高。五四时期，胡适、钱玄同为了提倡白话文学，小说的地位再一次升腾，成了"正宗"，因此，小说研究也就进入学术之宫，逐渐成为显学。

在《文学改良刍议》中，胡适于批判以模仿为能事的诗人、古文家的同时，高度评价《水浒传》《红楼梦》《儒林外史》以及吴趼人、李伯元、刘鹗的小说。他说："吾每谓今日之文学，其足与世界'第一流'文学比较而无愧色者，独有白话小说。"① 钱玄同大体同意上述看法，他根据胡适所提出的批评标准对中国小说做过一个总体分析。1917 年 2 月 25 日函云：

> 前此小说与戏剧在文学上之价值，窃谓当以胡先生所举"情感"与"思想"两事来判断。其无"高尚思想"与"真挚情感"者，便无价值之可言。旧小说中十分之九，非诲淫诲盗之作，即神怪不经之谈，否则以迂谬之见解，造前代之野史，最下者，所谓"小姐后花园赠衣物""落难公子中状元"之类，千篇一律，不胜缕指。故小说诚为文学正宗，而前此小说之作品，其有价值者乃极少。②

---

① 《新青年》第二卷第五号，第 13 页。
② 《胡适文存》卷一，第 35 页，《新青年》三卷一号所载文字与此有小异。

　　钱玄同反对胡适对《老残游记》的评价，认为该书只有写毓贤残民以逞一段是好的，其他所论，"大抵皆老新党头脑不甚清晰之见解"。

　　在"五四"先行者中，钱玄同的批判色彩最浓，而胡适则较淡。5月10日函中，胡适承认钱玄同对《老残游记》的批语中肯，但是，在若干小说的评价上，胡适也表示"未敢苟同"。

　　《聊斋志异》：钱玄同认为"全篇不通"，胡适认为"此言似乎太过"。

　　《西游记》：钱玄同认为"神怪不经"，胡适认为"其妙处在于荒唐而有情思，诙谐而有庄意"，其中写孙行者历史的八回，"在世界神话小说中实为不可多得之作"。

　　《七侠五义》：钱玄同视为"诲盗"之作，胡适认为"其书似亦有深意"。

　　《三国演义》：钱玄同视为"见解迂谬"之作，胡适视为世界历史小说中"有数的名著"，特别赞美它对于读者的"魔力"。

　　此外，胡适特别提出，《镜花缘》一书为吾国倡妇权者之作，寄意深远，请钱玄同注意。①

　　"五四"先行者们有一种坦率真诚的美德，既勇于坚持真理，也勇于修正错误。7月2日，钱玄同致函胡适，纠正自己在《聊斋志异》和《西游记》两书评价问题上的偏颇。他表示，《聊斋志异》一书，指责龌龊社会，讪笑肉食者流，就作意而言，尚有可取之处；而《西游记》一书，确可与《水浒传》《儒林外史》《红楼梦》三书并列为第一流小说。但是，在《三国演义》的评价上，钱玄同仍然坚持自己的看法——"未知其佳处"。他认为，该书的"帝蜀寇魏之论，原极可笑"，而关羽的影响，尤为不佳，函称：

---

　　① 《新青年》第三卷第四号，《通信》，第7—9页。

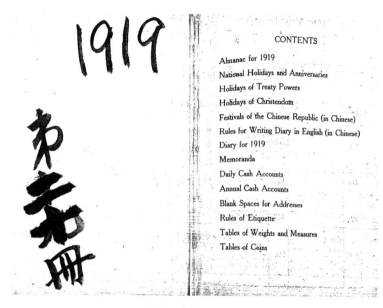

CONTENTS

Almanac for 1919
National Holidays and Anniversaries
Holidays of Treaty Powers
Holidays of Christendom
Festivals of the Chinese Republic (in Chinese)
Rules for Writing Diary in English (in Chinese)
Diary for 1919
Memoranda
Daily Cash Accounts
Annual Cash Accounts
Blank Spaces for Addresses
Rules of Etiquette
Tables of Weights and Measures
Tables of Coins

钱玄同自编日记封面

　　明清两代，社会上所景仰之古人，就是孔丘、关羽二位……不但愚夫愚妇信仰"关老爷"，即文人学士亦崇拜"关夫子"。此等谬见，今后亟应扫荡无疑。玄同之不以《三国演义》为佳著者，此也。

　　信中，钱玄同还特别谈到了《金瓶梅》，认为其作意与《红楼梦》相同，"若抛弃一切世俗见解，专用文学的眼光去观察，则《金瓶梅》之位置，固亦在第一流也"。①

　　11月20日，胡适复函钱玄同，继续阐述对《三国演义》的看法，认为"以小说的魔力论，此书实具大魔力"，至于褒刘贬曹，不过是受了习凿

---

① 《新青年》第三卷第六号，《通信》，第15—18页。

齿和朱熹的影响，并非独抒己见。关于《金瓶梅》，胡适认为"即以文学眼光观之，亦殊无价值"。他说："文学之一要素，在于'美感'。请问先生读《金瓶梅》，作何美感？"①

钱玄同对《金瓶梅》的看法很快就改变了。还在 7 月末，他就致书陈独秀，指出该书"虽具刻画社会的本领，然而描写淫亵，太不成话"。②11月下旬，他又复函胡适，承认以前对《金瓶梅》的看法"大有流弊"。在《三国演义》的评价上，他也接受了胡适的部分观点，承认该书具有"大魔力"，但认为其原因，"并不在乎文笔之优，实缘社会心理迂谬所致"。钱玄同认为，中国的传统小说，即使是《水浒传》《红楼梦》，也非青年所宜读，因此，他寄希望于新小说，他说："中国今日以前的小说，都该退居到历史的地位，从今日以后，要讲有价值的小说，第一步是译，第二步是新作。"③

钱胡二人关于小说的通信是五四时期的重要学术讨论之一，它表现出良好的学风、文风，也部分地反映出那个时代的活跃气氛。

钱胡通信激发了胡适研究小说的兴趣。1919 年，胡适向钱玄同吐露心愿，准备以科学方法写一部《中国小说史》。④次年，他以对《水浒传》的考证为开端，展开了对中国小说历史演进的研究。同年，他又促进上海亚东图书馆制订出版新式标点本中国小说名著的庞大计划。在这两项工作中，钱玄同都是积极的支持者。他曾应胡适之请，为亚东版的《儒林外史》和《三国演义》写过两篇序言。从那里可以看出，钱玄同继续受到胡适学术观点的影响。

---

① 《新青年》第四卷第一号。
② 《新青年》第三卷第六号，《通信》，第 10 页。
③ 《新青年》第四卷第一号，第 79—80 页。
④ 《胡适致钱玄同》，1919 年 × 月 16 日，《中国现代文艺丛刊》第五辑，第 297 页。

四、《尝试集》及其批评

白话文的提倡始于晚清，这时候，人们只认识到，白话易读好懂，便于普及教育和社会启蒙，并不认为白话可以成为优美、高雅的文学语言。到了"五四"前后，人们提倡白话诗，这就意味着承认白话可以进入文学中最辉煌神圣的殿堂，白话的身份也就前所未有地升腾起来了。

胡适是五四时期最早的白话诗人之一。1916 年，他因与友人讨论文学，颇受攻击，一时感奋，发誓三年之内专作白话诗词，借此实地试验，考察"白话之是否可作为韵文之利器"。不过六七个月，写出的作品居然成集。陆游诗云："尝试成功自古无"，胡适因取名为《尝试集》。1917 年 2 月，他在《新青年》二卷六号上发表了《朋友》等白话诗八首。这些诗，开始突破中国传统诗歌的严谨格律，采用自然音节和自由句式，是中国现代文学史上第一批新诗。但是，又保留了若干旧诗的痕迹。对于胡适用白话写诗，钱玄同十分赞成，但又不十分满意。还在 1917 年 7 月 2 日，钱玄同就在信中批评这些诗"未能脱尽文言窠臼"。[①] 同年 10 月 22 日，钱玄同收到胡适的《尝试集》稿本，在日记中写道：

> 适之此集，是他白话诗的成绩，我看了觉得还不甚满意，总嫌他太文一点，其中有几首简直没有白话的影子。我曾劝他，既有革新文艺的宏愿，便该尽量用白话去做才是。此时初做，宁失之俗，毋失之文。[②]

---

① 《新青年》第三卷第六号，《通信》，第 20 页。
② 《钱玄同日记》，1917 年 10 月 22 日。

钱玄同日记书影

10月29日，胡适将新作的题为《唯心论》的诗给钱玄同看，钱玄同较为满意，在日记中写道：

> 诗用长短句，较从前所作白话七言、白话词自然得多，我对于用白话作韵语，极端赞成，唯以为不可限于五、七言，因字数规定，则必有强为增减之字也。白话填词，我意犹不以为然。适之谓词句有长短，较诗为佳，我则以为词句长短固佳，然某长某短，有一定则，比诗更为束缚也。①

---

① 《钱玄同日记》，1917年10月25日。

31 日，钱玄同致函胡适，函称：

　　现在我们着手改革的初期，应该尽量用白话去作才是。倘使稍怀顾忌，对于文的一部分不能完全舍去，那么便不免存留旧污，于进行方面很有阻碍。①

对钱玄同的批评，胡适初时觉得很奇怪，后来平心一想，又认为是极不易得的诤言，觉得自己的"尝试"不过是一些"洗刷过的旧诗"，于是，改弦更张，在北京所作的白话诗就都不用文言了。②

诗的特点之一是音乐性。白话诗打破了旧体诗的格律，同时也容易丢掉诗的音乐性。因此，"五四"先行者们在倡导白话诗的同时，又在探求一种新的形式，以保持诗的格律和节奏。钱玄同、刘半农产生过"填西皮二黄"的想法，胡适则看中了"长短无定的韵文"。11 月 20 日，胡适在答钱玄同书中说：

　　由诗变而为词，乃是中国韵文史上一大革命。五言七言之诗，不合语言之自然，故变而为词，词旧名长短句，其长处正在长短互用，稍近语言之自然耳。③

但是，胡适又认为词的字句终嫌太拘束，只可用来表达一层或两层意

---

① 函佚，见胡适《答钱玄同书》，《胡适文存》卷一，第 61 页。
② 《尝试集自序》，《胡适文存》卷一，第 282 页。
③ 《新青年》第四卷第一号，第 78 页。

思，至多不过能表达三层意思，因此，他又说："最自然者，终莫如长短无定之韵文，元人之小词，即是此类。今日作'诗'，似宜注重此长短无定之体。"对胡适的主张，钱玄同表示同意，但他强调："总而言之，今后当以'白话诗'为正体，其他古体之诗，及词、曲，偶一为之，固无不可，然不可以为韵文正宗也。"[①]

经过胡适、钱玄同等人的倡导，白话初步在文学殿堂里站稳了脚跟，但是，社会上怀疑和反对白话的人仍然不少。1918 年 1 月，钱玄同为胡适的《尝试集》作序，再次为白话和白话诗护法。他从文字发展的历史论证语言和文字最初是完全一致的，后来言文分歧，乃是独夫民贼和文妖们弄坏的。他再一次宣称："白话是文学的正宗。"同时也再一次表示："现在做白话韵文，一定应该全用现在的句调，现在的白话。"[②]

五四时期的钱玄同是这样一个人——他看准了一个真理，就全身心地为之奋斗，绝不彷徨，也绝不妥协。

五、张厚载风波

胡适和钱玄同都热心倡导新文化，这是他们迅速成为莫逆的原因，但是，二人的思想性格又有着很大的差异。钱玄同炽烈、偏激，好走极端，不愿做任何调和；胡适则冷静、平和，乐于持中，因此，二人之间便免不了有时发生点风波。

《新青年》同人大都对中国传统戏曲没有好感。1917 年 2 月 25 日，钱

---

① 《新青年》第四卷第一号，第 80 页。
② 《新青年》第四卷第二号，第 141 页。

玄同在致陈独秀函中曾说："中国戏剧，专重唱工，所唱之文句，听者本不求其解，而戏子打脸之离奇，舞台设备之幼稚，无一足以动人情感。"①1918年6月15日，《新青年》四卷六号发表了北大学生、《神州日报》通讯记者张厚载（缪子）的通信《新文学及中国旧戏》。该文表示赞成文学改良，但认为"一切诗文，总须自由进化于一定范围之内"，"必以渐，不以骤"。该文指名批评钱玄同对脸谱的看法，认为中国旧戏中的脸谱，"隐寓褒贬之义"，未可以"离奇"二字一概抹杀之。该文并称："中国戏曲，其劣点固甚多；然其本来面目亦确自有其真精神。"胡适、钱玄同、刘半农、陈独秀等人都在同期作了答辩。胡适首称：

> 缪子君以评戏见称于时，为研究通俗文学之一人，其赞成本社改良文学之主张，固意中事。但来书所云，亦有为本社同人所不敢苟同者。

接着，胡适逐一反驳了张厚载的有关观点。他说：

> 来书两言诗文须"自由变化于一定范围之中。"试问自由变化于一定范围之"外"，又有何不可？又何尝不是自然的进化耶？来书首段言中国文学变迁，自三代之文以至于梁任公之"新文体"，此岂皆"一定范围之中"之变化耶？吾辈正以为文学之为物，但有"自由变化"而无"一定范围"，故倡为文学改革之论，正欲打破此"一定范围"耳。②

---

① 《新青年》第三卷第一号，《通信》，第6页。
② 《新青年》第四卷第六号，第622—623页。

胡适的答辩着重于说理，而钱玄同的答辩则嬉笑嘲讽，表现了完全不同的风格。他说：

> 我所谓"离奇"者，即指此"一定之脸谱"而言；脸而有谱，且又一定，实在觉得离奇得很。若云："隐寓褒贬"，则尤为可笑。朱熹做《纲目》，学孔老爹的笔削《春秋》，已为通人所讥讪；旧戏索性把这种阳秋笔法画到脸上来了，这真和张家猪肆记卐形于猪鬣、李家马坊烙圆印于马蹄一样的办法。哈哈！此即所谓中国旧戏之"真精神"乎？①

钱玄同对胡适答张厚载信中"君以评戏见称于时"一段话不满，8月8日，他在复刘半农信中说：

> 这几句话，我与适之的意见却有点反对。我们做《新青年》的文章，是给纯洁的青年看的，绝不求此辈"赞成"。

钱玄同并称，张厚载要保存"脸谱"，"实与一班非作奴才不可的遗老要保存辫子，不拿女人当人的贱丈夫要保存小脚同是一种心理"。②

胡适则不然，他写了一封信给张厚载，要他把"中国旧戏的好处"，"详细再说一说"。为此，张厚载已在《晨钟报》上撰文和胡适辩论，但胡适仍要张厚载为《新青年》撰文，"预备大家讨论讨论"。③钱玄同反对胡适的这

---

① 《新青年》第四卷第六号，第 624 页。
② 《新青年》第五卷第二号，第 187—188 页。
③ 《新青年》第五卷第四号，第 343 页。

一做法，宣称要脱离《新青年》。同月 20 日，胡适致函钱玄同，批评他过于激动，主张"吾辈不当乱骂人"。函称：

> 至于老兄以为若我看得起张镠子，老兄便要脱离《新青年》，也未免太生气了。我以为这个人也受了多做日报文字和少年得意的流毒，故我颇想挽救他，使他转为吾辈所用。若他真不可救，我也只好听他，也绝不痛骂他的。①

胡适说明，他之所以请张厚载做文章，目的是替自己找做文章的材料。他说："无论如何，总比凭空闭户造出一个王敬轩的材料要值得辩论些。老兄肯造王敬轩，却不许我找张镠子做文章，未免太不公了。"但是，钱玄同仍不同意胡适的做法，复函说：

> 至于张厚载，则吾期期以为他的文章实在不足以污我《新青年》（如其通信，却是可以），并且我还要奉劝老兄一句话，老兄对于中国旧戏，很可以拿他和林琴南的文章、南社的诗一样看待。

由此，钱玄同进而批评胡适的处世态度。函称：

> 老兄的思想，我原是很佩服的，然而我却有一点不以为然之处，即对于千年积腐的旧社会，未免太同他周旋了。平日对外的议论，很

---

① 《胡适来往书信选》（上），中华书局 1979 年版，第 24—25 页。该书认为此函作于 1919 年 2 月 20 日，误。

该旗帜鲜明，不必和那些腐臭的人士周旋。①

胡适也不接受钱玄同的批评，答复说：

> 我所有的主张，目的并不在于"主张"，乃在"实行这主张"，故
> 我不屑"立异以为高"。我立"异"，并不"以为高"，我要人知道我
> 为什么要"立异"，换言之，我"立异"的目的在于使人"同"于"我
> 的异"。

胡适认为，提出一种主张，要考虑它的可实行性，考虑人们的接受程
度，因此，不愿发表"曲高和寡"式的言论。函末，胡适坚决而又温和地
顶回了钱玄同的指责：

> 老兄说："你无论如何敷衍他们，他们还是狠骂你。"老兄似乎疑
> 心我的"与他们周旋"是要想"免骂"的，这句话是老兄的失言，庶
> 不驳回了。②

君子之交以道。胡适和钱玄同之间有分歧，有辩论，但是这并不影响
他们之间的融洽关系。10月，胡适在《新青年》五卷四号中以附录形式发
表了张厚载《我的中国旧戏观》。该文论述中国旧戏有三大好处，声称中国
旧戏是中国历史社会的产物，也是中国文学美术的结晶，可以完全保存，

---

① 《胡适来往书信选》（上），第 25 页。
② 《胡适来往书信选》（上），第 27 页。

社会急进派必定要如何、如何的改良，多是不可能的。同期，胡适发表《戏剧改良各面观》《再论戏剧改良》等文，批评张厚载的观点，于是，这一期《新青年》便成了《戏剧改良号》。

六、在《新青年》同人的矛盾中

1918 年 11 月，胡适因母亲病故，回乡奔丧，次年 1 月返京。1 月 22 日《钱玄同日记》云：

> 适之此次来京，路过南京、上海，不知怎样，挨了人家的骂，一到就和独秀说，有人劝我，为什么要同这班人合在一起，适之自己也发了多……

这段日记没有写完就被钱玄同涂去，看来钱玄同不愿记下《新青年》同人中正在萌发的矛盾。1 月 24 日日记又云：

> 午后三时半农来说，已与《新青年》脱离关系，其故因适之与他有意见，他又不久将往欧洲去，因此不复在《新青年》上撰稿。

如果说，胡适和刘半农之间还是私人矛盾，那么，胡适和李大钊、陈独秀之间的矛盾则反映出政治上的分野了。1 月 27 日，《钱玄同日记》云：

> 《新青年》为社会主义的问题，已经内部有了赞成和反对两派的意

见，现在《每周评论》上也发生了这个争端了。

胡适与李大钊之间关于问题与主义的争论发生于 1919 年 7 月，钱玄同的这则日记表明，《新青年》同人间的内部争论要比这早得多。

自六卷一号起，《新青年》成立编辑委员会，由陈独秀、钱玄同、高一涵、胡适、李大钊、沈尹默轮流编辑，由李大钊编辑的六卷五号成为"马克思主义研究专号"。胡适不赞成这种做法，提议刊物由他一个人来编。10 月 5 日，《新青年》同人在胡适寓所集会，《钱玄同日记》云：

> 下午二时至胡适之处，因仲甫函约《新青年》同人今日在适之家中商量七卷以后之办法，结果仍归仲甫一人编辑。

1920 年 2 月，陈独秀为逃避北京政府拘捕，迁居上海，《新青年》也随之在沪出版。5 月 1 日，出版"劳动节纪念专号"。9 月，八卷一号刊出"《俄罗斯研究》专栏"，译载苏俄革命理论和实际情况的有关资料。此后，陆续发表文章，和梁启超、张东荪等开展"社会主义论战"，这样，胡适和陈独秀之间的矛盾就逐渐尖锐起来了。1921 年 1 月 11 日，钱玄同致函鲁迅和周作人，对胡、陈二人"已到短兵相接的时候"表示惊讶。他声明"于此事绝不愿为左右袒"，"若问我的良心，则以为适之所主张者较为近是"。但是，胡适反对谈"宝雪维儿"（Bolshevic），钱玄同也不以为然。他认为："马克思啊，'宝雪维儿'啊，'安那其'啊，'德谟克拉西'啊，中国人一概都讲不上。"[1]

---

[1] 《中国现代文艺资料丛刊》第五辑，第 329—330 页。

1月18日，《钱玄同日记》云：

> 接守常信，知仲、适两人意见冲突。盖一则主张介绍劳农，又主张谈政，一则反对劳农，又主张不谈政治，其实是猪头问题罢了。

19日，钱玄同访问李大钊，讨论胡、陈二人冲突。[1]22日，胡适写信给李大钊、鲁迅、钱玄同等人，征求对《新青年》前途的意见，钱玄同表示说：

> 玄同的意见，和周氏弟兄差不多，觉得还是分裂为两个杂志的好。一定要这边拉过来，那边拉过去，拉到结果，两败俱伤，不但无谓，且使外人误会，以为《新青年》同人主张"统一思想"，这是最丢脸的事。[2]

当时，陶孟和主张停办，钱玄同表示和李大钊一样，绝对的不赞成。他说："《新青年》这个团体，本来是自由组合的，即此（使）其中人彼此意见相左，也只有照'临时退席'的办法，断不可提出解散的话，极而言之，即使大家对于仲甫兄感情真坏极了，友谊也断绝了，只有他一个人还是要办下去的。我们也不能要他停办。"29日，钱玄同致函胡适，重申上述意见。他说："与其彼此隐忍迁就的合作，还是分裂的好。"又说："即《新青年》若全体变为《苏维埃俄罗斯》的汉译本，甚至于说这是陈独秀、陈

---

① 《钱玄同日记》，1921年1月19日。
② 《关于新青年问题的几封信》，《中国现代出版史料》甲编，中华书局1954年版，第11页。

望道、李汉俊、袁振英等几个人的私产，叫作《新青年》，我们和他们全不相干而已，断断不能要求他们停办。"①

事情的发展正如钱玄同所言，《新青年》继续按陈独秀的方针出版，而胡适则于 1922 年 5 月 7 日，另办《努力周报》。

七、整理国故与疑古辨伪

五四运动后，《新青年》同人分途扬镳，一派主要从事政治，一派主要从事学术文化活动，胡适、钱玄同属于后者。

1919 年 8 月，胡适在《新潮》发表《论国故学》，主张"用科学的方法去作国故的研究"。12 月 1 日，在《新青年》七卷一号发表《"新思潮"的意义》，提出"研究问题，输入学理，整理国故，再造文明"。胡适的主张得到了钱玄同的全力支持，他们首先致力的工作是"辨伪"。

中国人有制造伪书的传统，也有辨伪的传统。自汉以后，即不断有辨伪著作问世。1920 年 10 月，胡适让顾颉刚整理清人姚际恒的《古今伪书考》，胡适自己则准备编辑《古今伪书续考》。1921 年 1 月，钱玄同致函胡适，建议搜集古今辨别伪书的著作，自东汉的王充起至晚清的崔适止，编辑刊行。②同月，胡适收得清初乾隆年间的考古辨伪学家崔述的《东壁遗书》，认为他是"二千年来的一个了不得的疑古大家"。③钱玄同完全同意胡适的看法，致函胡适说："我也是这样的意思。"又说：

---

① 《胡适来往书信选》（上），第 121—122 页。
② 《古史辨》第一册，第 23—24 页。
③ 《古史辨》第一册，第 27 页。

　　我以为推倒汉人迂谬不通的经说，是宋儒；推倒秦汉以来传记中靠不住的事实，是崔述；推倒刘歆以来伪造的古文经，是康有为。但是宋儒推倒汉儒，自己取而代之，却仍是"以暴易暴"，"犹吾大夫崔子"。崔述推倒传记杂说，却又信《尚书》《左传》之事产为实录。康有为推倒古文经，却又尊信今文经——甚而至于尊信纬书。这都未免知二五而不知一十了！ ①

　　钱玄同鼓励胡适用新方法来进行研究，绍述并光大前人的事业。他说："若足下做上几年'仿泰西新法，独出心裁的新国故党'，我敢预言必大有造于国故界也。"

　　同年 9 月 18 日，钱玄同在中央公园遇见胡适。这时，胡适新自上海回北京。二人见面，分外亲热，寒暄之后，迅速谈到了中国古代的经书。钱玄同说：

　　我以为章炳麟师治经，笃信刘歆伪古文固非，但是他的治经方法甚为不错。他只是把经典当作一种古书看，不把彼当作什么圣经看。他对于经典持评论的态度，不持崇拜的态度。这都是正当的。

　　按照儒学保守派的观点，经书体现着先王和圣贤的精义，是中国人民必须遵循的典则。章炳麟把"经典"当作古书看，反映出近代的理性精神。钱玄同又谈道：

────────────

① 《古史辨》第一册，第 27—28 页。

我们对于《尧典》《皋陶谟》只应作为古史看，不必于此中［寻］孔丘的微言大义。若不信《尧典》诸篇之事迹为真，则惟有下列之两种讲法尚可言之成理：（一）他们本是古代官书，所叙事功多是铺张粉饰，不可据为实录；（二）他们也是孔丘后人之所伪造，其价值等于《大禹谟》□□之类。①

胡适非常赞同钱玄同的意见。

同月 19 日，钱玄同见到顾颉刚。顾正在胡适影响下收集辨伪资料，计划出版《辨伪丛刊》。他告诉钱玄同，已以书名为纲，将前人对于诸子的辨伪之说抄成一书。钱玄同极为欣赏这一工作，连声称："这样办法很好。"②但是，钱玄同自己的兴趣则在辨伪经。他认为："经"则"自来为学者所尊崇，无论讲什么，总要征引它，信仰它，故《伪经辨征集说》之编纂尤不容缓"。③

1922 年 1 月，北京大学决定设立研究所，下设自然科学、社会科学、国学、外国文学四门。2 月 11 日，国学门第一届委员会成立，蔡元培为当然委员长，李大钊、沈兼士、马裕藻、朱希祖、胡适、钱玄同等任委员。3 月 21 日，国学门开会，决定创办《国学季刊》，推胡适为编辑委员会主任，钱玄同等十人为委员。11 月，胡适将所作《发刊宣言》请钱玄同审阅，该文声称："'国学'在我们的心眼里只是'国故学'的缩写，中国的一切过去的文化、历史都是我们的'国故'，研究这一切过去的历史文化的学问就是

---

① 《钱玄同日记》，1921 年 9 月 18 日。
② 《钱玄同日记》，1921 年 9 月 19 日。
③ 《论编纂经部辨伪文字书》，《古史辨》第一册，第 41 页。

‘国故学’，省称为‘国学’。”钱玄同认真地阅读了这篇《发刊宣言》，并曾“指出几处毛病”，请胡适改正。[①]

《国学季刊》于1923年1月出版，横排，采用新式标点符号，表现出和“国粹派”不同的新姿态。钱玄同热心支持这一刊物，并期望它多登一些“离经叛道”“非圣无法”的文章。当时，顾颉刚在上海商务印书馆任编辑。2月9日，钱玄同致函顾颉刚，嘱他为《季刊》作文。顾早有这个意思，他想写一篇《层累地造成的中国古史》。2月25日，顾颉刚致函钱玄同，告以该文大意。该函第一次提出，禹是九鼎上铸的一种动物，大约是蜥蜴之类。4月27日，顾颉刚再次寄函钱玄同，详细地阐明了他的“古史说”。（1）时代愈后，传说的古史期愈长；（2）时代愈后，传说中的中心人物愈放愈大。5月25日，钱玄同复函顾颉刚，从文字学的角度说明禹是蜥蜴的说法难以成立，但热烈赞美他的“古史说”，希望顾“用这种方法常常考查，多多发明，廓清云雾，斩尽葛藤，使后来学子不致再为一切伪史所蒙”。[②]信中，钱玄同详尽地阐述了他对中国古史，特别是《六经》的看法。钱玄同认为：（1）孔丘无删述或制作《六经》之事；（2）《诗》《书》《礼》《易》《春秋》本来是各不相干的五部书；（3）《六经》的配成，当在战国之末。钱玄同并进一步说明，《诗》是一部最古的总集；《书》似乎是“三代”时候的“档类编”或“档案汇存”；《仪礼》《周礼》均是伪书；《易》是“生殖器崇拜时的东西”；《春秋》是“断烂朝报”，在《六经》中最不成东西。他说：

> 我们要看中国书，无论是否研究国学，是否研究国史，这辨伪的

---

① 《钱玄同日记》，1922年11月18日。
② 《读书杂志》第十期，1923年6月10日。

工作是绝不能省的。《六经》在古书中不过九牛之一毛，但它作怪了二千多年，受害的人真是不少了；它作怪时用的许多法宝之中，"伪书"和"伪解"就是很重要的两件，我们不可不使劲来推翻。[1]

顾颉刚的观点受到了刘掞藜、胡瑾等人反对，双方在胡适主编的《读书杂志》上展开辩论。6月25日，钱玄同发表《研究国学应该首先知道二事》，支持顾颉刚。他提出，要敢于疑古，对于《六经》，应该持"置疑""纠谬"两种态度，断不可无条件地信任。[2] 此际，钱玄同与胡适或他人通信，即自署"疑古玄同"。

这次讨论历时九个月，在《读书杂志》共发表了八万字的辩论文章。1924年2月22日，胡适发表《古史讨论的读后感》一文，支持顾颉刚和钱玄同。文章说：

如果我们的翻案是有充分理由的，我们的翻案只算是破了一件几千年的大骗局，于人心只有好影响，而无恶影响。即使我们的论据不够完全翻案，只够引起我们对于古史某部分的怀疑，这也是好的影响，并不是恶影响。[3]

顾颉刚、钱玄同、胡适的疑古辨伪工作极大地震动了中国学术界。1926年，顾颉刚将有关文章，结集为《古史辨》第一册，由朴社出版。钱

---

[1] 《读书杂志》第十期，1923年6月10日。
[2] 《读书杂志》第十二期，1923年8月5日。
[3] 《读书杂志》第十八期，1924年2月22日。

穆评论说:"《古史辨》不胫走天下,疑禹为虫,信与不信,交相传述。三君者或仰之如日星之悬中天,或畏之如洪水猛兽,纵横于四野,要之凡识字之人几于无不知三君者。"①

八、为"汉字改革"放炮

钱玄同认为汉字难认、难写,"五四"前夜曾积极主张废除汉字、汉语,代之以世界语或某一种外国语。钱玄同的这一主张遭到了广泛的非难,也遭到了胡适的批评。1918年5月29日,胡适致函钱玄同云:

> 中国文字问题,我本不配开口,但我仔细想来,总觉得这件事不是简单的事,须有十二分的耐性,十二分的细心,方才可望稍稍找得出一个头绪来。若此时想"抄近路",无论那条"近路"是世界语,还是英文,不但断断办不到,还恐怕挑起许多无谓之纷争,反把这问题的真相弄糊涂了。②

信中,胡适充分肯定钱玄同研究文字问题的热情,鼓励他研究出一些"补救"的改良方法,批评他的"抄近路"是"存一个偷懒的心",态度严格而语气温存,充分体现出胡适的论学为人风格。

在胡适等人的影响下,钱玄同逐渐感到,汉字一时不能废去,转而致力于"汉字改革"运动,同时,力图创造一种记录汉语的新式拼音文字。

---

① 《崔东壁遗书序》,亚东图书馆1935年版。
② 《中国现代文艺资料丛刊》第五辑,第294页。

1920 年 2 月，钱玄同发表《减少汉字笔划底提议》，提出以简体字来补救汉字的缺点。[①] 1922 年，教育部召开国语统一筹备会第四次大会。会上，由黎锦晖提出《废除汉字采用新拼音文字案》，钱玄同、黎锦熙等联署；又由钱玄同提出《减省现行汉字的笔划案》，黎锦熙等联署。钱玄同在提案中指出："现行的汉字，笔划（画）太多，书写费时，是一种不适用的符号，为学术上、教育上之大障碍。"他认为：改用拼音是治本的办法，减省现行汉字的笔画是治标的办法，但是，"我们绝不能等拼音的新汉字成功了才来改革！所以治标的办法，实是目前最切要的办法。"[②] 大会通过了钱玄同的提案，成立汉字省体委员会，以钱玄同为首席委员。"汉字改革"运动取得了一个重要的胜利。

同年冬，钱玄同与黎锦熙在西单牌楼一家小羊肉馆雨花春楼上，共同决定利用中华民国国语研究会的《国语月刊》放炮，出版一期特刊《汉字改革号》，除各同志都写一篇论文外，并把历年讨论这个问题的文字都综合起来。1923 年 1 月，钱玄同"大卖其力气，做了他生平未曾做过之长文"。12 日，钱玄同邀请胡适为《汉字改革号》作些短文。当时，胡适正在病中，但他"答应就做"。[③] 13 日，胡适即将文章寄给钱玄同。文中，胡适声称，他在研究语言文字的历史时，曾发现一条通则："往往小百姓是革新家，而学者文人都是顽固党。"胡适又称：从这条通则上又可得一条附则："促进语言文字的革新，须要学者文人明白他们的职务是观察小百姓语言的趋势，选择他们的改革案，给他们正式的承认。"胡适赞美中国的小百姓所创造的"破体字"，赞美钱玄

---

① 《新青年》第七卷第二号。

② 《国语月刊》第七期，第 160 页。

③ 《钱玄同日记》，1923 年 1 月 12 日。

同等人以这些"破体字"作为"简笔新字"。他说：

> 这虽不是彻底改革，但确然是很需要而且应该有的一桩过渡的改
> 革。钱先生们的理论是很不容易驳倒的，他们的态度是十分诚恳的。
> 我很盼望全国的人士也都用十分诚恳十分郑重的态度去研究他们的
> 提议。①

胡适的这篇文章只提到了简笔字，而没有提到注音字母、词类连书、改用世界字母拼音等问题，钱玄同怕读者"或有误解"，因此，特别加了一个跋语，说明"字体改简，只是汉字改革的第一步，只是第一步中的一种方法，而且只是第一步中的一件事；此外应该研究的问题狠（很）多狠多"②。

钱玄同自己写了一篇《汉字革命》，提倡"汉字之根本改革的根本改革"，即采用"罗马字母式的字母拼音"。钱玄同希望，以十年为期，完成这一任务。他说："我希望从 1932 年（民国二十一年）以后，入学的儿童不再吃汉字的苦头！"③钱玄同完全明白，以十年为期根本办不到，他承认，"这不过聊作快语，以鼓励同志罢了"。④

1 月 20 日，钱玄同在国语讲习所讲演"汉字革命"。未讲前，有人对他说，"革命"这个词儿太骇人听闻了，不如换个较和平的词儿好。钱玄同听后，不仅没有接受，反而故意在演讲中说了几句"激烈"的话，当日《钱玄同日记》云：

---

① 《国语月刊》第七期，第1—4页。
② 《国语月刊》第七期，第4页，参见《钱玄同日记》，1923 年 1 月 14 日。
③ 《国语月刊》第七期，第24—25页。
④ 《钱玄同日记》，1923 年 1 月 17 日。

　　说的时候，自己觉得脸上热烘烘的，我想，鼓吹汉字革命，难道就会被枪毙吗？何以他竟会吓得如此？若果因此事而被枪毙，这真是为主义而牺牲，是最光荣的牺牲，是最值得的。①

　　在钱玄同发表"激烈"演说之后不久，某次宴会上，有人问胡适："听说北大有提倡过激主义之说，信否？"胡适答道："人数到了三千，自然形形色色的都有，这是不稀奇的。北大有提倡过激主义的，也有主张复辟的。"又说："北大的人提倡过激主义倒不稀奇，读八股和信道教这才稀奇哩！"②胡适的答语使钱玄同非常满意，在日记中写道："这句话说得真妙！"

九、对溥仪出宫的不同态度

　　溥仪出宫本来是 1912 年制订的清室优待条件规定的，但历届北京政府均意在优容，让溥仪继续在"黄圈圈"里做他的小皇帝。这种情况，直到 1924 年冯玉祥发动"首都革命"后才得以改变。11 月 4 日，黄郛摄政内阁通过修改清室优待条件，宣布"永远废除皇帝尊号"，清室"即日移出宫禁"。次日，溥仪被迫出宫。

　　废除溥仪尊号、令其出宫一事得到社会舆论的普遍赞扬，但出人意料的是，胡适却认为，这不是"绅士的行为"，于 11 月 5 日致函外交总长王正廷抗议，函称：

————————

① 《钱玄同日记》，1923 年 1 月 20 日。
② 《钱玄同日记》，1923 年 2 月 3 日。

先生知道我是一个爱说公道话的人，今天我要向先生们组织的政府提出几句抗议的话。今日下午外间纷纷传说冯军包围清宫，逐去皇帝；我初不信，后来打听，才知道是真事。我是不赞成清室保存帝号的，但清室的优待乃是一种国际的信义，条约的关系。条约可以修正，可以废止，但堂堂的民国，欺人之弱，乘人之丧，以强暴行之，这正是民国史上一件最不名誉之事。①

函中所言"欺人之弱"，意指溥仪为弱者；所谓"乘人之丧"，则指半个月前瑾太妃去世。胡适发出此信后，还亲赴醇亲王府慰问，声称"这在欧美国家看来，全是东方的野蛮"。②

钱玄同和胡适的态度迥然相反，11 月 6 日，他立即撰文，恭贺溥仪恢复"固有的人格和人权""超升为现代的平民"，并且希望他"好好地补习"，把自己造就成一个"知识丰富"的人。③12 月 2 日，又撰文说明民国政府对溥仪的宽厚与仁慈。钱玄同写道：

我民国以宽大为怀，不念旧恶，将努尔哈赤以来三百余年残杀汉人之滔天罪恶一笔勾销，不效法夏启"予则孥戮汝"底行为，不主张孔丘作《春秋》所赞美的齐襄复九世之仇底办法，仅仅取消溥仪底政权和帝号，既没有丝毫难为他，也不曾"夷其社稷，迁其宗庙"，且还送钱给他用。民国对于满清，岂但是"仁至义尽"，简直是"以德报怨"。④

---

① 《胡适来往书信选》（上），第 268 页。
② 溥仪：《我的前半生》，群众出版社 1981 年版，第 179 页。
③ 《恭贺爱新觉罗溥仪群迁升之喜并祝进步》，《语丝》第一期。
④ 《告遗老》，《语丝》第四期。

　　不久，钱玄同得悉溥仪逃入日本使馆，极为愤怒，再次撰文表示："对于亡清的武装已经解除了的，现在又重新要披挂起来了，看他们那样勾结外人来捣鬼，说不定仇恨之心比以前还加增些。"①

　　胡适的抗议曾经遭到他的一些朋友如周作人、李书华、李宗侗等人的批评。②钱玄同虽然没有直接加入批评的行列，但他显然是站在周作人等一边的。

　　对溥仪出宫的不同态度再次显示出钱胡二人在思想、性格上的差异。尽管如此，钱玄同仍然尊敬并崇拜胡适。1925 年 4 月，他在《回语堂的信》中说：

　　　　我以为若一定要找中国人做模范，与其找孔丘、墨翟等人，不如找孙文、吴敬恒、胡适、蔡元培等人。③

十、同心"驱虎"

　　1925 年 4 月，章士钊出任北洋政府教育总长。他反对白话文和注音字母，主张小学生读经。同年 7 月，出版《甲寅周刊》，公开宣布"文字须求雅驯，白话庶不刊布。"该刊仿照民初《甲寅月刊》的旧例，封面上画一只老虎，其译名即为 *The Tiger*；章士钊也因此被称为"老虎总长"。

　　教育总长提倡文言，自然白话文运动受到打击。黎锦熙之弟黎锦晖从

---

① 《三十年来我对于满清底态度底变迁》，《语丝》第八期。
② 参见拙作《溥仪出宫·胡适抗议及其论辩》，《团结报》1989 年 4 月 8 日。
③ 《语丝》第二十三期。

上海致函钱玄同,"东南半壁国语大受摧残"①。面对思想文化界的昏谬、倒退现象,钱玄同十分着急。他致函胡适,动员他"开炮",但胡适有他自己的想法,复函说:

> 老兄不要怪我的忍耐性太高,我见了这些糊涂东西,心里的难受也绝不下于你。不过我有点爱惜子弹,将来你总会见我开炮时,别性急呵。②

然而,钱玄同耐不住。他觉得原来的《国语月刊》出得太慢,太多偏于讨论学理,沉闷得很,便于当年5月初和黎锦熙商量,出一个周刊,坚持提倡国语和白话文。同月6日,钱、黎二人应胡适之约,到中央公园长美轩相见。当日《钱玄同日记》云:"邵西与谈行严之倒行逆施,适之允为作文致函,并允为《国语周刊》撰文。"这就是说,胡适准备"开炮"了。6月5日,钱玄同致函胡适表示:

> 我的意见:一是总希望白话在"文学正宗"的地位站稳,而古文的棺材则总要将它早安窆穸。二是正宗的白话文学必须本于实际的话语定,官话固佳,那方言也是很优美的,它在国语中必能占得几分之几的地位,故为国语计,真正的平民方言文学,实有研究和提倡之必要。这两层意思,你以为何如?③

---

① 耿云志主编:《胡适遗稿及秘藏书信》第40册,第361页。

② 《胡适致钱玄同》,1925年4月12日,《鲁迅研究资料》第九辑,天津人民出版社1982年版,第85页。

③ 《钱玄同致胡适》(1925年6月5日),耿云志主编:《胡适遗稿及秘藏书信》第40册,第345—346页;参见秦素银辑《钱玄同致胡适信、片四十七通》,《鲁迅研究月刊》,2016年第12期,第64页。

很快，钱玄同发表《国语周刊》广告，宣布该刊"主撰"四人：胡适、钱玄同、吴稚晖、黎锦熙。

胡适对"主撰"一词有意见，不赞成这一类"挂名"的任务。6月7日，钱玄同作函答复，声称自己"当然无所顾忌，但我觉得我一个人实在挑不起这副大肩子，不是胆怯，只是力不胜任"。他在信中解释，胡适是"当年文学革命之首韧者"，"至今没有什么变更"，不像有些人从前作白话文，现在改作文言文。吴稚晖"一向热心于注音字母"，去年还说过白话文为今后必要之工具，所以"斗胆"将两先生之名列上。他特别说明：

> 这绝非骗钱牟利的勾当，干脆地说，便是现在古文妖焰太盛了，实有推翻它之必要。写明吴、胡、黎、钱诸人的姓名，庶使社会上觉得这几个提倡白话文的人现在又出来宣传了，或者于国语前途能够得到一些好处，如是而已。[①]

函中，钱玄同向胡适道歉：这回因为心急了一些，不及完全征求您的同意，便贸然发表了那个广告，当然应认"冒失"之罪。

《国语周刊》筹办得很顺利，作为《京报》副刊之一迅速出报。6月9日，钱玄同、黎锦熙邀约胡适、邵飘萍、孙伏园、李小峰、萧家霖等人在长美轩吃饭，庆祝《国语周刊》告成。[②]14日，该刊第一期出版，发刊词是钱玄同的手笔，中云：

---

① 耿云志主编：《胡适遗稿及秘藏书信》第40册，第360页。
② 《钱玄同日记》，1925年6月9日。

　　我们相信这几年来的国语运动是中华民族起死回生的一味圣药，因为有了国语，全国国民才能彼此互通情愫，教育才能普及，人们底情感思想才能自由表达，所以我们对于最近"古文"和"学校底文言课本"阴谋复辟，认为有扑灭它的必要，我们要和那些僵尸魔鬼决斗，拼个你死我活。①

　　钱玄同宣称：吴稚晖、胡适、林语堂、周作人、顾颉刚、魏建功等人已应允为刊物经常撰稿。这样，就形成了与"虎阵"对抗的局面。②

　　《国语周刊》提倡民间文艺，胡适很快就送来了《扬州的小曲》一文。8月27日，钱玄同编辑《国语周刊》第十二期，"专攻章士钊"。③胡适通知钱玄同称，"有《老章又反叛了》一文，今晚撰成，不及送出，明日当一早送来"。次日晨七时，胡适如约送来稿子。30日，该文在《国语周刊》第十二期刊出。胡适说：

　　我们要正告章士钊君：白话文学的运动是一个很严重的运动，有历史的根据，有时代的要求，有他本身的文学的美可以使天下睁开眼睛的共见共赏，这个运动不是用意气打得倒的。

　　同期，钱玄同也发表了《甲寅与水浒》一文，用冷嘲热讽的语言讽刺章

---

① 《国语周刊》第一期，1925 年 6 月 14 日。
② 黎锦熙：《国语运动史纲》，第 135 页。
③ 《钱玄同日记》，1925 年 8 月 27 日。

士钊与反对白话文、视《水浒传》为"下等说部"的汪某之间的通信。钱文说：

> 这样一吹一唱，虽然一个是短短几行，一个是寥寥数语，而卫道
> 之诚，忧时之切，溢于言表，其有功圣门，殆有过于刻在《古文观止》
> 里的那篇《原道》。

胡适和钱玄同的文章，庄谐杂出，尖锐地抨击了章士钊的复古卫道立场。

11月下旬，北京革命形势日渐高涨，人们高举着"首都革命"的大旗，多次集会、游行，要求打倒军阀政府，惩办卖国贼。愤怒的群众捣毁了章士钊等人的住宅，章士钊被迫潜逃天津。12月6日，钱玄同撰文说：

> 章行严去矣，后之来者，要是也像他那样做浑蛋们的代表，也像
> 他那样要凭借官势来统一思想，不管他是张三或李四，阿猫或阿狗，
> 亡国大夫或兴国伟人，绅士或暴徒，我还是与对待章行严一样，反抗
> 他，攻击他。①

至此，"驱虎"之役取得了完全的胜利，一场保卫白话，反对文言复辟的斗争也取得了胜利。

---

① 《在邵西先生的文章后面写几句不相干的话》，《国语周刊》第二十六期。

十一、《钱玄同成仁纪念歌》与《胡适之寿酒米粮库》

钱玄同因人到中年，常常变得固执而专制，曾经不无感慨地说过："凡人到了四十岁，便应该绑赴天桥，执行枪决。"①1925 年 10 月 30 日，他在一封信中又说："我现在三十九岁了，照旧法算，再过两个月便到枪决之年了。即照新法算，也不过'枪监候'十个月罢了。"②1926 年是钱玄同的"成仁"之年。次年，有几个幽默的朋友和他开玩笑，打算在《语丝》周刊里发刊一期《钱玄同先生成仁专号》。钱玄同欣然同意，亲自致函友人索稿。当时，胡适正在上海，担任新月书店董事长，8 月 11 日，他致函钱玄同说："生离死别，忽忽一年，际此成仁周年大典，岂可无诗，援笔陈词，笑不可仰。"诗云：

> 该死的钱玄同，怎会至今未死！
>
> 一生专杀古人，去年轮着自己。
>
> 可惜刀子不快，又嫌投水可耻，
>
> 这样那样迟疑，过了九月十二。
>
> 可惜我不在场，不能来监斩你！
>
>
> 今年忽然来信，要做"成仁纪念"。
>
> 这个倒也不难，请先读《封神传》。

---

① 《国语周刊》第二十一期。
② 《国语周刊》第二十一期。

　　　　回家挖下一坑，好好睡在里面，

　　　　用草盖在身上，脚前点灯一盏，

　　　　草上再撒把米，瞒得阎王鬼判，

　　　　瞒得四方学者，哀悼成仁大典。

　　　　年年九月十二，处处念经拜忏，

　　　　度你早早升天，免在地狱捣乱。①

　　这一年，钱玄同贫病交加，神经衰弱，精神极为痛苦，日记自云："懒散颓废，日甚一日，真成了一个鲜鲜活死人了！这样活法，实在太苦恼，太无意义了。"②大概他在致胡适函中有"回思数年前所发谬论，十之八九都成忏悔之数据"一类的话，因此，胡适在信中说："实则大可不必忏悔，也无可忏悔。所谓'种种从前，都成今我，莫更思量更莫哀'是也。我们放的野火，今日已蔓烧大地，是非功罪，皆已成无可忏悔的事实。"胡适要求钱玄同持一种坚定的人生态度："此中一点一滴都在人间，造福造孽惟有挺身肩膀担当而已。"③

　　胡适的《纪念歌》写好了，其他人的挽联、挽诗也写好了，《钱玄同先生成仁专号》的广告也在有些地方发表了，但是，张作霖正统治着北京，对文化界采取高压政策，邵飘萍、林白水、李大钊等人都先后死在他的手下。为了避免引起"误会"，《钱玄同先生成仁专号》最终没有出版。

　　转眼到了1930年，胡适四十岁。11月28日，胡适离沪到北平任北京

――――――――

　　① 《胡适致钱玄同》，1927年8月11日，《鲁迅研究资料》第九辑，第86页。

　　② 《钱玄同日记》，1927年9月12日。

　　③ 《鲁迅研究资料》第九辑，第88—89页。

大学教授。这时，离胡适的生日已经很近，朋友们便酝酿为他做寿。12月4日，魏建功和钱玄同商量，拟联络马隅卿、黎锦熙、徐旭生、周作人等十二人，共同送一篇寿辞，由魏建功作文，钱玄同书写。①15日，魏建功将寿辞写成，题为《胡适之寿酒米粮库》。文章称胡适为"从事革新中国文学的先锋将"，赞美他"慧眼高深，法力广大"，使中国文化界发生了一日千里的变化。寿辞说：

> 民国十九年（1930）十二月十七日便是他的四十整生日，他的朋友和学生们中间，有几个从事科学考古工作的，有几个从事国语文学研究和文字改革运动的，觉得他这四十岁的纪念，简直比所谓"花甲""古稀"更可纪念，因为在这十三四年中间，他所尽力于中国学术的辛苦，应该获得一些愉快，应该享受一点安慰。②

寿辞共两千余字，当日，钱玄同准备了优质的高丽纸，采购了笔墨，从晚七时直写至十二时。16日，约周作人、黎锦熙、魏建功来观看。17日，发现其中有两处错字，便割下重写了三分之二。当晚，钱玄同前去拜寿。本来，胡适因夫人规劝戒酒，其诗中有云："幸能勉强不喝酒，未可全断淡巴菰。"魏建功等人在寿辞中要求为胡适开戒，"好比乡下老太婆念佛持斋，逢了喜庆，亲友来给他开了斋，好饱餐肉味一样。"不料，胡夫人却重申酒戒。《钱玄同日记》云：

---

① 《钱玄同日记》，1930 年 12 月 14 日。

② 魏建功影印《钱玄同先生遗墨》。

　　胡夫人赠以戒指与适之，刻"止酒"二字。吃得半中晦时，他受
戒了。我过去看看，被胡夫人推为"证戒人"。①

　　生日晚会在"大开玩笑"中结束，它显示出胡适和朋友们的良好关系，
也显示出钱胡二人间的深厚友谊。

　　12 月 20 日，胡适应钱玄同之请在信中谈了自己对《春秋》的看法。胡
适认为，今日无法可以证或否证今本《春秋》为孔子所作，由于时代关系，
其中"有所忌讳"乃是很平常的事。函称："即使胡适之、钱玄同在今日秉
笔作国史，能真正铁面不避忌吗？"函末，胡适对钱玄同费了那么多工夫
书写寿辞表示感谢，并称："裱成时，还要请你签字盖章，使千百年后人可
以省去考证的工夫。"②

十二、国难期间

　　1933 年 1 月 1 日，日本侵略军突袭山海关。3 日，山海关和临榆县城
失守，中国军民遭到疯狂的屠杀。2 月 21 日，日军进犯热河。3 月 4 日，
占领承德，进迫长城脚下。自此，中国军队展开了英勇的长城抗战，历时
八十余天，其中如宋哲元部在喜峰口，徐庭瑶、关麟征、黄杰所率中央军
队在南天门一带的血战，都极为悲壮激烈。5 月 22 日，北平陷入日军三面
包围之中。次日晨，华北军第七军团傅作义部在怀柔牛栏山抗击日军，演
出了长城抗战最后的一幕。

---

　　① 《钱玄同日记》，1930 年 12 月 17 日。
　　② 《胡适致钱玄同》，1930 年 12 月 20 日，《鲁迅研究资料》第九辑，第 86 页。

从一开始，钱玄同就关注着长城战事。

1月3日日记云："今日看天津报，知1日晚日本兵在榆关开火，恐北平不能久居矣！"

3月5日日记云："在会中见报，知汤玉麟昨日逃，承德遂陷落，计日人攻热以来，不战而叛而降或逃。噫！"

3月14日日记云："古北口又失守了！"

3月15日日记云："塘沽日兵已上岸！"

由于忧心国事，而又自感缺少"执干戈以卫社稷"的能力，简直不知"究竟该做什么事才对"。① 钱玄同从年初开始就谢绝参加各种宴会。他在致黎锦熙函中说："缘国难如此严重，瞻念前途，忧心如捣，无论为国为家为身，一念忆及，便觉精神不安，实无赴宴之雅兴也。"② 5月17日，师大研究院毕业生宴请导师，钱玄同"照例谢绝"，只参加了饭后的摄影。③

进入5月以后，北平的局势日益紧张，敌机不断前来盘旋、侦察，街头开始挖壕，设置沙包。21日，何应钦通知各国立大学，可以允许学生"请假旋里"。④ 22日，军政首脑机关准备撤离，钱玄同也曾拟携子赴天津暂避。当日，北平政务整理委员会委员长黄郛开始与日方谈判停战。31日，签订《塘沽协议》，规定中国军队撤离长城区域，承认冀东为非武装区；同时也规定日军撤至长城线。

《塘沽协议》是屈辱的城下之盟，但它暂时稳定了华北地区的局势，钱玄同的心境也逐渐平静下来。6月初，胡适准备赴加拿大参加第

---

① 《以公历1684年岁在戊子为国语纪元议》，《国语运动史纲》，第4页。
② 曹述敬：《钱玄同年谱》，齐鲁书社1986年版，第117页。
③ 《钱玄同日记》，1933年5月7日。
④ 《钱玄同日记》，1933年5月21日。

五届太平洋国际学会。6日，钱玄同致函胡适，告以将在9日为他饯行。
函称：

> 我从热河沦陷以后，约有三个月光景，谢绝饮宴之事。我并非以
> 国难不吃饭为名高，实缘彼时想到在火线的兵士以血肉之躯挡坦克之
> 炮弹，浑噩的民众又惨遭飞机炸弹之厄，而今之东林党君子犹大倡应
> 该牺牲糜烂之高调，大有"民众遭惨死事极小，国家失体面事极大"
> 之主张。弟对于此等怪现象与新宋儒，实觉悲伤与愤慨，因此，对于
> 有许多无谓之应酬实不愿参与，盖一则无心谈宴，一则实不愿听此等
> "不仁的梁惠王"之高调也。自塘沽协议以后，至少河北民众及前线士
> 兵总可以由少惨死许多乃至全不遭惨死，故现在不再坚持不饮谦之主
> 张了。①

函中，钱玄同提到明末官员施邦曜。他在李自成攻入北京，崇祯皇帝
自缢后赋诗："惭无半策匡时难，惟有孤忠报国恩。"然后上吊自杀，被仆
人救醒，再命仆人买来砒霜，和酒吞服而亡。钱玄同这里批评的"今之东
林党君子"，主要指的是"自己安坐而唱高调，而以为民众应该死"的国民
党空谈派，对于真正舍生忘死、英勇杀敌的战士们，他是敬仰的。这从他
为傅作义部在怀柔战死将士书碑一事可以清楚地看出来。碑文由胡适执笔，
铭文说：

---

① 《胡适来往书信选》（中），第215—216页。

> 这里长眠的是二百零三个中国好男子，
>
> 他们把他们的生命献给了他们的祖国。
>
> 我们和我们的子孙来这里凭吊敬礼的，
>
> 要想想我们应该用什么报答他们的血。

墓碑竖立于绥远大青山下，这座由两位文化巨匠合作的纪念物堪称双璧，但是遗憾的是，后来又有人命令说，一切抗日的纪念物都应该隐藏，于是，又在上面加了一层遮盖，另刻"精灵在兹"四字。

十三、"只努力做工，就好像永永不死一样"

钱玄同长期为疾病所苦。从 1929 年起，他就身患高血压、血管硬化、神经衰弱诸症，此后，国事日非，他的疾病也日益加剧，身体与精神都日益衰颓。1934 年冬天，他有一次在师大讲学，头目眩晕，几乎倾倒。1935 年，他的右目突患视网膜炎，血压继续增高，因此，经常陷入目昏、头重、心悸、手颤的艰难境地。但是，他仍然孜孜兀兀于他所心爱的文字改革和国语统一工作，并作文自勉："一个人，无论事功或学问，总得要干，总得要努力干，不问贤愚，更无问老少。少年固然要努力干，老年因桑榆暮景，更应该乘此炳烛之明努力去干。"[1]1937 年，钱玄同致函胡适，询问佛学中的若干问题。4 月 8 日，胡适复函钱玄同，认为佛教是一种消极的人生观，但积极的人，如王安石、张居正等，均能从中寻出积极的人生观来。他说：

---

[1]《哀青年同志白涤洲先生》,《国语周刊》第一百六十期。

"尊恙正需一种弘毅的人生观作抵抗力，切不可存一苟延残喘的悲观。我曾听丁在君说一句英国名言，我曾替他译为韵语：

Ready to die tomorrow, But work as if you live long !

明日就死又何妨！

只努力做工，就好像永永不死一样！ [①] "

这是目前所能见到的胡适致钱玄同的最后的一封信。它是胡适对老朋友的慰勉，也可以看作是他对老朋友的评价。

---

① 《鲁迅研究资料》第九辑，第 101—102 页。

柳亚子与胡适 ①

"五四"前夜，关于中国诗歌的变革问题，柳亚子和胡适之间有过辩论。尽管柳亚子对胡适的诗作和为人都并不佩服，但是，在理论上，他还是很快就成了胡适的赞同者。

一、胡适对南社的批评及其诗歌变革主张

南社是辛亥革命前后著名的文学团体，发起人为陈去病、高旭、柳亚子。1909 年 11 月成立，活动延续三十余年，社员总数达一千一百八十余人。他们大都是当时教育、新闻、出版事业方面的精英。社刊为《南社丛刻》，共刊出二十二集。其作品以诗歌、散文为主。辛亥革命前的主题多为批判清朝统治，倾诉爱国热情，呼唤民主，谴责专制，号召人们为中国的独立、富强而斗争，因此有同盟会宣传部的美誉。辛亥革命后的主题转为斥责袁

---

① 原载李又宁主编《胡适与民主人士》，（纽约）天外出版社 1988 年版。

世凯的称帝丑剧，抒发理想破灭的悲哀，在反映那个倒退、黑暗的年代方面亦有其积极意义。但是，胡适对南社的作品却一直很看不起。

1916年6月下旬，胡适在美国克利夫兰城参加第二次国际关系讨论会，其间收到杨杏佛的一首题为《寄胡明复》的"白话诗"，诗云：

> 自从老胡去，这城天气凉。
>
> 新屋有风阁，清福过帝王。
>
> 境闲心不闲，手忙脚更忙。
>
> 为我告夫子，《科学》要文章。

杨杏佛，名铨，江西清江人。南社社员。1912年入美国康奈尔大学学习。1914年6月，与留美学生任鸿隽、胡明复等组织中国科学社。1916年创办《科学》杂志。本诗为催稿而作，胡适读了之后，非常高兴，在日记中录下了这首诗，同时写道："此诗胜南社所刻之名士诗多多矣！"[①]

胡适酝酿诗歌革新为时已久。1915年9月，胡适送梅光迪入哈佛大学读书时即有诗云："梅生梅生毋自鄙。神州文学久枯馁，百年未有健者起。新潮之来不可止，文学革命其时矣。吾辈势不容坐视，且复号召二三子，革命军前杖马箠，鞭笞驱除一车鬼，再拜迎入新世纪。"[②] 这首诗可以看作是胡适从事"文学革命"的最早宣言。诗中，胡适用了十一个外国名词，自跋云："此种诗不过是文学史上一种实地试验，前不必有古人，后或可诏

---

① 《胡适留学日记》（四），台湾远流出版事业股份有限公司1989年版，第47页。

② 《胡适留学日记》（三），第196页。

来者，知我罪我，当于试验之成败定之耳。"① 同月，胡适有《依韵和叔永戏赠诗》云："诗国革命何自始，要须作诗如作文，琢镂粉饰丧元气，貌似未必诗之纯。"② 胡适要求在美国绮色佳读书的朋友们共同努力，作"诗国革命"的实验。1916 年 1 月 29 日，胡适日记云："近来作诗颇同说话，自谓为进境。"③ 同年 4 月，胡适研究中国文学的变迁，认为在中国历史上，曾经有过多次"文学革命"，至元代时，登峰造极，出现了以"俚语"写作的"活文学。"他说，"倘此革命潮流，不遭明代八股之劫，不受明初七子诸文人复古之劫，则吾国之文学必已为俚语的文学，而吾国之语言早成为言文一致之语言，可无疑也"。④ 稍后，胡适提出中国文学有"无病而呻""摹仿古人""言之无物"等三大病⑤，为此，胡适多次改订其所作《沁园春》（誓诗），提出"何须刻意雕辞，看一朵芙蓉出水时"，"不师汉魏，不师唐宋，但求似我，何效人为"，"语必由衷，言须有物"等创作要求。⑥ 6 月，胡适在绮色佳与任鸿隽、杨杏佛、唐钺讨论文学改良的方法。胡适认为，文言不能使人听懂，是一种半死文字；白话是文言的进化，优美适用，是一种活的语言。"凡文言之所长，白话皆有之，而白话之所长，则文言未必能及之。"因此，胡适力主以白话作文、作诗、作戏曲及小说。胡适并称："白话的文学为中国千年来仅有之文学。其非白话的文学，如古文，如八股，如札记小说，皆不足与于第一流文学之列。""今日所需，乃是一种可读、可听、可歌、可讲、可记的言语"，"施诸讲坛舞台而皆可，诵之村妪妇孺而

---

① 《胡适留学日记》（三），第 196 页。
② 《胡适留学日记》（三），第 196 页。
③ 《胡适留学日记》（三），第 247 页。
④ 《胡适留学日记》（三），第 269 页。
⑤ 《胡适留学日记》（三），第 290—291 页。
⑥ 《胡适留学日记》（三），第 287—290 页。同上书（四）第 4、9 页。

皆懂"。胡适坚信，这种用白话写出的作品完全可以进入"世界第一流文学"之林。①

近代中国的文学革新运动始于戊戌维新运动的准备时期。白话文的早期提倡者为黄遵宪、裘廷梁、林獬，诗歌革新的提倡者为黄遵宪、谭嗣同、夏曾佑、梁启超。胡适倡导"似我"，以新名词入诗，并没有超越前驱者，但是，他认为白话优于文言，主张以白话写诗，相信运用白话可以产生出高级作品来，这确是破天荒的创见。然而，理论上的创见又常常伴生着片面和偏颇，胡适认为"白话文学为中国千年来仅有之文学"，就未免流于片面和偏颇。他之所以推崇杨杏佛的一首平淡且近于游戏的"白话诗"，认为其远远超过南社的"名士诗"，原因就在这里。

梅光迪、任鸿隽均为南社社员，二人都强烈反对以白话写诗。7月初，胡适开完国际关系讨论会，再过绮色佳，和梅光迪等展开辩论，梅光迪激烈地指责胡适的"活文学"之说。17日，他致书胡适，认为白话"未经美术家之锻炼"，"无永久之价值"，"鄙俚乃不可言"。函称："如足下之言，则人间材智、教育、选择诸事，皆无足算，而村农伧父，皆足为诗人美术家矣。"②22日，胡适写了一首《答梅觐庄》的白话长诗，其第一段复述梅光迪的观点，二、三两段胡适反驳，第四段互相问难，第五段云：

> 人忙天又热，老胡弄笔墨。
>
> 文章须革命，你我都有责。
>
> 我岂敢好辩，也不敢轻敌。

① 《胡适留学日记》（四），第43—46页。

② 《胡适留学日记》（四），第78页。

有话便要说，不说过不得。

诸君莫笑白话诗，

胜似南社一百集。①

这里，胡适再次表示了对南社及其刊物《南社丛刻》的轻蔑。

胡适的这首诗"开下了一场战争"②。梅光迪讥之为"如儿时听《莲花落》，真所谓革尽古今中外诗人之命者"③。任鸿隽认为它是一次"完全失败"，虽然是白话，也有韵，但并不能称之为诗。他担心胡适的努力会破坏中国文学的美好传统，致函说："假定足下之文学革命成功，将令吾国作诗者皆京调高腔，而陶、谢、李、杜之流，永不复见于神州。"④胡适坚信真理在握，不吐不快，写了一封长信回答任鸿隽，函中，胡适表示，白话能否作诗，全靠"实地试验"，一次"完全失败"，何妨再来。信末，胡适针锋相对地提出：（1）文学革命的手段，要令国中的陶、谢、李、杜皆敢用白话高腔京调作诗，又须令彼等皆能用白话高腔京调作诗。（2）文学革命的目的，要令中国有许多白话高腔京调的陶、谢、李、杜。换言之，则要令陶、谢、李、杜出于白话高腔京调之中。（3）今日决用不着"陶、谢、李、杜"的陶、谢、李、杜。（4）与其作似陶、似谢、似李、似杜的诗，不如作不似陶、不似谢、不似李、不似杜的白话高腔京调。胡适表示，自此以后，他绝不再作文言诗词。⑤

---

① 《胡适留学日记》（四），第74页。
② 《胡适留学日记》（四），第80页。
③ 《胡适留学日记》（四），第80页。
④ 《胡适留学日记》（四），第81—82页。
⑤ 《胡适留学日记》（四），第85—86页。

不仅如此，胡适又进一步把这场论战引向国内。8月，胡适翻读1915年出版的《青年》第三号，见到其中有南社诗人谢无量的长律《寄会稽山人八十四韵》，编者推为"希世之音"，按语说："子云、相如而后，仅见斯篇，虽工部亦只有此功力，无此佳丽。"胡适不同意这一观点，于同月21日致函该刊编者陈独秀，认为该诗在排律中，也只能是下等作品。胡适并称：

> 尝谓今日文学之腐败极矣，其下焉者，能押韵而已矣；稍进，如南社诸人夸而无实，滥而不精，浮夸淫琐，几无足称者（南社中间亦有佳作，此所讥评，就其大概言之耳）。更进，如樊樊山、陈伯严、郑苏戡之流，视南社为高矣，然其诗皆规摹古人，以能神似某人、某人为至高目的，极其所至，亦不过为文学界添几件赝鼎耳，文学云乎哉！①

清末民初的诗坛，除陈去病、柳亚子、高旭等南社派外，还有以模仿汉魏诗为主的王闿运派，以模仿中晚唐诗为主的樊增祥（樊山）、易顺鼎（实甫）派，以模仿宋诗为主的陈三立（伯严）、郑孝胥（苏堪、苏戡、海藏）派。胡适此函，以横扫千军的气势否定了当时的各种诗派，这就在沉闷窒息的中国文坛上投下了一枚重磅炸弹。

二、柳亚子的反击及其"文学革命"观

胡适对南社的第一次批评，当时没有正式发表；第二次批评，发表

---

① 《新青年》第二卷第二号，所署时间为"民国五年十月"，但据《胡适留学日记》（四），此函作于1916年8月21日。

于《留美学生季报》，柳亚子没有见到；只有第三次批评，柳亚子见到了。1917 年 4 月 23 日，他在《与杨杏佛论文学书》中说：

> 胡适自命新人，其谓南社不及郑、陈，则犹是资格论人之积习。南社虽程度不齐，岂竟无一人能摩陈、郑之垒而夺其鏊孤者耶？①

南社诗人大多反对清王朝，是同盟会领导的民族、民主革命的参加者或拥护者；郑孝胥、陈三立则均做过清政府官吏，反对革命。因此，南社成立伊始，柳亚子就激烈地批判郑、陈诗派（当时称为同光体），并力图与之"争霸"。郑孝胥、陈三立推尊宋诗，柳亚子则推尊唐诗。1911 年，清政府实行"铁路国有"政策，受到全国人民反对，革命党人准备借机起义，推翻清政府。然而，本已罢职赋闲的郑孝胥却于此际复出，依附盛宣怀和端方，支持清政府的"国有"政策，并出任湖南布政使。8 月，柳亚子在《胡寄尘诗序》中说：

> 今之称诗坛渠率者，日暮途穷，东山再出，曲学阿世，迎合时宰，不惜为盗臣民贼之功狗，不知于宋贤位置中当局何等也！②

这里所说的"诗坛渠率"，指的正是郑孝胥。1912 年 2 月，民国初建，柳亚子又在报上撰文，点名批评郑、陈二人"貌饰清流，中怀贪鄙"，模仿江西诗派，以致作品"声牙佶屈，戾于目而涩于口，终已莫得其要领"，其

---

① 上海《民国日报》，1917 年 4 月 23 日。
② 《南社》第五集。

祸等于"洪水猛兽"。① 柳亚子认为：民国时代应有民国之诗，不应再推尊亡清遗老为诗坛领袖；章太炎以及苏曼殊、马君武等"南社诸贤，龙翔虎视，霞蔚云蒸"，"将以开一代风骚之盛"。② 现在胡适居然认为郑、陈等人的作品"视南社为高"，这自然使柳亚子极为不平。

在《与杨杏佛论文学书》中，柳亚子又批评胡适说：

> 彼倡文学革命，文学革命非不可倡，而彼之所言，殊不了了。所作白话诗，直是笑话。中国文学含有一种美的性质，纵他日世界大同，通行"爱斯不难读"，中文、中语尽在淘汰之列，而文学犹必占有美术中一科，与希腊、罗马古文颉颃，何必改头换面，为非驴非马之恶剧耶！③

1917 年 2 月 1 日，胡适在《新青年》二卷六号上发表了《白话诗》八首，这是中国文学史上在明确理论和自觉意识指导下创作的第一批白话诗。作为新生事物，它们自然是不成熟的，与取得高度艺术成就的中国优秀古典诗歌比，它们自然是幼稚的。但是，这批诗开始突破中国传统诗歌严密格律的束缚，采用与生活接近的新鲜、活泼的语言，毕竟是一种有益的尝试，昭示着中国诗歌发展的新途径。然而，柳亚子却讥之为"直是笑话"，是一种"非驴非马"的"恶剧"。他进一步阐述自己的"文学革命"观说：

① 《民声日报》，1912 年 2 月 27 日。
② 上海《民国日报》，1917 年 8 月 20 日。
③ 上海《民国日报》，1917 年 4 月 23 日。

　　《新青年》陈独秀弟亦相识，所撰非孔诸篇，先得我心。至论文学
革命，则未免为胡适所卖。弟谓文学革命，所革当在理想，不在形式。
形式宜旧，理想宜新，两言尽之矣。又诗文本同源异流，白话文便于
说理论事，殆不可少；第亦宜简洁，毋伤支离。若白话诗，则断断不
能通。诗界革命，清人中当推龚定庵，以其颇有新思想也。近人如马
君武，亦有此资格，胜梁启超远甚。新见蜀人吴又陵诗集，风格学盛
唐，而学术则宗卢、孟，亦一健者。诗界革命，我当数此三人。若胡
适者，所谓画虎不成反类犬，宁足道哉！宁足道哉！①

　　近代中国的"诗界革命"经历了曲折的发展过程。1896 年至 1897 年，
改良派企图融合佛、孔、耶三教思想资料，创立一种为维新运动服务的"新
学"；在诗歌上，他们则力图创造一种"新学之诗"。这种"新学之诗"从
《旧约》《新约》、佛教经典及外文中吸取典故和词汇，表现出开辟诗歌语
言新源泉的努力。但是，他们实际上使诗歌的语言源泉更为狭窄，写出来
的作品又完全不顾诗歌的艺术要求，生涩难懂，既脱离传统，又脱离群众，
很快就被证明是一条死胡同。戊戌维新运动失败后，梁启超推崇黄遵宪的
诗作，主张"以旧风格含新意境"。他说："革命者，当革其精神，非革其
形式。吾党近好言诗界革命，虽然，若以堆积满纸新名词为革命，是又满
洲政府变法维新之类也。能以旧风格含新意境，斯可以举革命之实矣。"②
梁启超主张的实质是，在保存中国古典诗歌的传统风格、形式的前提下，
表现新思想、新生活。到了"五四"前夜，胡适主张以白话写诗，诗界革

---

① 　上海《民国日报》，1917 年 4 月 27 日。
② 　《饮冰室诗话》，人民文学出版社 1959 年版，第 51 页。

命就进入了它的第三个阶段。

柳亚子在政治上和梁启超对立，因此，他总是不大愿意肯定梁启超的"诗界革命"主张。实际上，他的"形式宜旧，理想宜新"的观点和梁启超的"以旧风格含新意境"的主张并无二致。他所不能接受的只是胡适的更加彻底的"革命"。在漫长的岁月里，中国古典诗歌取得了辉煌的成就，积累了丰富的艺术经验，因此，不少人宁愿接受传统格律的束缚，而不愿意写作白话诗。

同年 6 月，南社内部的尊宋派向柳亚子挑战，掀起唐宋诗风之争，牵连及于"文学革命"。在《再质野鹤》一文中，柳亚子说：

> 去岁以来，始有美国留学生胡适，昌言文学革命，谓当以白话易文言，殆欲举二千年来优美高尚之文学而尽废之，其愿力不可谓不宏，然所创白话诗，以仆视之，殊俳优无当于用。彼之论文，诋太炎为不通，于诗则诋梅村《永和宫词》《圆圆曲》用典太多，尤集矢于渔洋《秋柳》。至其数当代作者，则亦曰郑、陈、樊、易而已。故仆尝诮为名为革命，实则随俗无特识。①

1916 年 8 月，胡适致书陈独秀，提出"文学革命"入手八事，其第一事即为"不用典"。②1917 年 1 月，胡适在《文学改良刍议》中对八事作了阐释，他批评章太炎"刻削古典成语，不合文法"，批评王士禛的《秋柳》诗用典"泛而不切"，"无确定之根据"。③柳亚子此文，即系针对《文学改

---

①　上海《民国日报》，1917 年 7 月 6 日。

②　《新青年》第二卷第二号。

③　《新青年》第二卷第五号。

良刍议》而言。"殆欲举二千年来优美高尚之文学而尽废之"，柳亚子加给胡适的罪名实在不能算小。

三、胡适的批驳

正像看不起南社一样，胡适也没有把柳亚子的批评看在眼里，因此，始终不曾作过认真的答辩。

1917 年 6 月，胡适自美洲归国，途中摘抄了柳亚子的《与杨杏佛论文学书》，他在日记中写道：

> 此书未免有愤愤之气。其言曰："形式宜旧，理想宜新。"理想宜新，是也。形式宜旧，则不成理论。若果如此说，则南社诸君何为作《清庙》《生民》之诗，而乃作"近体"之诗与更"近体"之词乎？ ①

中国的文学形式经历了丰富纷繁的变化。以诗歌论，反映原始狩猎生活的古代《弹歌》是二言体："断竹、续竹、飞土、逐肉。"后来发展出四言体，周朝的宗庙乐歌《清庙》和民族史诗《生民》便是其代表作。其后，随着社会生活、语言、音乐等诸种因素的变化，相继产生了五言古诗、七言古诗、五言近体、七言近体（律诗与绝句）。唐末至宋、元时代，又发展出长短不定的词与曲。如果坚持"形式宜旧"的观点，那么，中国诗歌便只能永远保持原始歌谣的古朴面貌，不可能出现如此众多的形式，也不可能

---

① 《胡适留学日记》（四），第 253 页。

有任何革新与创造。胡适的这一反驳很有力，南社诸君也并没有按《清庙》《生民》的古老形式写作，又何能反对人们对一种新的诗歌形式的追求呢？

文学是内容和形式的统一体。其中，内容流动不居，变化迅速，而形式则具有较大的稳定性。但是，当一种形式已经丧失生命力，或者严重脱离社会生活，桎梏内容的表达时，便应该改造旧形式，创造新形式。柳亚子主张文学内容的革命——"理想宜新"，但是却反对文学形式的革命，自然是片面的，不可能为中国诗歌的变革指出正确的方向和途径。1919年8月，胡适在《尝试集自序》一文中说：

> 近来稍稍明白事理的人，都觉得中国文学有改革的必要……甚至于南社的柳亚子也要高谈文学革命。但是他们的文学革命论只提出一种空荡荡的目的，不能有一种具体进行的计划。他们都说文学革命绝不是形式上的革命，绝不是文言白话的问题。等到人问他们所主张的革命"大道"是什么，他们可回答不出来了。这种没有设想计划的革命——无论是政治的是文学的——绝不能发生什么效果。①

胡适这里批评柳亚子不懂得形式、语言诸因素的重要性，其"文学革命"论缺乏"具体进行的计划"，可以看作是对柳亚子《与杨杏佛论文学书》的公开回答。

1920年10月，钱玄同致胡适函称："遗老遗少和南社诸公的歪诗反可以称为文学吗？"②尽管在钱玄同眼中，郑孝胥、陈三立的作品和南社诸公

---

① 《尝试集》。
② 《钱玄同文集》第六卷，第96页。

的作品并无区别，都属于"歪诗"之列，但是，1922年2月,《申报》出版《最近之五十年》一书，胡适为该书写作《五十年来中国之文学》一文，其中论及近代诗人，除推崇金和与黄遵宪外，只提到陈三立、郑孝胥、樊增祥三人，而一字不及南社，可以看出，胡适完全没有理会柳亚子的抗辩。他和钱玄同一样，完全看不起南社。

四、柳亚子成为白话诗的拥护者

柳亚子是个不断进步、不断求新的人，因此，他和胡适在文学主张上的对立并没有坚持多久。

五四运动后，柳亚子逐渐感到，作白话文的人，怀抱的主张大都和他相合，而作文言文去攻击白话文的人，其主张则和他相距太远。同时他也感到，用文言文表达新思想，确实困难，恍然悟到必须有"新工具"。这样，他便决心加入新文化运动，并酝酿改组南社。

1923年5月，柳亚子与叶楚伧、胡朴安、余十眉、邵力子、陈望道、曹聚仁、陈德征等人发起组织新南社。10月14日，该社成立，沈雁冰（茅盾）、刘大白等新文学作家陆续成为社员。新南社骨干朱少屏曾邀请胡适加入，遭到拒绝。[①]

新南社以回应新文化运动为主旨。在《新南社成立布告》中，柳亚子回溯历史，检讨南社在辛亥革命后逐渐堕落的原因，他说：

---

① 《胡适日记》（微卷），1923年10月14日，美国哥伦比亚大学珍本和手稿图书馆藏。

二次革命失败，社中激烈分子，更牺牲了不少，残余的都抱着"妇人醇酒"消极的态度，做的作品，也多靡靡之音，所以就以"淫滥"两字，见病于当世了。

他又说：

旧南社的朋友，除了少数先我觉悟的以外，其余抱着十八世纪遗老式的头脑，反对新文化的，竟居大多数。那末，我们就不能不和他们分家，另行组织，和一般新朋友携手合作起来，这新南社便应运而生，呱呱坠地了。①

胡适曾批评南社的作品"夸而无实，滥而不精，浮夸淫琐"，从上述柳亚子的言论可以看出，他认真考虑过胡适的批评；他之所以毅然和"旧朋友"分家，组织新南社，和胡适的批评不无关系。

这一时期，柳亚子已经成为白话文学的积极护卫者。1923 年 11 月 1 日，他在《答某君书》中说：

承询旧文艺与新文艺之判，质言之，即文言文与语体文耳。仆为主张语体文之一人，良以文言文为数千年文妖乡愿所窟穴，纲常名教之邪说深入于字里行间，不可救药，故必一举而摧其壁垒，庶免城狐社鼠之盘踞。②

---

① 《南社纪略》，上海人民出版社 1983 年版，第 101—102 页。
② 《新黎里》，1923 年 11 月 1 日。

将文言文斥为"文妖乡愿"的窟穴，揭示反对文言文和反对"纲常名教"之间的关系，主张"一举而摧其壁垒"，完全是《新青年》同人的观点。

胡适在与陈独秀、钱玄同等人的通信中，曾盛赞《水浒传》《儒林外史》等白话小说，柳亚子完全同意这一看法。在《答某君书》中，他又说：

> 《儒林》处科举万能之世，而痛骂时文；《水浒》处君权专制之下，而昌言革命。其思想高尚，出唐、宋八家万倍。学校采其菁华，定为课本，何嫌何疑？[①]

以为《儒林外史》《水浒传》的成就远远高于唐、宋等八大家的古文，可以列为学校教材，这也是《新青年》同人的观点。

当时，守旧派攻击胡适等人提倡白话文是由于学问不够，对此，柳亚子反驳说：

> 仆意适之辈对于所谓国学，其程度至少在林纾之上，而主张语体文之仆，至少亦尚在足下之上也。[②]

从胡适的反对者转变为胡适的支持者，反映出柳亚子思想的巨大进步，也反映出新文化运动的日益深入人心。然而，柳亚子毕竟是柳亚子，他并不一味附和胡适。函末，柳亚子赘言称：

---

① 《新黎里》，1923 年 11 月 1 日。
② 《新黎里》，1923 年 11 月 1 日。

胡适之以《努力周报》取媚吴、陈，其人格已与梁任公等夷，仆极不满，以其为新文学首难之胜、广，故特举以为例，非崇拜其人也。①

柳亚子论文、论人，感情热烈，爱憎鲜明，常常因政治倾向而抹杀其余，然而于胡适，却能在批评其以《努力周报》"取媚"吴佩孚、陈炯明的同时，承认其为"新文学首难"的陈胜、吴广，表现出理智的、科学的态度。

此际，柳亚子对白话诗的看法也有了一百八十度的转变。

1924 年 6 月，南社社员吕天民写信给柳亚子，批评以白话写作的新诗。其理由之一是新诗缺乏音节。他说："既叫新诗，无论四言、五言、六言、七言或长短句，总应该有相当的音节。"其理由之二是新诗的内容："满纸都是姐呀，妹呀，花呀，叶呀，其立意无非害单相思病。"其理由之三是新诗爱用"呀的吗呢"等语气词。如此等等。对此，柳亚子一一作了解释。他说：

我的主张，文学是善于变化的东西，由四言变而为五七言，由五七言古体变而为律诗，变而为词，再变而为曲，那末现在的由有韵诗变为无韵诗，也是自然变化的原则，少数人的反对是没有效力的。②

承认文学是"善于变化的东西"，表明柳亚子已经放弃了"形式宜旧"的看法，并且接受了胡适在"五四"前后大力倡导的"历史的文学观念论"。信中，柳亚子谆谆劝告吕天民，自己喜欢作旧诗，尽作不妨，但是切不可

---

① 《新黎里》，1923 年 11 月 1 日。
② 《新黎里》，1923 年 11 月 1 日。

反对新诗，不能当"新顽固"派。他说：

> 祝你努力于革命的文学（是你所谓新其意思）和文学的革命（是你所谓新其体格）。①

既赞成革命文学，又赞成文学革命，表明柳亚子已经完成了从辛亥到"五四"的飞跃。

尽管柳亚子赞成白话诗，但是，他对于胡适的创作实践却并不欣赏。在五四时期出现的诗人中，使柳亚子倾心赞美的乃是郭沫若。1924 年 7 月，柳亚子读了郭沫若的《匪徒颂》，曾经写过一篇热情洋溢的评介文章，中云：

> 自从《新青年》杂志提倡白话诗以来，在中国文坛上突起了一支生力的革命军，对于思想学术界都起重大的变动，我觉得是非常有关系的。②

肯定《新青年》提倡白话诗的功绩也就是肯定胡适，但是，柳亚子又说："在许多白话诗集当中，我最爱读的是郭沫若先生《女神》集里六首《匪徒颂》，有高视阔步不可一世的气概"，"是白话诗集中无上的作品"。后来，有人将新诗分为郭沫若、徐志摩、闻一多三大派，认为"郭诗是一条疯狗，徐诗是一个野鹤，闻诗是一匹猫"，柳亚子又曾明确表示："我是宁愿赞同疯狗的。"③

---

① 《新黎里》，1924 年 8 月 1 日。
② 《新黎里》，1924 年 7 月 16 日。
③ 《我对于创作旧诗和新诗的感想》，见《创作的经验》，上海天马书店 1933 年版。

五、余波

柳亚子既成了白话诗的拥护者，因此，他在中国诗歌的变革方向上就不再与胡适构成对立，但是，在对于南社的评价上，二人之间仍然存在着歧异。

1929年10月，国民党中央宣传部长、原南社社员叶楚伧发表文章，其中有"中国本来是一个由美德筑成的黄金世界"一语，[①] 胡适认为这一句话最足以代表"国民党的昏愦"[②]，于同月写成《新文化运动与国民党》一文，批评国民党保守的文化政策。胡适认为，这种保守的文化政策有其历史渊源。他分析戊戌维新运动以后的文化界情况说：

> 那时国内已起了一种"保存国粹"的运动。这运动有两方面，王先谦、叶德辉、毛庆藩诸人的"存古运动"自然是完全反动的，我们且不论。还有一方面是一班新少年也起来做保存国粹的运动，设立"国学保存会"，办《国粹学报》，开"神州国光社"，创立南社。他们大都是抱着种族革命志愿的，同时又都是国粹保存者。他们极力表彰宋末明末的遗民，借此鼓吹种族革命论；他们也做过一番整理国故的工作，但他们不是为学问而做学问，只是借学术来鼓吹种族革命并引起民族的爱国心。他们的运动是一种民族主义的运动，所以他们的领袖人才，除了邓实、刘光汉几个人之外，至今成为国民党的智识分子。柳亚子、

---

① 《浙江民报》，1929年10月10日。
② 《胡适日记》（微卷），1929年11月12日。

陈去病、黄节、叶楚伧、邵力子诸先生都属于这个运动。因为这个缘故，国民党中自始便含有保存国粹国光的成分。

胡适并称：

> 狭义的民族主义运动总含有一点保守性质，往往倾向到颂扬固有文化，抵抗外来文化势力的一条路上去。这是古今中外的一个通例。①

胡适认为，"许多国民党的领袖人物"之所以不赞成新文化运动，"国粹保存家与南社诗人"之所以反对新文学，其原因就在这里。

胡适是从清末文化界走过来的人，他的上述言论深刻地揭示了辛亥前夜革命党人鼓吹的国粹主义思潮的两种性质：既有鼓吹反清革命、发扬民族优秀文化的爱国主义一面，又有抵御西方先进文化，抱残守缺，反对文化革新的保守一面。事实也确是如此，南社成员中有些人曾经积极推动过诗界革命、文界革命、戏曲革命，但是，南社成立时，由于接受了国粹主义思潮的影响，上述诸种"革命"就都停顿了。

胡适的《新文化运动与国民党》一文曾经激起许多国民党人的愤怒，但是，柳亚子没有参与那盛极一时的批评。在对于传统文化——"国学"的态度上，20世纪20年代的柳亚子已经比胡适更为激烈。例如新南社成立时，叶楚伧曾经将"整理国学"列为宗旨，但不久，柳亚子就对此表示怀疑。他说：

---

① 《新月杂志》第二卷第八号。

　　"整理国学"之说，创于胡适之辈。陈独秀先生则以为求香水于牛粪，徒劳而靡所获。仆近日瓣香，颇宗独秀。曩时发起新南社，以"整理国学"列诸条文，犹不免为适之辈所误。然第曰整理，而不言保存，则国学之价值如何，自当付诸整理后之定论，非目前即视为神圣不可侵犯也。①

　　视"整理国学"为"求香水于牛粪"，自然不会维护所谓"黄金世界"说。一直使柳亚子耿耿于怀的还是老问题——胡适认为郑孝胥、陈三立的作品较南社"为高"。1936 年 2 月，柳亚子发表致曹聚仁的公开信，中云：

　　对于南社，我觉得二十年来的评坛上，很少有持平之论。捧南社的讲它是如何有功于革命，我自己也颇有些赧颜。我以为南社文学，在反清反袁上是不无微劳的。不过它不能领导文学界前进的潮流，致为五四以后的新青年所唾弃，这也是事实。然而像胡适之博士论南社，以"淫滥"两字一笔抹杀，反而推崇海藏之流，我自然也不大心服。我以为讲三十年来的中国文学史，南社是应该有它的地位的。②

　　1929 年，鲁迅在燕京大学国文学会发表演讲，曾经说过："清末的南社，便是鼓吹革命的文学团体。他们叹汉族的被压制，愤满人的凶横，渴望着'光复旧物'。但民国成立以后，倒寂然无声了。"③ 柳亚子认为南社在

---

① 《新黎里》，1923 年 11 月 1 日。
② 《南社诗集》第一册。
③ 《三闲集》，《鲁迅全集》第四卷，人民文学出版社 1982 年版，第 134—135 页。

反清之后，还有反袁的一幕，并不如鲁迅所言"寂然无声"，但是，他认为鲁迅的这一评价远较胡适为公正。同文中，柳亚子又称："他承认南社为清末鼓吹革命的文学团体，其识见便也高出胡博士之上了。"①

① 《南社诗集》第一册。

胡适与杨杏佛 ①

杨杏佛和胡适曾是好朋友。在胡适的文学道路上，杨杏佛起过支持和相互切磋的作用。在新文化运动前后，二人依然相互支持。进入 20 世纪 20 年代后，由于政治态度逐渐发生分歧，二人的友谊也慢慢淡薄，终于形成无法消解的隔阂。

杨杏佛（1893—1933）名铨，江西清江人。1907 年入上海吴淞中国公学就读。次年秋，公学内部发生矛盾，杨杏佛随大多数学生退学，组织中国新公学。1910 年加入同盟会。1911 年 8 月，进入河北路矿学堂预科。10 月，赴武昌参加起义。1912 年南京临时政府成立，任秘书处收发组组长。同年 3 月，加入文学团体南社。不久，南北和议成功，孙中山让位于袁世凯，杨杏佛遂申请赴美留学。同年 11 月成行。

---

① 原载李又宁主编《胡适和他的朋友》第四集，（纽约）天外出版社 1997 年版。

一、异国唱和的诗友

杨杏佛与儿子杨小佛

1912 年 12 月 1 日中午，胡适下山，到绮色佳（Ithaca）车站迎接来美留学的任鸿隽和杨杏佛。任、杨都是胡适在中国公学时的同学，杨又是胡适在中国新公学时英文班的学生。"多年旧雨，一旦相见于此，喜何可言！"①当时，胡适在康奈尔（Cornell）大学文学院学文学，任鸿隽来到该校后也进了文学院，杨杏佛则学的是机械工程。这样，胡和杨杏佛再次成了同学。尽管二人所学专业不同，但都喜爱文学，尤好诗歌。异国风光，常常闯入他们的诗篇。1914 年 3 月，春暖雪消，胡适作诗云：

春暖雪消水作渠，万山积素一时无。欲檄东风讨春罪，夺我寒林粉本图。

---

① 《胡适留学日记》（一），台湾远流出版事业股份有限公司 1989 年版，第 116 页。

诗贵新。自来的诗人大都谴责严冬，歌颂春天，而胡适却独出心裁，声讨"东风"破坏了雪景，显示出对生活的独特观察和思考。杨杏佛和作云：

> 潺潺流水满沟渠，漠漠林烟淡欲无。归思欲随芳草发，江南三月断魂图。

江南多胜景，三月的江南尤为迷人。六朝人丘迟有"暮春三月，江南草长，杂花生树，群莺乱飞"之句；杨杏佛的诗，以眼前的连天芳草暗喻勃勃难收的乡愁，也写得很有情味。绮色佳位于美国东部，景色清幽；康奈尔大学的校园本身就是一座美丽的园林。胡适、杨杏佛、任鸿隽自此常以当地的山水为题，互相唱和。5 月 23 日，胡适作《春朝》云：

> 叶香清不厌（人但知花香，而不知新叶之香尤可爱也），鸟语韵无嚣。柳荣随风舞，榆钱作雨飘（校地遍栽榆树，风来榆实纷纷下，日中望之，真如雨也）。何须乞糟粕，即此是醇醪。天地有真趣，今人殊未遥。

杨杏佛和作云：

> 山路蔽苍翠，春深百鸟嚣。泉鸣尘意寂，日暖草香飘。欲笑陶彭泽，忘忧藉浊醪。栖心长流水，世累自相遥。

二诗都歌颂自然美，以为远过于醇酒，鼓励人们去大自然中寻求"真趣"，也是有新意的作品。

异国相逢最相亲。杨、胡本来就关系不错，绮色佳的同窗生活更增加了二人之间的友谊。1915 年 8 月，胡适将赴纽约哥伦比亚大学学习，杨杏佛作《水调歌头》赠别，词云：

> 三稔不相见，一笑遇他乡。暗惊狂奴非故，收束入名场。秋水当年神骨，古柏而今气概，华贵亦苍凉。海鹤入清冥，前路正无疆。羡君健，嗟我拙，更颓唐。名山事业无分，吾志在工商。不羡大王（指托拉斯）声势，欲共斯民温饱，此愿几时偿？各有千秋业，分道各翱翔。

当年在上海的时候，胡适青春年少，有过一段放浪轻狂的生活。本词赞美胡适一改故态，立志修学，祝愿他前途无疆，同时自述志在工商的缘由，不在成为富可敌国的托拉斯大王，而在于"欲共斯民温饱"。胡适极为欣赏杨杏佛的这一志向，和词云：

> 朔国秋风，汝远东来，过存老胡。正相看一笑，使君与我，春申江上，两个狂奴。
>
> 万里相逢，殷勤问字，不似黄炉旧酒徒。还相问："岂当年块垒，今尽消乎？"君言是何言欤！只壮志新来与昔殊。愿乘风役电，戡天缩地（科学之目的在于征服天行以利人事），颇思瓦特（James Watt），不羡公输。户有余粮，人无菜色，此业何尝属腐儒！吾狂甚，欲斯民温饱，此意何如？

胡适的这首词，模仿辛弃疾的风格，以对话入词，纵横开阖，生动地写出了杨杏佛的一腔壮怀。杨杏佛很喜欢胡适的这首词，回信说："《沁园春》极自然，词中不可多得也。"①

中国诗词发展到了清末民初，已经非变不可了。在绮色佳期间，胡适逐渐萌生了"文学革命"的念头。1915 年 9 月 17 日，胡适《送梅觐庄往哈佛大学诗》有"文学革命其时矣"之句。19 日，任鸿隽送胡适往哥伦比亚大学诗有"文学今革命，作歌送胡生"之语。20 日，胡适在车中作《戏和叔永再赠诗》，赠给绮色佳的朋友们：

诗国革命何自始？要须作诗如作文。琢镂粉饰丧元气，貌似未必诗之纯。

小人行文颇大胆，诸公一一皆人英。愿共勠力莫相笑，我辈莫作腐儒生。

这首诗，可以看作是胡适动员绮色佳的朋友们共同致力于诗界革命的宣言。

11 月 29 日，胡适在《留美学生季报》读到了杨杏佛的一首《遣兴》诗：

黄叶舞秋风，白云自西去。落叶归深涧，云倦之何处？

大概这首诗比较符合胡适的"诗国革命"理想，所以他认为，这是杨

---

① 杨杏佛致胡适函手迹，1915 年 9 月 15 日，中国社会科学院近代史研究所藏，以下均同。

杏佛近年来的最佳作品。

离开绮色佳时，梅光迪、任鸿隽、杨杏佛、胡适四人曾合摄一照。1916年1月，胡适得到杨杏佛寄来的照片，随后又得到任鸿隽寄来的合影诗：

> 适之淹博杏佛逸，中有老梅挺奇姿。我似长庚随日月，告人光曙欲来时。

同月 28 日，胡适成和诗，赞美三人品格。其二云：

> 种树喜长杨（最喜挪威长杨，纽约尤多），非关瘦可怜。喜其奇劲枝，一一上指天。

这里的"长杨"，借指杨杏佛。"奇劲"二字，贴切地表现出杨的为人。2 月 14 日，杨杏佛也写了一首《题胡、梅、任、杨合影》，中云："适之开口笑，春风吹万碧。似曰九州岛宽，会当舒六翮。"也很好地写出了胡适当时的气质。

在诗歌创作实践中，胡适的"诗国革命"主张逐渐成熟。1916 年 6 月，胡适重到绮色佳，与杨杏佛、任鸿隽、唐钺三人畅谈文学改良之法，力主以白话作文、作诗、作戏曲小说。24 日，胡适自绮色佳到克利夫兰城开会，收到杨杏佛寄来的一首题为《寄胡明复》的白话诗：

> 自从老胡去，这城天气凉。新屋有风阁，清福过帝王。境闲心不闲，手忙脚更忙。为我告夫子（赵元任），《科学》要文章。

1914 年 6 月，任鸿隽、杨杏佛、赵元任、胡达（后改名明复）等九人因感于中国科学落后，决定创办《科学》杂志，"以传播科学提倡实业为职志"。1915年1月，杂志第一号问世。同年10月，成立中国科学社，任鸿隽、赵元任、胡明复等任董事，杨杏佛任编辑部部长。杨杏佛的这首诗便是为《科学》托胡明复向赵元任约稿的。它其实是一首信笔写来的游戏之作，但由于语言通俗，明白如话，符合胡适的主张，因此，受到胡适推崇。当时的诗坛霸主是以南社为代表的诗人们，杨杏佛本人也是南社成员，但胡适却认为这首诗"胜南社名士多多矣"！

在胡适的影响下，杨杏佛等人开始改变诗风。8月，任鸿隽赴波士顿，杨杏佛赠诗有"疮痍满河山，逸乐亦酸楚"，"畏友兼良师，照我暗室烛。三年异乡亲，此乐不可复"之句，自跋云："此铨之白话诗。"朱经农有一首和诗，有"征鸿金锁绾两翼，不飞不鸣气沉郁"之句，自跋云："无律无韵，直类白话。"但是，胡适对这两首诗都不满意，写了一首打油诗讽刺他们，诗云：

> 老朱寄一诗，自称"仿适之"。老杨寄一诗，自称"白话诗"。请问朱与杨，什么叫白话？货色不地道，招牌莫乱挂。

杨、朱的"白话诗"不过是较为浅显的旧体，胡适的不满是自然的。这一时期，胡适自己写的诗，口语化的程度确实较杨、朱二人为高。他的和杨杏佛送任鸿隽赴波士顿诗写道：

> 救国千万事，选人为最要。但得百十人，故国可重造。眼里新少年，轻薄不可靠。那得许多任叔永，南北东西处处到。

同月底，朱经农到纽约造访胡适，作三日留，畅谈极欢。别后，胡适作《寄朱经农》云：

年来意气更奇横，不消使酒称狂生。头发偶有一茎白，年纪反觉七岁轻。旧事三日说不全，且喜皇帝不姓袁。更喜你我都少年，"辟克匿克"来江边。赫贞江水平可怜，树下石上好作筵：牛油面包颇新鲜，家乡茶叶不费钱。吃饱喝胀活神仙，唱个"蝴蝶儿上天"。

9月6日，胡适又有《思怀祖国》一首云：

你心里爱他，莫说不爱他。要看你爱他，且等人害他。倘有人害他，你如何对他？倘有人爱他，更如何对他？

胡适一向认为，口语新鲜活泼，具有表现力量，可以成为优秀的文学语言。胡适的这几首诗，自觉地运用大量口语，在探索中国传统诗歌的改革上迈出了大步。宋代诗人陆游曾有"尝试成功自古无"之句，胡适不赞成这一思想，反其意而作《尝试篇》，诗称："我生求师二十年，今得尝试两个字。作诗做事要如此，虽未能到颇有志。"这首诗，可以看作胡适创造新文学的自誓。杨杏佛读了胡适的上述诸诗后写信给胡适说：

今日读《致叔永函》，《与经农诗》甚佳，达意畅而传情深，虽非纯粹白话诗，然固白话诗中杰作也。《怀祖国诗》似为字累。此体至难作，必字简意深然后能胜。《尝试篇》说理亦佳。兄白话诗进境颇速，不负此试。[①]

杨杏佛此函，有鼓励，有批评，既不一味捧场，也不一概否定，确实

---

① 杨杏佛致胡适函手迹，1916年。

是良友诤言。不过，后来杨杏佛始终未能在写作白话诗上迈出更大的步子，而胡适则精进不已，终于在中国诗的创作上开拓出新天地。

杨杏佛不仅为胡适评诗，而且为胡适改诗。1917年1月，胡适作《寒江》诗三首，其一云：

> 江上还飞雪，遥山雾未开。浮冰三百亩，载雪下江来。

"亩"字原作"丈"，为杨杏佛所改。胡适认为杨的意见很好，在《留美学生季报》发表时即加以采纳，同时附跋说明："此一字师也，记之以谢。"

同年6月初，胡适即将归国。这时，他的诗作已小有成就。他自感这些成就中有任鸿隽、杨杏佛的助力，因此，写了一首《文学篇》，与任、杨、梅三人作别。

序云："吾数年来之文学的兴趣，多出于吾友之助。若无叔永、杏佛，定无《去国集》。若无叔永、觐庄，定无《尝试集》。"诗中回忆1912年与任、杨、梅见面时的情景：

> 明年任与杨，远道来就我。山城风雪夜，枯坐殊未可。烹茶更赋诗，有作还须和。诗炉久灰冷，从此生新火。

戊戌维新前后，黄遵宪、谭嗣同、梁启超等一直想点燃起中国诗歌改革的火焰，始终未能成功。人们不会想到，这一簇火焰却在美洲的山城里点燃起来了。

胡适归国前，朋友们赶到纽约送别，杨杏佛因事未能成行，他写了一首诗寄给胡适，诗云：

> 遥泪送君去，故园寇正深。共和已三死，造化独何心？腐鼠持旄节，饥乌满树林。归人工治国，何以慰呻吟？

当时，张勋正率领辫子军北上，威胁黎元洪解散国会，杨杏佛亲自参加缔造的共和制度再一次面临夭折的危险，他勉励胡适归国后投入斗争，拯救人民的苦难。7月3日，胡适在太平洋上航行。当夜，月色明朗，胡适在甲板上散步，面对万顷银波，想起了美洲的朋友们。次日，作成《百字令》一首寄给任鸿隽、杨杏佛等人，词云：

> 几天风雾，险些儿把月圆时辜负。待得他来，又苦被如许浮云遮住。多谢天风，吹开孤照，万顷银波怒。孤舟带月，海天冲浪西去。遥想天外来时，新洲曾照我故人眉宇。别后相思如此月，绕遍人寰无数。几点疏星，长天清迥，有湿衣凉露。凭栏自语，吾乡真在何处？

胡适的这首词，有情有景，在阔大清迥的意境中表达出对朋友的无限思念，也隐约地表露了对国家状况的感慨。杨杏佛读后，复函称："舟中词曲折苍凉，佳作也。有此景乃有此作，诚不负烟士披里熏矣！"①

---

① 杨杏佛致胡适函手迹，1917年8月15日。

二、"君作游天龙，吾为笼内鸡"

杨杏佛本在康奈尔大学机械系学电机，1916 年 8 月毕业，转入哈佛大学攻读工商管理硕士学位。1918 年冬学成归国，10 月下旬抵沪。11 月与赵志道女士结婚，胡适曾作词祝贺。此词今不传。23 日，杨杏佛复胡适函云：

> 贺词及书均拜收，谢谢。词极佳，在白话、文言之间，为新婚纪念。迟日得暇，或能作答，今则俗务纷纭，不敢语此矣！ ①

当时，国事混乱，不少留学生怀着报效乡邦的壮志归来，但不久即沮丧消沉，无所事事。胡适与他们不同，归国后即积极投入新文化运动，成绩煊赫。对此，杨杏佛表示钦佩，信中说：

> 国中事无一可人意。留学生混饭易，作事难。昔之以志士自命者，今多碌碌养妻子，如兄之能始终言新文学者，诚为凤毛麟角。

他要求胡适今后经常通信，互相勉励，以期不负初衷。信中又说：

> 吾此后行事当时时告兄，愿兄尽直言之责，吾亦当勉贡刍荛也。今日在国中能尽言者惟兄与叔永、明复耳。人少责重，吾所望于兄者多矣！

---

① 杨杏佛致胡适函手迹，1918 年 11 月 23 日。

同年 12 月，杨杏佛准备应汉阳铁厂之聘，任会计处成本科长。但他对这一工作并无多大热情，想在两三个月后即回上海，与人合办工厂。同月 11 日致函胡适说：

> 铨明春二三月即拟返沪，因沪上已与人约同办工厂，果开办，势不能爽约也。汉厂人习气极深，难与有为。吃饭易，作事难，故欲别就。[①]

汉阳铁厂虽是座现代化的工厂，但也像当时中国许多地方一样，充满了衙门气。果如杨杏佛所料，他到厂不久，就对这个环境感到厌倦。1919 年初致函胡适说：

> 铨来汉阳虽已一月，所为尚茫无头绪。职为成本会计，然厂中习气甚深，时有五斗米折腰之叹。今始知在中国作工商与做官等耳，安望其能与世界相竞！[②]

中国长期依靠官僚治国，官僚主义成为深入膏肓的痼疾，作工商如同做官，自然，和现代化企业的要求也就相距天壤了。胡适能理解杨杏佛的牢骚，于 1 月 30 日、2 月 2 日连致两书劝慰。2 月 5 日，杨杏佛再致胡适函云：

> 铨对汉阳不满意者，不在中国大局，但为小己着想耳。黄金虚牝，自惜华年而已。果能有益国家，虽驭此微贱之事，亦所乐为也。[③]

---

① 《胡适来往书信选》（上），中华书局 1979 年版，第 18 页。
② 杨杏佛致胡适函手迹，1919 年 1 月 15 日。
③ 杨杏佛致胡适函手迹，1919 年 2 月 5 日。

同函中，杨杏佛告诉胡适，詹天佑曾拟聘请他担任《中华工程师会会报》编辑，月薪二百元，并可在铁路上兼事，但他犹疑不愿接受。函称：

> 归国后辞《科学》编辑，即因欲实地办事始然。今何能以受薪遽易初志。又线路事业本非所习，若胡乱就之，真成饭碗主义矣！惟此间会计事亦极无聊，或于 2 月底请假来京一行，亦未可知。在中国习实业学生无资本者诚属可怜，若能自办工厂，何致如丧家之犬耶！

从本函看，杨杏佛在上海与人合办工厂的计划也没有什么进展。正当他为生活无聊不能有所作为而苦闷时，任鸿隽过汉。久别重逢，两个好朋友自然有许多话要说。但是，杨杏佛为厂事所羁，竟找不出畅谈的时间，而任鸿隽也只能停留三日，就匆匆离去。杨杏佛感叹之余，成诗一首：

> 联翼涉美亚，归道忽东西。君作游天龙，吾为笼内鸡。值此千里逢，难同一日栖。友情空复热，心远暮云低。
>
> ——《叔永过汉，余以厂事不得久谈，为此志别》

胡适归国后，于 1917 年 9 月 10 日就任北京大学教授，次年 1 月参加《新青年》编委会，4 月发表《建设的文学革命论》，成为新文化运动中的风云人物，而杨杏佛则困顿下僚，郁郁不得志。"君作游天龙，吾为笼内鸡。"这两句本来是杨杏佛用以比喻自己和任鸿隽的不同境遇的，但是，移来比喻胡适和杨杏佛也许更加合适。

4月22日，杨杏佛将上引诗寄给胡适，请他指正。函称："吾近来自由丧失殆尽，作诗词之权利亦为剥夺。""此间自由少，时间少，而吾偏好事，所以忙不胜忙。"[①]同函中，杨杏佛并告诉胡适，月内又将担任《科学》编辑，稿件尚不知向何处去找，要求胡适能以讲义"帮忙"。当年，中国科学社将在杭州召集年会，信中，杨杏佛也要求胡适能提供哲学上的研究成果。胡适虽然志趣在文学，但他也参加了科学社，是该社的永久社员。还在1916年，胡适就在《科学》二卷一期上发表《论句读及文字符号》一文，第一次提出使用新式标点。1916年，又在该刊三卷一期上发表《先秦诸子之进化论》，成为胡适用西方科学观念研究中国古代文化的开端。胡适收到杨杏佛此函后即将《清代汉学家的科学方法》一文寄给了杨杏佛，该文旋即发表于《科学》五卷二至三期上。

三、分道翱翔中的相互关怀与支持

1919年夏，杨杏佛应聘担任南京高等师范学校教授。其后，该校改为东南大学，杨杏佛历任商科主任、文理科经济教授、工科教授等职，同时致力于中国科学社的工作，声名日著，真正做到和胡适"分道各翱翔"了。

由于所业不同，二人间的联系自然不能十分密切，有两三年工夫不曾见过一面。但是，二人间仍然时通讯息，相互关怀，相互支持。胡适有一

---

① 《胡适来往书信选》（上），第39页。

首《戏杨杏佛的大鼻子》，可能作于这一时期，诗云：

> 鼻子人人有，惟君大得凶。直悬一宝塔，倒挂两烟囱。亲嘴全无分，闻香大有功。江南一喷嚏，江北雨蒙蒙。

正如诗题所说，胡适写这首诗完全是"戏"，不过，从中倒可以看出二人之间的融洽关系，也可以看出胡适性格中幽默、诙谐的一面。[①]

1922 年 5 月，胡适与丁文江等在北京创办《努力周报》，以学者的身份谈政治，提倡"好人政府"，"希望在一个无可奈何的环境里，做一点微薄的努力"[②]。虽然是一种温和的改良主义，但仍然表现出对旧秩序的不满。杨杏佛始终关注着这份刊物。当年 12 月 17 日，胡适因身体不好，决定请假一年，离开北大休养。同月 24 日，在《努力周报》第三十四号注销启事，一时引起许多猜测。次年 1 月 19 日，蔡元培因反对北洋政府教育总长彭允彝，发表《不合作宣言》，宣布不再到北大办事。21 日，胡适在《努力周报》第三十八号上发表《蔡元培以辞职为抗议》的评论，支持蔡的不合作立场。2 月 4 日，杨杏佛在病中读到《努力周报》，很高兴，致函胡适称：

> 阅《努力》，知复奋斗，为知识界争人格。北方之强，毕竟不同。前闻兄病，是否旧疾复发，甚以为念。铨近肺疾亦发，但不甚剧，亦无复原之望。天时人事皆使人不得不病也[③]。

---

① 《胡适手稿》第十集，卷四，台北胡适纪念馆 1966 年版，第 321 页。
② 《一年了》，《努力周报》第三十五期。
③ 杨杏佛致胡适函手迹，1923 年 2 月 4 日。

1923 年 10 月，胡适决定将《努力周报》暂时停刊，改出半月刊或月刊，以彻底批评"复古的混沌思想"和"颂扬拳匪的混沌思想"。上海商务印书馆对此感兴趣，要求承办。同年 12 月下旬，努力社与商务印书馆签约，筹备出版《努力月刊》。杨杏佛曾积极参与刊物的筹备，他拟邀在法国的张奚若回国担任主撰。1924 年 2 月 20 日，杨杏佛致函胡适云：

> 《努力》稿件如何？我假中病仍无愈望，故未敢作文，惟总必拼命为《努力》成一文，大约月内或下月初可交卷，题为《中国之劳动立法问题》。

他告诉胡适，张奚若已同意出任编辑，但回国需旅费一千元，商务不能预支，自己愿与胡适等各筹一二百元凑足[①]。但是，这以后，虽经长期努力，《努力月刊》始终未能问世。

胡适也关怀杨杏佛在东南大学的情况。

1923 年 4 月 21 日，胡适离开北京，到上海参加新学制课程起草委员会。29 日，利用休会机会，与任鸿隽、陈莎菲及曹佩声等同游杭州，杨杏佛夫妇自南京赶来参加。5 月 3 日胡适回到上海，不久就病了。25 日，胡适收到杨杏佛寄来的一首《西湖纪痛》诗，诗云：

> 今年浪迹欲何依，每到西湖便当归。换世谁知丁令鹤，凄魂犹梦老莱衣。病缠中岁孤儿疲，春晚南屏墓草肥。三日盛游还痛哭，此生无计报春晖。

---

① 《胡适来往书信选》（上），第 237 页。

　　杨杏佛早年住在杭州，其父 1919 年 5 月在当地逝世。此诗为思亲之作。从"病缠中岁孤儿疲"等句看来，杨杏佛在东南大学的境遇并不好。当时，东大教员分新旧两派，杨杏佛因经常演讲劳动问题和社会改造思想，议论时局，批评校务，受到进步青年的爱戴，成为新派的首领；旧派则拥护校长郭秉文的保守主张和措施。学校经常发生风潮，郭秉文认为均出于杨杏佛的挑唆，必欲去之而后快。东大的教授一年一聘，"年年续约之时，辄生去留问题。郭氏及其党徒，暗示明言，无不讽其辞职"。①1923 年 6 月初，郭秉文代表中国赴英参加教育会议，行前召开行政委员会，指使代理校务的人辞去杨杏佛等人的教职。同月 3 日，杨杏佛赶到上海，质问郭秉文。不料郭竟一赖到底，矢口否认开过什么会。这时，胡适的同情完全在杨杏佛方面。当他从杨的电话中得知此事时，激愤地认为郭的行为"真是无耻"！此次斗争，杨杏佛得到胜利。6 月 8 日，他致函胡适报告说：

　　　　至铨之续约书，则于归后次晨即送来。我决向校中提出教授人格保障及讲学自由为条件，因此事发生，行政方面并以吾讲社会改造思想为借口。一场黑剧，竟于三四日中和盘托出，可称痛快。兄等闻之，当为我浮一大白也。我亦将从此努力读书著述，不更与群小周旋矣！②

　　次日，再致胡适一函云：

① 《与东大同学论军阀与教育书》，《杨杏佛文存》，上海平凡书局 1929 年版，第 317 页。
② 《胡适来往书信选》（上），第 204 页。

　　东南之黑幕完全败露，梅、竺皆暂留，弟亦因学生坚留，拟暂不表示辞职，惟前途暗礁甚多，非精神改组，亦不过暂时清静耳！①

　　树欲静而风不止，杨杏佛在东南大学无法得到他所企求的"暂时清静"，因此，他又时萌去志。1924 年 2 月 20 日致胡适函云："弟病须养，而贫不能无业，故进退维谷，不得不勉留南京。"②1924 年夏，郭秉文为了排挤杨杏佛，竟利用军阀齐燮元的淫威，以经费不足为名，要求停办东南大学工科。同年 10 月，杨杏佛赴广州，任孙中山秘书。11 月，随孙中山北上。其间，杨杏佛曾向北洋政府教育部次长马叙伦控告郭秉文。1925 年 1 月初，教育部宣布解除郭秉文职务，改以胡敦复任。不料此举却遭到旧派的强烈抵制。19日，胡适在北京一家俱乐部请客，杨杏佛在座，胡适出示任鸿隽（时任东南大学副校长）的一封信，中云："郭当去而去之之法太笨，遂使郭因祸而得福，反不易去了。"③胡适特别将这段话记在日记里。看来，胡适同意任鸿隽的观点。

四、争取"庚款"中出现的分歧

　　1924 年，美国国会决定将庚子赔款余额六百余万退还中国，用作教育文化事业经费。中国科学社同人获知信息后，决定争取其中一部分用于科学社的研究。

---

　　① 《胡适来往书信选》（上），第 205 页。
　　② 《胡适来往书信选》（上），第 237 页。
　　③ 《胡适的日记》（手稿本），1925 年 1 月 19 日，台湾远流出版事业股份有限公司 1990 年版。

5月25日，科学社在南京召开理事会，认为此事已刻不容缓。26日，杨杏佛致函胡适，希望他赴美活动。函称：

> 科学社近因美退赔款余额，颇思分羹，其详经农、叔永已函告。惟弟等颇拟请兄专为此事赴美一行，由社供给经费，兄且可借此一换空气。①

胡适对此事也很感兴趣。他建议将此款全数作为基金。6月11日，胡适代表各学术团体向外交部部长顾维钧提出美国退还庚款管理办法，顾随即转知驻美公使施肇基，请施和美国政府接洽。杨杏佛赞成胡适的意见，16日再致胡适一函云：

> 信悉。已转上海。此间当分头鼓吹，叔永已在起草一宣言，弟亦将以私人资格发表一文（或载《教育与人生》），惟美国方面似较有望，故仍盼兄大力进行也。②

7月31日，美国政府指派哥伦比亚大学师范学院教授孟禄（Paul Monroe）前来中国，和北京政府谈判。随后签订协议，规定由双方政府任命，建立中美联合董事会，负责管理、分配此项款额。9月17日，曹锟根据外交总长顾维钧、教育总长黄郛的呈请，指派颜惠庆、张伯苓、郭秉文、蒋梦麟、范源濂、黄炎培、顾维钧、周贻春、施肇基等九人为中华教育文化基金会董事，美方则指派孟禄、杜威等五人为董事。次日，中华教育文

---

① 《胡适来往书信选》（上），第252页。
② 《胡适来往书信选》（上），第254页。

化基金董事会成立，以范源濂为会长，孟禄为副会长。由于中方董事为北洋政府指派，因此，排斥南方国民党人和亲国民党的科学家，杨杏佛对此很不满意，埋下了后来改组董事会的种子。

继美国国会之后，英国国会也于 1925 年 6 月决定退还一部分庚款给中国，但又同时决定，该项款额须由英国外交大臣全权保管与支配，所设咨询委员全由英国政府指派，且英人占多数。1926 年 2 月 11 日，丁文江致函胡适，告以已得英公使正式函件，聘请胡适、丁文江等三人为英国庚款咨询委员会中国委员。3 月 16 日，北京教育界人士集会反对英国处置庚款办法。杨杏佛和北京教育界人士立场相同，认为英国政府此举"无退还之实而欲得亲善之名"，"中国委员直英庚款委员会之客卿"。3 月 20 日，他公开致函胡适，指责英国政府"一方以强硬之侵略行为欺侮中国，如去年'五卅'事件，最近粤海关及大沽口等事；一方复以空言市惠，欲以不可必得未必有利中国之数百万赔款，转移四万万华人要求民族独立与国际平等之心理"[①]。当时，英国庚款咨询委员韦林敦爵士（Viscount Willing-don）等三人正在上海，和胡适等三个中方委员组成"中国访问团"，准备到中国各地调查访问，征求意见，提交全体委员会最后决定。对此，杨函称：

> 英庚款委员韦林敦爵士来华后，对华人退还之要求，则故作痴聋，对用途之性质，复模棱其辞。中国委员以代表中国之智识界自命者，亦皆反舌无声，但知随爵士辈酬酢哺啜，如此不痛不痒之委员会，乃北走胡，南走粤，仆仆道途所为何事，诚所不解！

---

① 《致胡适之书》，《杨杏佛文存》，第 263 页。

这里批评的"反舌无声","但知随爵士辈酬酢哺啜",当然包括胡适在内。杨杏佛要求胡适断然采取措施。函称：

> 兄在士林，雅负时望，对英亦多好感。窃谓宜联合中国委员，要求英政府无条件退还赔款，否则全体退出英庚款委员会，以示国人对于此事之决心。年来国内名流学客，争为外人文化侵略之买办通事，但知朋比分赃，不顾国体国权，士林正气，早已荡然无存。惟兄能受谠言，故不惮辞费，一吐所怀，幸有以慰国人之望也。①

1925 年 5 月 30 日，上海租界英捕房开枪射击游行示威的学生和市民，造成震惊中外的"五卅惨案"，中国各界的反英情绪空前地强烈起来。6 月 23 日，英国水兵、巡捕又开枪射击在广州沙基游行的中国群众，激起了轰轰烈烈的省港大罢工。杨杏佛曾于"五卅惨案"后在上海创办《民族日报》，猛烈地抨击英帝国主义的野蛮行径。他在英国退还庚款问题上的立场正是他这一时期民族意识高涨的反映。

胡适没有采纳杨杏佛的建议。他认为要英国政府无条件退还庚款是不可能的，主张在英国政府的条件中做文章："为今之计，只有潜移默运于此案范围之中，使此案不成为障碍，反为有益的根据。"② 基于此，他不仅费了几个月工夫陪同英国庚款咨询委员访问了上海、汉口、南京、杭州、天津、北京等地，而且于 1926 年 7 月 17 日，赴英参加庚款咨询委员会。

两个老朋友之间由是出现分歧。

---

① 《致胡适之书》，《杨杏佛文存》，第 263 页。
② 《胡适来往书信选》（上），第 371 页。

五、分歧的加深

　　孙中山逝世后，杨杏佛更为积极地投入了中国的政治活动。1926 年 1 月，杨杏佛任国民党上海特别市党部执行委员。同年 7 月广东国民政府成立后，任上海政治分会委员。1927 年北伐军向东南胜利进军期间，他代表国民党上海特别市党部参加国共联席会议，积极支持上海工人三次武装起义，曾被选为市临时政府常务委员。"四一二"政变后，杨杏佛受到株连，被撤销国民党上海市党部执行委员职务，只担任了一项清理招商局委员的闲职。10 月，南京国民政府接受蔡元培等人的意见，仿照法国制度，成立大学院，主管全国学术及教育事宜，杨杏佛被院长蔡元培聘为行政处主任。次年 1 月，任副院长。同年 4 月，成立中央研究院，蔡元培任院长，杨杏佛任总干事。

　　胡适自赴英参加庚款会议后，陆续辗转于英、法、德、美、日等国，进行研究并作学术讲演。直到 1927 年 5 月 17 日，胡适才从神户抵达上海。8 月，受聘于私立光华大学。他仍然坚持学术独立于政治之外的原则，和杨杏佛的分歧逐渐加深。

　　1928 年 5 月 3 日，日军在济南惨杀中国外交官蔡公时等，是为"五三惨案"。同月 6 日，杨杏佛邀请教育界人座谈。胡适提出："由政府主张一个国际的公正调查，期于搜集证据，明定启衅责任所在。"[①] 与会者都赞成胡适的意见。18 日，胡适到南京参加教育会议。杨杏佛时任大学院副院长，二人

_____
　　① 《胡适的日记》(手稿本)，1928 年 5 月 6 日。

因得以再次见面。20 日，星期日休会。胡适、杨杏佛、朱经农、钱端升、张奚若等同到第一林场、建业农场、灵谷寺等地游览。杨杏佛骑着一匹马，气宇轩昂，胡适见了很高兴。他认为，近几年中，杨杏佛取"蜡烛主义"，"点完即算了"，生活上马马虎虎，"在铭德里时，家中虽有灶而不举火，烧水都没有器具"[①]。现在，天天出去骑马，胡适从这里看到了老朋友精神面貌的变化。

1927 年 8 月，杨杏佛曾在《现代评论》杂志发表过一首诗，中云：

> 人们，你若黑暗么？
> 请你以身作烛。
> 用自己膏血换来的，
> 方是真正光明之福。

胡适所称杨杏佛取"蜡烛主义"，当即本此。不过，杨杏佛意在表达牺牲自己，以"膏血"换取"光明"的战斗精神，并非"点完即算了"的消极主义，这一点，胡适理解错了。

当天游紫霞洞时，众人纷纷抽签。胡适的签诗是：

> 恶食粗衣且认真，逢桥下马莫辞频。流行坎坷寻常事，何必区区诣鬼神。

---

① 《胡适的日记》(手稿本)，1928 年 5 月 20 日。

当时胡适和南京国民政府还在若即若离之间，这次到南京，真使他有"诹鬼神"之感。杨杏佛抽得第九签，诗云：

> 拨开云雾睹青天，况是中天月正圆。匹马通衢无阻碍，佳声美誉得
> 争传。

此诗是"时运大通之象"，杨杏佛抽到此签，不免有几分高兴。不过，杨杏佛在大学院的工作也并不顺利。6月14日，胡适收到蔡元培和杨杏佛的一封快信，要他15日到南京参加大学委员会。当时，教育界正因撤换中央大学校长张乃燕一事出现风潮。张乃燕是张静江的侄子，蔡元培、杨杏佛事前未通知张静江与张乃燕，杨杏佛也未与高等教育处处长张奚若等商量，即仓促下令撤换张乃燕，以吴稚晖继任，命张改任大学院参事。此次风潮的目的在于推倒杨杏佛。对于此事，胡适认为"确似系大学院的错误"，曾当面建议杨杏佛辞职，杨杏佛表示同意[①]。其后，蔡元培于8月17日辞去大学院院长职务，杨杏佛也于10月6日辞去副院长职务。

在辞去副院长之前，杨杏佛抢时间做了一件早就和蔡元培商量好的事，就是改组中华教育文化基金董事会。此事引起胡适的强烈不满，成为二人友谊关系上的重要转折点。

为了改变中华教育文化基金董事会的人员组成，早在当年3月，蔡元培即草拟了一份方案。同年7月27日，蔡元培向国民政府会议正式提出，获得通过。国民政府随即下令，"着即取消"旧董事会，任命胡适、赵元

---

① 《胡适的日记》（手稿本），1928年6月15日。

任、施肇基、翁文灏、蔡元培、汪精卫、伍朝枢、蒋梦麟、李石曾、孙科等十五人为董事，其中孙科、李石曾、伍朝枢、汪精卫、赵元任五人为新董事。这一做法，加强了国民党人的力量，但是，和董事会旧章不合。旧章规定：董事遇有缺额，由本会选举补充，然后呈报中国政府。胡适认为旧章的缺额自行补充办法是近代学术基金保管机关的一般组织原则，可以巩固组织，防止外来干涉，避免因政局变迁而牵动会务，因此，反对南京国民政府的决定。孟禄也自美来电，要求从缓改组董事会，美国财政部并表示不能继续拨款。这就迫使南京国民政府不能不谋求补救。由于大学院制度受到许多人反对，当年 10 月 23 日，国民政府明令改大学院为教育部。11 月 26 日，教育部部长蒋梦麟致函胡适，主张由教育部函旧董事，请其开会，将历年经办事件作一系统的报告；开会时，旧董事五人提出辞职，由会议推举出国民政府任命的新董事五人，以便既承认董事会旧章和旧董事会的权威，同时，又实际达到国民政府改组董事会的目的。12 月 19 日，孟禄赶到上海，处理此事。胡适日记云：“此事本没有问题，杨杏佛一个人的捣乱，累的大家这样劳师动众！真所谓‘天下本无事，庸人自扰之。’”①12 月下旬，南京国民政府根据蒋梦麟和胡适等人的建议下令：“准予召集原有中华教育文化基金董事会开会，将应行改组事宜妥善办理。”次年 1 月 3 日，旧董事会在杭州召开第三次常会，胡适到会，当日日记云：“杨杏佛放了一把火，毫不费力，我们都须用全部救火队之力去救火。”又云：“他们这样忍辱远来，为的是要顾全大局，给这个政府留一点面子，替一个无识人圆谎。”这里所说的“无识人”显指杨杏佛。日记并称：“我恨极了，实在没

① 《胡适的日记》（手稿本），1928 年 12 月 19 日。

有什么面孔留在基金会，遂决计辞职。"①1929 年，中华教育文化基金董事
会决定拨款五十万元，作为设在上海的中央研究院理化工程研究所的建筑
费。1930 年 1 月，南京国民党中央政治会议决定停止建筑工作，将研究院
迁到南京。杨杏佛不愿处于国民党的直接控制之下，为此仆仆奔走于宁沪
道上，十四天内往返八次，打通了行政院与国民政府，呈复政治会议。然
而，就在此时，蒋介石力主研究院于 4 月之前迁到南京，上海的建筑工程立
即停止。2 月 1 日，胡适在日记中写道："此令昨日到研究院。蔡、杨诸君在
前年屡次用政府势力压迫学术文化机关，而自己后来终想造成一个不受政府
支配的学术机关，此是甚不易做的事。果然今日自己受威力压迫，而杏佛的
语气似是想用他前年极力摧残的中华教育文化基金会来替他搪塞！此真是作
法自毙。"②

可以看出，杨杏佛在胡适心目中的形象已经相当不好了。

六、射向胡适的一箭

胡适因为对南京国民政府统治下人权缺乏保障等情况不满，于 1929 年
5 月发表《人权与约法》《我们什么时候才可有宪法》等文，批评国民党的
"党治"。不久，又进一步撰文批评孙中山的"知难行易"学说。这对许多将
孙中山思想视为句句是真理的国民党人来说，自然是大逆不道的事情。于
是，集会决议、通电声讨、撰文批判，纷至沓来，形成了一场颇具声势地对
胡适的批评热潮。有的国民党人并要求将胡适"逮捕解京，予以惩处"。杨

---

① 《胡适的日记》(手稿本)，1929 年 1 月 3 日。
② 《胡适的日记》(手稿本)，1930 年 2 月 1 日。

杏佛不赞成这种霸道作风，但他也不理解胡适这些文章在当时中国的意义。

8 月 25 日，他建议《时事新报》的程沧波撰文，指出胡适的主张极平常，没有干涉的必要，同时也不妨批驳胡适一部分观点。27 日，程文见报，声称胡氏近作，"实已平淡至于极度，决无声罪致讨之价值，亦更无明正典刑之必要"，但是，胡文"批评政府之处，似不能无引起人民对于政府恶感或轻视之影响"。胡适读了这篇文章后，觉得非常好笑，在日记上写下了"上海的舆论家真是可怜"几个字 ①。

对胡适的批评持续了很长一段时间。12 月 2 日，杨杏佛在上海大夏大学演讲，将胡适列为"旁观派"，是"骑在墙上，看人打架，叫一声好的东西"。事后，马君武将杨杏佛的讲稿寄给胡适，同时写道："杏佛在大夏演讲《从时局想到个人》，骂得你好利害。特寄与你看，以为研究麻子哲学之一助。"② 马君武和胡适同样具有自由思想，因此支持胡适。

1930 年 4 月，吴稚晖、杨杏佛在上海市党部发表演讲。杨在演讲中批评胡适一会儿在段祺瑞的善后会议里大谈特谈政治，一会儿跑到俄国，谈起共产主义是如何的好，不多时，又觉得三民主义很好，预备作一部三民主义的哲学；到了国民党快统一的时候，又骂国民党不礼贤下士。他说："学者、教育家不是万应如意油，过去可以在军阀底下做工具，现在可以在国民党底下做忠实的信徒，将来国家亡了，也可以在帝国主义底下做走狗。若是这样，主义是商品化了，思想也商品化了。"同月 29 日，杨杏佛写了一封信托蔡元培带给胡适，说明由于记录者的原因，演讲稿"多颠倒错误"。函称："演说中走江湖的博士乃指江亢虎先生，下文有胡先生亦犯此毛病，

---

① 《胡适的日记》(手稿本)，1939 年 8 月 27 日。
② 《胡适的日记》(手稿本)，1939 年 12 月 20 日。

不肯作第二人，故好立异，笔记者必误会'江湖'乃暗指两姓，故混为一谈。"杨杏佛并称：这次演说完全是被吴稚晖"拉作陪绑"①。杨杏佛的这次演讲对胡适的批评是很严厉的，这封信旨在缓和一下气氛，但并未修正自己的观点。4月30日，胡适复函杨杏佛，首引五六年前与鲁迅弟兄关于《西游记》第八十一难的一段谈话，然后说：

> 我受了十余年的骂，从来不怨恨骂我的人。有时他们骂得不中肯，我反替他们着急。有时他们骂得太过火了，反损骂者自己的人格，我更替他们不安。如果骂我而使骂者有益，便是我间接于他有恩了。我自然很情愿挨骂。如果有人说，吃胡适一块肉可以延寿一千年，我也一定情愿自己割下来送给他，并且祝福他。②

从表面上看，胡适的这封信表现了一种对批评者的大度和宽容，仿佛毫不在意，实际上，包含着对杨杏佛等人的深刻批评和挖苦。它表明，两个老朋友之间已经出现了无法消解的隔阂。

七、在中国民权保障同盟中

还在1925年，为了救济"五卅惨案"烈士和受伤者的家属，杨杏佛就曾和共产党人恽代英、沈雁冰、张闻天以及进步人士郭沫若、叶圣陶、郑振铎等组织中国济难会。1930年之后，杨杏佛的思想急剧"左倾"。他秘

---

① 《胡适来往书信选》(中)，第10—11页。
② 《胡适来往书信选》(中)，第11页。

密参加了邓演达发起的第三党，曾代表蔡元培联系陈铭枢，企图建立反蒋的第三政权。1932 年 12 月，为了营救政治犯，废除非法拘留、酷刑及杀戮，争取集会、言论、出版自由，杨杏佛又和宋庆龄、蔡元培等在上海组织中国民权保障同盟。同盟以宋庆龄为主席，蔡元培为副主席，杨杏佛任总干事，会员有林语堂、史沫特莱、邹韬奋、胡愈之、鲁迅等人。1933 年 1 月 17 日，成立上海分会。同月，同盟派杨杏佛、李济之北上，组织北平分会。

胡适于 1933 年新年赴沪时加入同盟。1 月 25 日，杨、胡在北平相见。30 日，北平分会召开成立会，胡适、杨杏佛分别致辞。会议选举胡适、成舍我、许德珩、任鸿隽、蒋梦麟、李济之、马幼渔等九人为执行委员，胡适被推选为主席。会议同时推举杨杏佛、胡适等三人赴各监狱视察政治犯在狱情况。

胡适对同盟的组织和活动最初是热心的。1 月 26 日，他对《晨报》记者谈话称："近年以来人民之被非法逮捕，言论、出版之被禁等，殊为司空见惯，似此实与约法之规定相背。"[①]同盟成立的当晚，胡适和杨杏佛即决定视察北平各监狱，调查政治犯的待遇及生活情形。夜 11 时，杨杏佛会见张学良，获得允准。31 日，杨、胡，加上成舍我，三人一起参观了陆军反省院、陆军监狱和军分会看守所及另外两所监狱。杨称：值此抗日吃紧之时，深盼全国人才，无论为国家主义派，为共产党，均能集中于同一战线之下[②]。同时决定由分会组织正式委员会，详加考察。3 日，杨杏佛离平。在杨杏佛离平之后不久，胡适即和同盟中央发生尖锐冲突。

---

① 《晨报》，1933 年 1 月 27 日。
② 北平《民国日报》，1933 年 2 月 1 日。

　　1 月 25 日，史沫特莱向同盟执委会提交了北平军人反省分院政治犯的一份呼吁，呼吁书声称："我们生存在 20 世纪的今日，而我们被捕后所受的种种酷刑，立即使我们感觉到好像我们是罗马时代或极野蛮的部落社会。现在中国统治阶级所使用的各种刑具，极尽野蛮之能事。他们想出种种方法要能给受难者以最高度的痛苦。"①2 月 1 日，同盟执委会举行新闻记者招待会，由宋庆龄签字，将呼吁书交给各报发表。同日，史沫特莱致函胡适，附寄呼吁书及宋庆龄签名英文函件，要求北平分会"指派一个委员会立即去见负责官员，提出最强有力、最坚决的抗议"②。

　　宋庆龄的英文信件要求"立即无条件的释放一切政治犯"③。胡适研究了呼吁书，认为反省院都是"已决犯"，没有私刑拷打的必要。同时，有人自称住在胡适家，假借胡适名义，递交一份题为《河北省第一监狱政治犯致民权保障同盟北平分会》的函件给《世界日报》，揭露该狱的种种黑暗。胡适认为，此信与宋庆龄所收的呼吁书"同是捏造"。2 月 4 日、5 日，他连续两次致函蔡元培、林语堂，批评同盟不应不加调查，就匆匆发表。他说："如果一二私人可以擅用本会最高机关名义，发表不负责任的匿名稿件，那么，我们北平的几个朋友，是决定不能参加这团体。"④

　　同盟接到胡适的信后，蔡元培、杨杏佛、林语堂等都认为"事情极其严重，须彻查来源"。2 月 10 日，杨杏佛致函胡适，认为呼吁书所云种种酷刑，"即使有之，在反省院前不能笼统便加入反省院"，表示"以后发表文件自当审慎"。函中，杨杏佛劝慰胡适说：

　　① 《北平政治犯的黑暗生活》，《中国论坛》第二卷第一期。
　　② 《胡适来往书信选》(中)，第 169 页。
　　③ 转引自《胡适致蔡元培、林语堂》，《胡适来往书信选》(中)，第 179 页。
　　④ 《胡适来往书信选》(中)，第 181 页。

弟行时曾告兄，弟等奔走此会，吃力不讨好，尤为所谓极左者所不满，然集中有心人争取最低限度之人权，不得不苦斗到底，幸勿灰心，当从内部设法整顿也。①

14 日，蔡元培、林语堂致函胡适，说明呼吁书发表经过，表示"其过失当由本会全体职员负责"②。14 日，杨杏佛再次致函胡适，函称："希望兄千万勿消极，在京、平市党部开始压迫本会之时，内部自当精诚团结也。"③

胡适与同盟中央的分歧主要不在对呼吁书真伪的判断上，而在于胡适反对"无条件释放一切政治犯"这一主张。2 月 5 日，胡适对北平《民国日报》记者发表谈话称："对政府逮捕政治犯，并不是无条件的反对，但必须先有四个原则：（一）逮捕前必须得有确实证据；（二）逮捕后须遵守国法，于二十四小时内移送法院；（三）法院侦查有证据者，公开审判，无证据者，即行取保开释；（四）判罪之后，必须予以人道之待遇。"④ 19 日，在《独立评论》发表文章称："这不是保障民权，这是对一个政权要求革命的自由权。""一个政府要存在，自然不能不制裁一切推翻政府或反抗政府的行动。"⑤ 21 日，又对《字林西报》发表谈话，明确指出："同盟不应如某些团体所指出的那样，提出释放一切政治犯，不予治罪的要求。一个政府应该有权对付那些威胁这本身生存的行动，但政治嫌疑犯必须如其他罪犯一样，应当得到法律的保障。"⑥ 22 日，同盟执委会开会讨论，会后致电胡适，

---

① 《胡适来往书信选》（中），第 186 页。
② 《胡适来往书信选》（中），第 187 页。
③ 《胡适来往书信选》（中），第 188 页。
④ 北平《民国日报》，1933 年 2 月 6 日。
⑤ 《民权的保障》，《独立评论》第三十八号。
⑥ 《字林西报》，1933 年 2 月 21 日。

指出上项谈话"与本会宣言目的第一项完全违背，是否尊意，请即电复"①。23 日，杨杏佛致函胡适，报告执委会开会情况：执委会特开会讨论，极以如此对外公开反对会章，批评会务，为反对者张目，且开会员不经会议各自立异之例，均甚焦灼。杨函也要求胡适"有以解释，勿使此会因内部异议而瓦解"②。28 日，宋庆龄、蔡元培致函胡适称："会员在报章攻击同盟，尤背组织常规，请公开更正"，否则唯有自动出会。③

胡适对上述函电均不作答复。3 月 3 日，同盟临时中央开除胡适会籍。4 日，胡适在日记中写道："此事很可笑！此种人自有作用。我们当初加入，本是自取其辱。"④下午，同盟北平分会会议在胡适家中召开，胡适表示，不愿再和上海那班人辩争。21 日，他致函蔡元培，表示"不愿多演戏给世人笑"，并称："不愿把此种小事放在心上。"胡适并说："我所耿耿不能放心者，先生被这班妄人所包围，将来真不知如何得了啊！"⑤胡适这里所称"妄人"，即包括杨杏佛在内。

八、对于杨杏佛之死的评论

1933 年 6 月 15 日，胡适为赴美参加太平洋国际学会到达上海。同日，赴中央研究院访问蔡元培和杨杏佛，没有见着。到蔡元培家，见到了蔡氏夫妇。第二天，杨杏佛到胡适住所回拜。胡适约杨同到李拔可家吃饭。饭

---

① 《胡适来往书信选》（中），第 189 页。
② 《胡适来往书信选》（中），第 192 页。
③ 《胡适来往书信选》（中），第 193 页。
④ 《胡适的日记》，1933 年 3 月 3 日。
⑤ 《胡适的日记》，1933 年 3 月 21 日、6 月 16 日。

后，杨杏佛又送胡适回住所。

两个老朋友之间仍然维持着形式上的友谊关系，但是，内心却已经很隔膜。当日，胡适在日记中写道：

> 杏佛来，此为二月初我在北平见他之后第一次见他。为了民权保障同盟事我更看不起他。因为他太爱说谎，太不择手段。

由于彼此政治观点不同，胡适对杨杏佛在民权保障同盟中的作为不满是可以理解的，但是，骂杨杏佛"太爱说谎，太不择手段"，就不知何所据而云然了。

杨杏佛和中国民权保障同盟的活动引起了国民党当局的忌恨。国民党特务不断写信威胁同盟领导人，甚至在给杨杏佛的信里装进子弹。就在胡适到达上海的同一天，国民党特务组织秘密发出通告，计划暗杀"中国共产党领袖、左翼作家以及各反蒋军人政客"，鲁迅、杨杏佛均在黑名单之列。18日，胡适准备登轮，到几位朋友处辞行。到了徐新六家时，即得到杨杏佛的噩耗。当日上午8点半，杨杏佛从中央研究院出门，被四个人从三面开枪打死，其子杨小佛脚上受伤，汽车司机受重伤。凶手三人，两人逃了，一人被追，开枪自杀。

胡适觉得很奇怪，在日记中写道：

> 此事殊可怪。杏佛一生结怨甚多，然何致于此！凶手至于自杀，其非私仇可想。岂民权同盟的工作招摇过甚，未能救人而先召杀身之祸耶？似未必如此？
>
> 前日我尚与杏佛同车两次，第二次他送我回寓的车即是今日被枪

击的车。人世变幻险恶如此！

我常说杏佛一生吃亏在他的麻子上，养成了一种"麻子心理"，多疑而好炫，睚眦必报，以摧残别人为快意，以出风头为作事，必至于无一个朋友而终不自觉悟。我早料他必至于遭祸，但不料他死的如此之早而惨。他近两年来稍有进步，然终不够免祸。①

政治态度有时使人接近真理，有时却又使人离开真理。胡适猜到了杨杏佛的死和国民党有关，但是又认为"似未必如此"，走到了真相边缘却又离开了。这显然与胡适当时对国民党的认识有关。杨杏佛自称："生平未尝树敌，但知疾恶如仇；不解修怨，但知为国锄奸。"②胡适这段日记中对杨杏佛的评价，就离事实更远了；"麻子心理"一段，更使人生有失忠厚之感。

胡适又写道："（杏佛）颇有文学天才，作小词甚可诵。当嘱其同事保存其诗词稿。"这里，算是多少表现了一点对老朋友的情谊。

1935 年 7 月，胡适写信给罗隆基，中称：

杏佛是一个最难用的人，然而蔡先生始终得其用。中央研究院之粗具规模，皆杏佛之功也。③

这就朝正确地评价杨杏佛前进了一步。

----

① 《胡适的日记》，1933 年 6 月 18 日。
② 《再函王儒堂书》，《杨杏佛文存》，第 338 页。
③ 《胡适的日记》，1935 年 7 月 26 日。

读鲁迅致胡适佚札 ①

胡适有在日记中保存友朋信札的习惯，这封鲁迅致胡适的佚札就是我在访问美国期间阅读胡适未刊日记（缩微胶卷）时发现的。该札从未在任何地方发表过。全文为：

适之先生：

今日到大学去，收到手教。

《小说史略》竟承通读一遍（颇有误字，拟于下卷附表订正），惭愧之至。论断太少，诚如所言；玄同说亦如此。我自省太易流于感情之论，所以力避此事，其实正是一个缺点；但于明清小说，则论断似较上卷稍多，此稿已成，极想于阳历二月末印成之。

百二十回本《水浒传》曾于同寮（僚）齐君家借翻一过，据云于保定书坊得之，似清翻明本，有图，而于评语似多所刊落，印亦尚佳，

---

① 原载《人民日报》1990 年 12 月 3 日；《鲁迅研究月刊》1990 年第二期。

恐不易再得。齐君买得时，云价只四元。此书之田虎、王庆诸事，实不好，窃意百回本当稍胜耳。

百十五回本《水浒传》上半，实亦有再印之价值，亚东局只印下半，殊可惜。至于陈忱后书，其实倒是可印可不印。我于小说史印成后，又于《明诗综》见忱名，注云："忱，字退心，乌程人。"止此而已，诗亦止一首，其事迹莫考可知。《四库书目》小说类存目有《读史随笔》六卷，提要云："陈忱撰，忱字退心，秀水人。……"即查《嘉兴府志秀水文苑传》，果有陈忱，然字用亶，顺治时副榜，又尝学诗于朱竹垞，则与雁宕山樵非一人可知。《四库提要》殊误。

我以为可重印者尚有数书，一是《三侠五义》，须用原本，而以俞曲园所改首回作附。一是董说《西游补》，但不能雅俗共赏。一是《海上花列传》，惜内用苏白，北人不解，但其书则如实描写，凡述妓家情形者，无一能及他。

闻先生已看定西山某处为养息之地，不知现在何处？我现搬在西四砖塔胡同六十一号，明年春天还要搬。

作《红楼梦索隐》之王沈二人，先生知其名（非字）否？

迅上

十二月二十八日夜

本函作于 1923 年。当年 12 月 28 日鲁迅日记云："得胡适之笺。"12 月 29 日日记云："寄胡适之信。"这里所说的"寄胡适之信"当即本函。

鲁迅于 1920 年在北京大学主讲中国小说史，同时，胡适也正以《水浒传》的考证为开端，展开对中国小说历史演进的研究。1922 年，双方开始以通信形式讨论《西游记》等中国古典小说研究中的问题。1923 年 12 月，鲁迅刊行《中国小说史略》上卷。中国小说自来无史，鲁迅的这部书乃是开山之作，因此，他用力甚勤，出版后立即分赠胡适、钱玄同等人，征求意见，本函乃是对胡适所提意见的答复。

从函中可以看出，胡适、钱玄同都认为《中国小说史略》"论断太少"，鲁迅完全同意这一批评，并由此自我解剖："我自省太易流于感情之论，所以力避此事，其实正是一个缺点。"文艺科学和文艺作品不同。文艺作品需要艺术家灌注强烈的激情，文艺科学则需要冷静、缜密的分析，力避作者个人的主观爱憎，但是，又不可以只罗列材料，而不做必要的论断。鲁迅在写作《中国小说史略》的过程中，逐渐解决了这一难题。

《水浒传》版本众多。自金圣叹腰斩该书之后，坊间流行七十回本。1920 年 7 月，胡适写作《水浒传考证》一文时，只见到几种七十回本，但是，他推断《水浒传》原本应为百回本。自此，引起了人们对《水浒传》版本的注意，百回本、百十五回本、百二十回本等陆续出现。鲁迅此函，向胡适介绍了他所见到的一种百二十回本的情况，并认为"此书之田虎、王庆诸事，实不好"，说明此时，鲁迅对《水浒传》及其版本问题也有着浓厚的兴趣。函中所云"同寮齐君"，应为齐宗颐（寿山），他是鲁迅在北洋政府教育部任职时的同事。

当时，上海亚东书局正根据胡适的意见，准备出版《水浒续集》两种，其一为《征四寇》，即百十五回本《水浒传》的第六十五回以后。胡适认为这一部分"除了它的史料价值之外，却也有它自身的文学价值"。其二为陈忱的《水浒后传》，胡适认为它是 17 世纪的一部好小说，其中有的段落，"真当得哀艳二字的评语"，"古来多少历史小说，无此好文章"。鲁迅赞成重印百十五回本《水浒传》的下半部，但认为上半部同样有重印的价值。至于陈忱的《水浒后传》，鲁迅则认为"可印可不印"。鲁迅特别指出：清初有两个陈忱。一个是乌程（今湖州市）人，字遐心，号雁宕山樵，是《水浒后传》的作者；另一个是秀水人，字用宣，与《水浒后传》无关。《四库全书总目提要》将二人误合为一是错误的。差不多与鲁迅同时，胡适也得出了相同的看法。

12 月 28 日函中，鲁迅还建议胡适重印《三侠五义》《西游补》《海上花列传》等三部小说，并谈了对它们的看法。后来，胡适重印了《三侠五义》和《海上花列传》，并分别写了序言。《三侠五义》根据鲁迅意见，用的是"原本"。

1990 年 7 月 29 日草于美国弗吉尼亚州之布莱克斯堡

《醒世姻缘传》与胡适的“离婚”观 ①

胡适与钱玄同是好友。多年前，我在忙于各种事情的时候，也附带作一点胡适研究。某次，我询问钱玄同的长公子秉雄先生，家中有无胡适手札，钱先生很感伤地告诉我，均已在“文革”中为人“夺去”。但不久，钱先生就寄给我几封他手抄的胡适函件，说是玄同先生生前夹在书中，因而留存的。2002 年，我得秉雄先生公子端伟、晓峰二先生允许，几次到晓峰先生府上阅读玄同先生藏札，不想又发现几封。下面讨论的就是其中之一。

道中

July 24, 1926

玄同：

匆匆走了，不曾和你作别。现在出国境已三日了，已过了贝加尔

---

① 原载《百年潮》，2003 年第五期。

湖了。道中一切平安，可以告慰。

有一件小事来托你，不知道你有工夫做么？

汪原放之兄乃刚标点了一部《醒世姻缘》，我曾许他作一篇序。但我现在走了，很觉得对他不住。你肯作一篇短序吗？

那天听说你读了此书，并且有批评的意见，我便存了此意，想请你作序。

我以为此书有点价值。你那天说，除了楔子之外，便是迷信，一无足取。我以为除了它的大结构是根据于一种迷信观念之外，其余的描写很富于写实的精神，语言也很流畅漂亮，很有可取之处。

古人见了一种事实，不能用常识来解释，只好用"超自然"的理由来解释。其实狄希陈的怕老婆，和他老婆的憎恶他，都是平常得很的现状。狄希陈本是一个混蛋，他不配讨一个好老婆。一个一无所长的混蛋讨了一个美而慧的老婆，自然怕她；她也自然嫌他。后来积威既成，她越凶，他越萎缩；他越萎缩，她越看不起他，越讨嫌他。

这是常识的解释。但古人不肯从这方面着想，所以不能明白真原因在于"性情不合"，在于婚姻的根本制度不良。其实是他们不是"不能"，只是"不敢"。试看《聊斋》上记那个《马介甫》（？）的故事，本是地道事实，却夹一个狐仙在内！（《恒娘》一篇，也是如此。）

我们今日读《马介甫》，或读《醒世姻缘》，自然要问："为什么古人想不到离婚的法子？"这个问题差不多等于晋惠帝问的"何不食肉糜？"古代婚姻生活所以成为大悲剧，正因为古人从不敢想到离婚这个法子。请看狄希陈与他的父母，与他的朋友，哪一个想到这个法子？离婚尚且不敢，更不必说根本打破婚姻制度了。

老大哥，我出了题目，并且表示了"范围"。你难道当真不肯交卷吗？请你帮点忙罢！

乃刚还标点了一部《封神榜》，我已托颉刚作一篇短序。我今天给他一信，也是出题目兼表示范围。

嫂夫人好点了没有？你这几个月常说太太快怎样、怎样了。要是我在你太太的地位，听你这样诅咒她，争一口气，偏要好给你看看。

车摇得利［厉］害，纸也没有了。再谈罢。

适之

1926 年 7 月，胡适赴英国出席中英庚款委员会。22 日，自哈尔滨乘西伯利亚火车出发，途经苏联。本函写作时间为同月 24 日，注明"道中"，函中有"已过了贝加尔湖了"，"车摇得厉害"等语，说明此函写作于苏联西伯利亚火车上。

汪原放（1897—1980），安徽绩溪人。"五四"以后曾标点《红楼梦》《水浒传》等小说，由上海亚东图书馆出版，《醒世姻缘传》就是其中之一。

《醒世姻缘传》是清朝初年以家庭、婚姻为主题的长篇小说，全书一百回，百万余字，相传为蒲松龄所作。该书写冤仇相报的两世姻缘。前二十三回写前世姻缘：武城县晁源射死一头仙狐，纵容其妾珍哥虐待妻子计氏，以致计氏上吊身亡。二十三回以后写今世姻缘：晁源托生为狄希陈，仙狐托生为其妻薛素姐，计氏托生为其妾童寄姐，珍哥托生为童之婢女珍珠。结果，珍珠被童逼死，狄希陈受到素姐与寄姐的种种虐待。其中素姐尤为狠毒，常以囚禁、针刺、棒打、火烧等办法虐狄。后狄经高僧点明因果，诵读《金刚经》万遍，得以消除宿孽。

钱玄同看到了这部小说宣扬因果报应的一面，因而对它评价很低，认为它"除了楔子之外，便是迷信，一无足取"。胡适同意此书的"大结构"是"根据于一种迷信观念"，但认为"富于写实精神"，语言"流畅漂亮"，"很有可取之处"。

胡适信中还提到《聊斋志异》中的另一篇小说《马介甫》，写大名诸生杨万石与尹氏一对夫妇的故事。尹泼辣悍毒，鞭挞丈夫，虐待公公，杨极为软弱，后万石遇一狐仙幻化的年轻人，名马介甫，二人订交。马知杨惧内，便多次助杨，设法惩罚尹氏，但杨始终不能改变惧内的毛病。一篇是《恒娘》，写洪大业其人，妻（朱氏）貌美而妾貌平平，但洪却昵妾疏妻。另有布商狄某，妾貌美而妻（恒娘）貌平平，但布商却昵妻疏妾。朱氏向恒娘求教，在恒娘的指导下，终于得到丈夫的专房之爱，两人遂成闺中密友。数年后，恒娘才向朱氏坦陈，自己是狐仙。

夫虐妻或妻虐夫，一夫多妻，妻妾争宠，都是一种社会现象，需要从社会找寻其发生根源，也需要从社会找寻解决办法。胡适不同意用因果报应说解释其发生原因，也批判依赖"超自然"的力量——"狐仙"解决矛盾的幻想，反映出五四时期的科学精神。他提出发生上述现象的"真原因"在于男女"性情不合"与"婚姻的根本制度不良"，部分地接触到了问题的本质。信中，胡适认为"古代婚姻生活所以成为大悲剧，正因为古人从不敢想到离婚这个法子"，提出以"离婚"的办法来解决婚姻悲剧，这是符合五四时期的"个性解放"精神的。

　　中国古代社会是男女极为不平等的社会。男子可以"出妻""休妻"，而女子则不能"出夫""休夫"，基于平等原则的"离婚"是近代中国"西风东渐"之后的产物。它是对传统婚姻制度的重要改革，是人类社会进化的重要一步。胡适本函，其重要性不仅在于用新视角对《醒世姻缘传》作出了新评价，而且在于它提出了解决婚姻悲剧和劣质婚姻的办法，为"离婚"的正当性与合理性作了论证。这在长期处于封建桎梏，封闭、落后的旧中国，显然具有开风气的意义。

　　尽管胡适大力推崇《醒世姻缘传》，但是，钱玄同始终不觉得它怎样好，再加上其他一些原因，序言一直未写。1927 年 8 月 2 日，钱玄同致函胡适云：

　　　　去年您在西北利亚火车中给我写的信，我因为实在交不出卷，故没脸写回信；兼之一年多以来，贫（我）病（我妻）交攻，心绪恶劣，神经衰弱，什么兴趣也没有，连无聊的骂人文章也写不出（自然也是不愿意做），遑论还有点意思之论议文乎？其实《醒世姻缘》之新序，有两个人很可以做得，而且都是很配做的：一是徐旭生，一是冯芝生也。芝生最恭维此书，谓其决可与《金瓶梅》《红楼梦》媲美，旭生亦甚以为然。至于区区，则对此书终觉感情平常，且评论文学作品之文，实在不会做，故只好交白卷了。谅之！①

　　徐旭生，原名炳昶，河南唐河人，1888 年生。1919 年毕业于法国巴

---

　　① 《胡适论学往来书信选》，河北人民出版社 1998 年版，第 1128 页。

黎大学。1921 年任北京大学哲学系教授。1925 年主编《猛进》杂志。冯芝生，指冯友兰，与徐旭生同籍，1895 年生。1918 年毕业于北京大学哲学门。1922 年毕业于美国哥伦比亚大学研究院。先后在中州大学、广东大学、燕京大学等校任教授。

钱玄同推荐徐、冯二人为标点本《醒世姻缘传》作序，但二人均未作。后来为该书作序的是徐志摩。

胡适曾"充分的承认社会主义的主张"①

大概很少有人相信，胡适曾准备组织"自由党"，"充分的承认社会主义的主张"，"为无产阶级争自由"，然而这是有胡适自己的日记为证的：

今日回想前日与和森的谈话，及自己的观察，颇有作政党组织的意思。我想，我应该出来作政治活动，以改革内政为主旨。可组一政党，名为"自由党"。充分的承认社会主义的主张，但不以阶级斗争为手段，共产党谓自由主义为资本主义之政治哲学，这是错的。历史上自由主义的倾向是渐渐扩充的，先是贵族阶级的争自由，次有资产阶级的争自由，今则为无产阶级的争自由。略如下图。(见书影)

不以历史的"必然论"为哲学，而是"进化论"为哲学。资本主义之流弊，可以人力的制裁管理之。

党纲应包括下列各事：一、有计划的政治。二、文官考试法的实

————
① 原载《团结报》，1991 年 7 月 10 日。录自杨天石《近代中国史事钩沉——海外访史录》，社会科学文献出版社 1998 年第 1 版，2001 年 2 月第 2 次印刷。

行。三、用有限制的外国投资来充分发展中国的交通与实业。四、社

会主义的社会政策。

　　胡适在这里不仅表示了他对社会主义的向往，而且准备组织"自由党"，

设想党纲，"为无产阶级争自由"，以人力制裁并管理"资本主义之流弊"。

胡适所不能接受的是"以阶级斗争为手段"。他是在什么样的情况下写这页

日记的呢？

　　1926 年 7 月，胡适赴英国参加"庚款咨询委员会会议"。他采纳李大钊

的建议，取道苏联。7 月 29 日到达莫斯科，30 日参观革命博物馆，胡适很

受感动。31 日与美国芝加哥大学教授梅里姆（Merriam）、哈珀斯（Hawpers）

参观监狱，三人都很满意。梅里姆教授对苏联的印象很好，评论说："狄克

推多（意为专政者 Dictator 的音译——笔者）向来是不肯放弃已得之权力的，

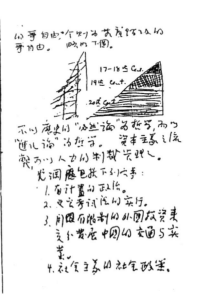

胡适日记手迹

故其下的政体总是趋向愚民政策。苏俄虽是狄克推多，但他们却真是用力办新教育，努力想造成一个社会主义的新时代。依此趋势认真做去，将来可以由狄克推多过渡到社会主义的民治制度。"胡适同意梅里姆的看法，认为他的"判断甚公允"。当天下午，胡适拜访正在苏联的于右任，于不在，碰见著名的共产党人蔡和森，二人分别已久，竟至于彼此不认得了，"纵谈甚快"。其后，刘伯坚、王人达、马文彦等陆续到达，于右任也回来了。胡、蔡继续辩论，从三点直辩到九点。后来，莫斯科中山大学负责人拉狄克来访，才把二人的舌战打断。

当晚，胡适写了一封信给张慰慈，报告他的访苏印象：

> 此间的人正是我前日信中所说有理想与理想主义的政治家；他们的理想也许有我们爱自由的人不能完全赞同的，但他们意志的专笃，却是我们不能不十分顶礼佩服的。他们在此做一个空前的伟大政治新试验；他们有理想，有计划，有绝对的信心，只此三项已足使我们愧死。
>
> 我们这个醉生梦死的民族怎么配批评苏俄！……

不难看出，三天在莫斯科的访问极大地震动了胡适，他简直有点儿崇拜苏联了。

8月2日，胡适离开苏联。在车上，他和一位苏联人谈话，坦率地阐述了自己的政治见解。这位苏联人对胡适说：

> 帝国主义的国家暗地利用军阀，阻挠改革运动，在波斯、土耳其

皆有明证，若不先作反帝国主义的运动，则内政的革新必无希望。

这位苏联人又说：

> 你不必对于我们的 Dictatorship（专政——笔者）怀疑，英美等国
> 名为尊崇自由，实是戴假面具，到了微嗅得一点危险时，即将假面具
> 撕去了。如此次对付罢工的 Emergency Powers Act（紧急权力法——笔
> 者）即是一证。他们也是一种 Dictatorship，只是不肯老实承认。苏俄
> 却是言行一致，自认为无产阶级专政。

对于这一段"赤化"宣传，胡适这位有名的自由主义者居然在日记中写道："此言却甚有理。我看苏俄之《刑事律》及《苏俄指南》，皆十分老实，毫无假装的面孔。"

8月3日，火车到达德国柏林。胡适回想在莫斯科与蔡和森的辩论，因而写下了本文一开头引述的那页日记。它是研究胡适思想的重要资料。遗憾的是，最近台湾远流出版事业股份有限公司影印了收集到的全部胡适日记手稿，但是却遗漏了包含上引日记在内的《欧游日记》第一册，不知是什么原因？也许是其中的思想过于激烈、激进了吧？

人易受环境的影响，胡适只在莫斯科访问了三天，就"充分的承认社会主义的主张"，认为20世纪是无产阶级"争自由"的时代，如果时间更长一点呢？不知道他的自由主义观点会不会和"狄克推多"发生冲突？当时，在莫斯科的中国共产党人曾经劝胡适在俄国多考察一些时候，然而胡适因为要赶赴英国开会，未能久留。

8 月 3 日之后，胡适读了一些关于苏俄的统计材料，又给张慰慈写了一封信，中云：

> 我是一个实验主义者，对于苏俄之大规模的政治试验，不能不表示佩服。
>
> 去年许多朋友要我加入"反赤化"的讨论，我所以迟疑甚久，始终不加入者，根本上只因我的实验主义不容我否认这种政治试验的正当，更不容我以耳为目，附和传统的见解与狭窄的成见。我这回不能久住俄国，不能细细观察调查，甚是恨事。但我所见已足使我心悦诚服地承认这是一个有理想、有计划、有方法的大政治试验。

胡适表示，将来回国之后，很想组织一个俄国考察团，邀一些政治经济学者及教育家同来作一较长期的考察。

胡适不仅将他的访苏印象告诉了张慰慈，而且也告诉了他的另一位好朋友徐志摩。8 月 27 日函云：

> 我在莫斯科三天，觉得那里的人有一种 Seriousness of purpose（目的的严肃性——笔者），真有一种"认真""发愤有为"的气象。我去看那"革命博物馆"，看那 1890—1917 年的革命运动，真使我们愧死。我们应该发愤振作一番，鼓起一点精神来担当大事，要严肃地做个人，认真地做点事，方才可以对得住我们现在的地位。

胡适没有想到，他的这些信寄回国之后，却挑起了一场小小的争论。

9 月 11 日，徐志摩在《晨报副刊》摘要上发表了胡适的信，同时加了长篇按语，徐志摩表示：俄国革命所表现的伟大精神与理想，如同太阳是光亮的事实一样，除非是盲人，谁都不能否认。但是，徐志摩又表示，对胡适的信也有"未敢苟同"之处。其一是所谓"由狄克推多过渡到社会主义的民治制度"的提法，徐志摩认为"这是可惊的美国式的乐观态度"；其二是对苏俄的"新教育"的看法，徐志摩认为苏俄"拿马克思与列宁来代替耶稣，拿《资本论》一类书来代替《圣经》，拿阶级战争唯物史观一类观念来替代信条"，和"知识的自由""思想的自由"是矛盾的。徐志摩并说："即使苏俄这次大试验、大牺牲的结果是适之先生所期望的社会主义的民治制度，我们还得跟在懒惰的中庸的英国人背后问一声：难道就没有比较平和、比较牺牲小些的路径不成？"

继徐志摩之后，菊农等也在《晨报副刊》发表文章，认为"狄克推多与民治主义是根本不兼容的"，最新的教育不等于最好的教育，等等。

10 月 4 日，胡适在巴黎手酸眼倦地写了一封长信给徐志摩，回答他的质难。胡适承认，社会主义的生产力还赶不上资本主义，但他说："我们不能单靠我们的成见就武断社会主义制度之下不能有伟大的生产力。"对于有无"比较平和、比较牺牲小些的路径"问题，胡适说："近世的历史指出两个不同的方法：一是苏俄今日的方法，由无产阶级专政，不容有产阶级的存在。一是避免阶级斗争的方法，采用三百年来'社会化'（Socializing）的倾向，逐渐扩充享受自由享受幸福的社会。这方法，我想叫它做'新自由主义'（New Liberalism），或'自由的社会主义'（Liberal Socialism）。"胡适不同意把"自由主义"看成资产阶级的专利品，他再次表示："自由主义的倾向是渐次扩充的。十七八世纪，只是贵族争得自由，二十世纪，应该是全民族争得自由的时期”，“为什么一定要把自由主义硬送给资本主义？”

自由，当然是个好字眼。无产阶级要争得本阶级的自由，也要争得民族的自由，在社会主义制度下，它还应该保证每个公民都享有充分的民主和自由。但是，胡适不懂得，自由主义却不是无产阶级的世界观。他和蔡和森之所以辩论了五六个小时，大概就是在这个问题上相持不下。

有一次，胡适的自由主义立场几乎动摇了。10 月 17 日，他去看英国著名哲学家罗素，罗素对胡适说，苏俄的 Dictatorship 办法，是最适用于俄国和中国，这样的农业国家之中，若采用民治，必闹得稀糟，远不如 Dictatorship 的法子。胡适表示：“我们爱自由的人却有点受不了。”罗素答道：“那只好要我们自己牺牲一点了。”当日，胡适在日记中写道：“此言也有道理，未可认为全不忠恕。”

《晨报副刊》之外，天津《国闻周报》也有人发表文章，批评胡适的信：“几乎没有一句是通的，所发表的意见几乎没有一句是对的。”对于这样的批评，胡适只在日记中写下了“浅薄之至”四个字，不屑作答了。

胡适抗议"反革命"罪名 ①

胡适的日记中保存着一封给吴稚晖的信,抗议加给他的"反革命"罪名。信云:

昨日会议席上,先生曾明对我说:"你就是反革命"。我不愿置辩,因为我并不很懂得"反革命"三字是什么样的罪名。我是一个糊涂人,到今天还不很明白,今日所谓"革命"是怎样一回事,所以也就不很明白"反革命"是怎样一回事。今天从南京回来,就去寻前几个月公布的《反革命治罪条例》,想做一点临时抱佛脚的工夫;不料寻来寻去,这件法令总避不见面。我没有法子,只好来求先生;倘万一先生有空闲时间,务请先生顾念一点旧交情,指示我犯的是《治罪条例》第几条,使我好早点准备,免得懵懵懂懂地把吃饭家伙送掉了无法找回来。这是性命交关的事,故敢麻烦先生,千万请先生原谅。

---

① 录自杨天石《横生斜长集》,(天津)百花文艺出版社1998年10月第1版,1999年1月第2次印刷。

此信作于 1928 年 6 月 16 日。此前一天，胡适在南京参加大学院委员会会议，和吴稚晖发生冲突，被吴指斥为"反革命"。次日，胡适因有此信。

1927 年 6 月，张作霖在北京组织安国军政府。7 月，军政府教育部决定取消北京大学，将北京的国立九所高等学校合并为"京师大学校"。1928 年 6 月，安国军政府垮台，南京国民政府的军队进占京津，北大师生旋即展开复校运动。但是，易培基、张静江、吴稚晖等人却提出，将北京大学改名为中华大学，以蔡元培兼校长，蔡未就任前，由李石曾代。那时，南京国民政府的教育、学术最高主管机构是大学院。15 日，蔡元培召集大学院委员会讨论此事。

会上，蔡元培表示，不愿兼中华大学校长，请会中决定推李石曾为校长。胡适起立反对说：（1）北京大学之名不宜废掉；（2）石曾先生的派别观念太深，不很适宜，最好仍请蔡先生自兼。胡适的发言立即遭到张静江的侄子、中央大学校长张乃燕的反对，他站起来说：

> 蔡先生的兼收并蓄，故有敷衍的结果。李先生派别观念深，故必不敷衍，故李石曾最适宜。

接着，吴稚晖也站起来，用满口无锡话说了半小时，大意是："北大之名宜废，李石曾是'天与之，人归之'。"他详细叙述了 1925 年的派系斗争史。那年，北京女子师范大学学生因反对校长杨荫榆的"婆婆"式的封建管理，发生"驱羊运动"，反对杨荫榆当校长。杨借故开除刘和珍、许广平等学生自治会干部六人，受到强烈反对，形成"女师大风潮"。这一风潮迅速发展为社会性的群众运动。当时，北京大学的教授分为两派，一部分人支持女师大学生，组成北京大学评议会，反对北洋政府教育总长章士钊摧残女师大，议决与教育部脱离关系；另一部分教授，如陈西滢、胡适、王世杰、高一涵等则向评议会提出抗议，反对卷入政潮与学潮。吴稚晖在叙述了这一段历史后说：

> 石曾先生向来是很能容人的，但近几年来的举动，我也不满意。度量是比较的，譬如有一百个人才，蔡先生能容七十个，石曾先生大概只能容四十个。胡适之先生大概也不能容七十个。根据现在北京的情形，除了石曾先生之外，有谁能去做中华大学校长？

听了吴稚晖的长篇唠叨，胡适也站起来说：

> 我绝不想回北大去，故我自己绝不成问题。吴先生说，蔡先生能容七十人，石曾先生能容四十人。我自己至多能容四十五人罢了。但我不想做北大校长，故绝无问题；但石曾做北大校长，却有问题，故我提议，仍维持国府原案，蔡先生仍为校长，由石曾先生代理或可救济一点。

吴稚晖反对胡适的意见，继续发表长篇议论，批评胡适不应"用蔡先生去牵制李先生"。他说：同李石曾合作，这是上上；不合作，那是中中；同他捣乱，这是下下。又说：好比一把破茶壶，李石曾先生要拿这把茶壶，就让他拿去吧。我们只希望他不要耍阔少爷脾气，抢去摔了就完事。只希望他好好地用。末尾，吴稚晖强调说：最可怕的是蜀洛相争。

当日会议中，吴稚晖已经几次谈到蜀洛相争，胡适忍不住了："蜀洛相争是没有的事。""没有！怎样没有？他们不曾通缉易寅村先生、李石曾先生和我们吗？"吴稚晖跳起来了。1926年3月18日，段祺瑞等下令枪杀到执政府门前请愿的群众，接着又下令通缉"群众领袖"徐谦、李大钊、吴稚晖、李石曾、易培基（寅村）等在北京工作的国共两党领导人和进步文化人，共五十人。吴稚晖所说"通缉"，指此。

"没有的事！我们几个熟人之中，人格上总信得过，不是他们干的事。"陈西滢等人反对学生投入学潮和政潮，"三一八"惨案后发表过一些批评"群众领袖"的言论，但是，胡适认为他们不会向北洋政府提出逮捕建议。

"你就是反革命！高一涵在《京报》上明明说三一八的惨案是我们干的。我留下《京报》为证。"吴稚晖再次跳了起来。

"我那年八个月不在北京，不知道你们打的笔墨官司。但……"胡适于1925年夏末去武汉，然后到上海，直到1926年5月才回到北京，因此他想辩解。

"东吉祥胡同这班人简直有什么面孔到国民政府底下来做事！不过我们不计较他们罢了。"反对女师大风潮、支持章士钊的北大教授当时大都住在东吉祥胡同，吴稚晖始终对他们有余恨。

"大家的意见既然一致主张石曾先生。我也只希望他的亲戚朋友规劝他，不要把这把破茶壶摔了。我说的是一种忠告，不是什么捣乱。"在李石曾是否适合当中华大学校长问题上，胡适让步了，但是，他不能同意吴稚晖的所谓"捣乱"的说法，特别加以声明。

会开完了，吴稚晖从口袋里摸出几张电报来，丢到胡适面前，说：

"人家人都派定了，还有什么说头呢？"

"吴先生，你若早点给我们看这两个电报，我们就可以不开口了。"胡适打开一看，原来都是李石曾打给张静江、易培基的，报告中华大学校长事，四星期后始可就职，兹派人先行接受，云云。

一切早就决定了，拿到会上讨论，意在走个过场，造成民主空气，然而胡适不知内情，白白地吵嚷了一番。他觉得很懊恼，当了"笨人"。

吴稚晖辱骂胡适是"反革命"。第二天，胡适想了又想，气不能平，写了本文开头的那封抗议信，然而他想了又想，终于没有发出。

北大复校的事，折腾了很久，一直到 1929 年 8 月 6 日，南京国民政府才决定恢复"国立北京大学"的校名。

胡适和国民党的一段纠纷 ①

有一段时期，胡适和国民党的关系很紧张，其发端与冲突经过，表现出近代中国独特的社会现象与文化现象。

一、发端

1929 年 3 月，国民党召开第三次全国代表大会，上海特别市代表陈德征向会议提出《严厉处置反革命分子案》，内称："反革命分子包含共产党、国家主义者、第三党及一切违反三民主义之分子，此等分子之危害党国，已成为社会一致公认之事实，吾人应认定对反革命分子应不犹疑地予以严厉处置。"陈德征抱怨过去处置"反革命分子"，均以移解法院为唯一办法，而法院又"碍于法例之拘束"，常以"证据不足"为词，加以宽纵。他建议党部直接干预。提案说：

---

① 原载《中国文化》第四期，1991 年 8 月。

凡经省及特别市党部书面证明为反革命分子者，法院或其他法定
之受理机关应以反革命罪处分之；如不服得上诉，惟上级法院或其他
上级法定之受理机关，如得中央党部之书面证明，即当驳斥之。①

这就是说，国民党省市党部有权确定谁是反革命，只需一纸"书面证
明"，即使"证据不足"，法院也必须遵命治罪。胡适反对这种以党代法的
意见。3月26日，即陈德征提案见报的当日，胡适即致函南京国民政府司
法院长王宠惠说：

先生是研究法律的专门学者，对于此种提议，不知作何感想？在世
界法制史上，不知哪一世纪哪一个文明民族曾经有这样一种办法，笔之
于书，立为制度的吗？我的浅陋寡闻，今日读各报的专电，真有闻所未
闻之感。中国国民党有这样党员，创此新制，大足夸耀于全世界了。②

胡适讽刺说，审判既不须经过法庭，处刑又何必劳动法庭，不如拘捕、
审问、定罪、处刑、执行，"皆归党部"，完全"无须法律"，"无须政府"，"岂
不更直截了当吗"？

除致函王宠惠外，胡适又将该函送给国闻通信社，要求转送各报发表。
29日，国闻通信社复函胡适，告以各报均未见刊出，听说已被检查者扣去，
将原稿退给了胡适。③此事本来已经终结，不料4月1日，上海《民国日报》
却出现了陈德征的短文《匕首》，中云：

① 上海《民国日报》，1929年3月26日。
② 《胡适的日记》，美国哥伦比亚大学藏缩微胶卷（以下均同），1929年3月26日。
③ 胡适存国闻通信社来信，《胡适的日记》，1929年3月29日。

不懂得党，不要瞎充内行，讲党纪；不懂得主义，不要自以为是，对于主义，瞎费平章；不懂得法律，更不要冒充学者，来称道法治。在以中国国民党治中国的今日，老实说，一切国家底最高根本法，都是根据于总理主要的遗教，违反总理遗教，便是违反法律，违反法律，便要处以国法，这是一定的道理，不容胡说博士来胡说的。

胡适存国闻通信社来信

1928 年 8 月，国民党五中全会宣布开始训政。1929 年 3 月，国民党第三次全国代表大会通过决议，以孙中山所著《三民主义》《五权宪法》《建国方略》《建国大纲》及《地方自治开始实行法》，"为训政时期中华民国最高之根本法"，决议宣称："吾党同志之努力，一以总理全部之遗教为准则"，"总理遗教，不特已成为中华民国所由创造之先天的宪法，且应以此中华民国由训政时期达于宪政时期根本法之原则"。[①] 陈德征文中所称："一切国家底最高根本法，都是根据于总理主要的遗教"，即本于该项决议。陈德征由此进一步推论：违反孙中山的"遗教"就是违反法律，便要处以国法。文

---

① 荣孟源主编：《中国国民党历次代表大会及中央全会资料》，光明日报出版社 1985 年版，第 654—656 页。

末所说"胡说博士"隐指胡适。胡适读了之后，激愤地在日记中写道："我的文章没处发表，而陈德征的反响却注销来了。"①

同年4月20日，南京国民政府发布命令，声称：

> 世界各国人权，均受法律之保障，当此训政开始，法治基础亟宜确立。凡在中华民国法权管辖之内，无论个人或团体均不得以非法行为侵害他人身体自由及财产，违者即依法严行惩办不贷。②

胡适认为这道命令令人失望，于5月6日写成《人权与约法》一文，向南京国民政府质疑。他批评该项命令说：（1）"自由"究竟是哪几种自由？财产究竟受怎样的保障，没有明确规定。（2）命令所禁止的只是"个人或团体"，而并不曾提及政府机关。他说："个人或团体固然不得以非法行为侵害他人身体自由及财产，但今日我们最感觉痛苦的是种种政府机关或假借政府与党部的机关侵害人民的身体自由及财产。"（3）所谓"依法"是依什么法？他说："我们就不知道今日有何种法律可以保障人民的人权。"胡适指斥当时的国民党当局说：

> 无论什么人，只须贴上"反动分子""土豪劣绅""反革命""共党嫌疑"等等招牌，便都没有人权的保障。身体可以受侮辱，自由可能完全被剥夺，财产可以任意宰割，都不是"非法行为"了。③

---

① 《胡适的日记》，1929年4月1日。
② 《国民政府公报》第一四七号，1929年4月23日。
③ 《新月》第二卷第二号。

文中，胡适并以致王宠惠函被扣一事为例说："这封信是我亲自负责署名的，我不知道一个公民为什么不可以负责发表对于国家问题的讨论。"此外，胡适还引证了当时人权保障的其他两个例子：安徽大学某校长因在语言上顶撞蒋介石，被拘禁多日，其家人亲友只能到处奔走求情，而不能到任何法院去控告"蒋主席"；唐山商人杨润普被当地驻军一百五十二旅的连长指为收买枪支，擅自抓去审问，刑讯逼供，经全市罢市后才释放。胡适提出：如果真要保障人权，确立法治基础，第一件应该制定一个中华民国的宪法，至少，至少，也应该制定所谓训政时期的约法。他说：

> 我们要一个法来规定政府的权限，过此权限，便是"非法行为"。我们要一个约法来规定人民的"身体、自由及财产"的保障，有侵犯这法定的人权的，无论是一百五十二旅的连长或国民政府的主席，人民都可以控告，都得受法律的制裁。①

控告"一百五十二旅的连长"，也许没有什么了不起，但是，胡适认为，也可以控告并依法制裁"国民政府的主席"，在中国历史上，这就不能不说是石破天惊之语了。

文末，胡适呼吁："快快制定约法以确定法治基础"，"快快制定约法以保障人权"。该文旋即在《新月》二卷二号上发表。

---

① 《新月》第二卷第二号。

二、胡适对孙中山和国民党的批评

胡适的《人权与约法》发表后，立即引起了广泛的注意。一些朋友担心胡适吃亏，劝他罢手。6 月 2 日，张元济致函胡适说：

> 先生写了信给王博士，又把信稿送给国闻通信社，又被什么检查者看见，我只怕这《新月》里雪林女士所说的那猛虎大吼一声，做一个跳掷的姿势，张牙舞爪，直向你扑来，你那一枝毛稚子，比不上陆放翁的长矛，又他不住。古人道："邦无道，其默足以容。"这句话原不是对共和国国民说的，但是我觉得我们共和国国民的面具很新，他几千年的老客气摆脱不掉，所以他几千年的话还是有用的。①

次日，张元济再次致函胡适，进一步补充说：

> 现在街上有一群疯狗在那里乱咬人，避的避，逃的逃，忽然间有个人出来打这些疯狗，那有个不赞叹他呢！但是要防着，不要没有打死疯狗，反被他咬了一口，岂不是将来反少了一个打狗的人。②

但是，胡适不怕被"咬"，他以"少一事不如多一事"③的态度，又撰

---

① 《胡适的日记》，1929 年 6 月 2 日。
② 《胡适的日记》，1929 年 6 月 3 日。
③ 《胡适的日记》，1929 年 5 月 6 日。

文提出："不但政府的权限要受约法制裁，党的权限也要受约法的制裁。"
他说：

> 如果党不受约法的制裁，那就是一国之中仍有特殊阶级超出法律
> 制裁之外，那还成"法治"吗？其实今日所谓"党治"，说也可怜，那
> 里是"党治"？只是"军人治党"而已。①

胡适的这些话，锋芒所向，触及了国民党长期标榜的"以党治国"的
根本方针。

不仅如此，胡适又进一步把批评的矛头指向孙中山思想。

长期以来，孙中山一直将建设程序分为军政、训政、宪政三个时期，
所谓训政时期，又称过渡时期。1923 年以前，孙中山始终主张训政时期要
有一个约法来"规定人民之权利与义务，与革命政府之统治权"，但是，在
1924 年的《建国大纲》里，孙中山却没有再提起约法，也没有规定训政时
期的年限。在《人权与约法》一文中，胡适对这一现象作出解释，认为这
不过是一种偶然的遗漏。他说：《建国大纲》不过是孙中山先生一时想到的
一个方案，并不是应有尽有的，遗漏的东西多着呢！但是，胡适在进一步
研究之后，却于 7 月 20 日写成《我们什么时候才可有宪法》一文，对《建
国大纲》提出疑问。胡适认为：民国十三年的孙中山已不是十三年以前的
孙中山，他的《建国大纲》简直是完全取消他以前所主张的"约法之治"了，
不但训政时期没有约法，直到宪政开始时也还没有宪法。据胡适分析，孙

---

① 《人权与约法》的讨论，《新月》第二卷第四号。

中山之所以一再延迟宪政时期，其原因在于孙中山认为，中国人民知识程度不足，需要训练。胡适批评孙中山说："人民初参政的时期，错误总不能免的，但我们不可因人民程度不够便不许他们参政。人民参政并不须多大的专门知识，他们需要的是参政的经验。民治主义的根本观念是承认普通民众的常识是根本可信任的。'三个臭皮匠，赛过一个诸葛亮。'这便是民权主义的根据。"胡适由此进一步指出，人民固然需要训练，但党国诸公也同样需要训练，他说：

> 宪法的大功用不但在于规定人民的权利，更重要的是规定政府各机关的权限。立一个根本大法，使政府的各机关不得逾越他们的法定权限，使他们不得侵犯人民的权利——这才是民主政治的训练。人民需要"入塾读书"，然而蒋介石先生、冯玉祥先生，以至许多长衫同志和小同志，生平不曾梦见共和政体是什么样子的，也不可不早日"入塾读书"罢！
>
> 人民需要的训练是宪法之下的公民生活，政府与党部诸公需要的训练是宪法之下的法治生活。"先知先觉"的政府诸公必须自己先用宪法来训练自己，裁制自己，然后可以希望训练国民走上共和的大路。不然，则口口声声"训政"，而自己所行所为皆不足为训。小民虽愚，岂易欺哉！①

胡适力图说明"宪法之下正可以做训导人民的工作"，批评孙中山的

---

① 《新月》第二卷第四号。

"根本大错误在于误认宪法不能与训政同时并立"。他要求南京国民政府迅速制订宪法。文末，胡适说：

> 我们不信无宪法可以训政，无宪法的训政只是专制。我们深信只有实行宪政的政府才配训政。

孙中山在他的遗嘱中曾经要求："务须依照余所著《建国方略》《建国大纲》《三民主义》及《第一次全国代表大会宣言》继续努力，以求贯彻。"国民党第三次全国代表大会更将《建国大纲》及军政、训政、宪政三大程序宣布为"中华民国不可逾越的宪典"①。胡适对《建国大纲》提出疑问，不仅是对孙中山思想的批评，也是对国民党第三次全国代表大会的决议和南京国民政府既定国策的批评。

同时，胡适又发表《知难，行亦不易》一文，批评孙中山的"知难行易"学说。胡适认为，这一学说有积极方面和消极方面。就积极方面说，它是一种很有力的革命哲学，可以鼓舞人们不怕艰难，勇往进取，北伐胜利即其功效。但是，这一学说又存在着两大"根本错误"，其一是把知、行分得太分明。他说：

> 中山的本意只要教人尊重先知先觉，教人服从领袖者，但他的说话很多语病，不知不觉把"知""行"分作两件事，分作两种人做的两类的事，这是很不幸的。因为绝大部分的知识是不能同"行"分离的，

---

① 《中国国民党历次代表大会及中央全会资料》，第654—656页。

尤其是社会科学的知识。这绝大部分的知识都是从实际经验（行）上得来：知一点，行一点；行一点，更知一点，——越行越知，越知越行，方才有这点子知识。三家村的豆腐公也不是完全没有知识；他做豆腐的知识比我们大学博士高明的多多。①

胡适指出，孙中山志在领导革命，自任知难，而勉人以行易，其结果是："一班当权执政的人也就借'行易知难'的招牌，以为知识之事已有先总理担任做了，政治社会的精义都已包罗在《三民主义》《建国方略》等书之中，中国人民只有服从，更无疑义，更无批评辩论的余地了。于是他们捣着'训政'的招牌，背着'共信'的名义，钳制一切言论出版的自由，不容有丝毫异己的议论。知难既有先总理任之，行易有党国大同志任之，舆论自然可以取消了。"②

胡适批评孙中山"知难行易"学说的第二个"根本错误"是不懂得知固是难，行也不易。他以医学为例，说明读了许多生理学、解剖学、化学、微菌学、药学，并算不得医生，只有从临床的经验上得来的学问与技术才算是真正的知识。一个人，熟读了六七年书，拿着羊皮纸的文凭，而不能诊断，不能施手术，不能疗治，才知道知固然难，行也大不易。由此，胡适进一步批评当时纨绔子弟办交通，顽固书生办考试，当火头出身的办财政，旧式官僚办卫生等现象。他说：

今日最大的危险是当国的人不明白他们干的是一件绝大繁难的事。

---

① 《吴淞月刊》第二期，又见《新月》第二卷第四号。
② 《吴淞月刊》第二期，又见《新月》第二卷第四号。

以一班没有现代学术训练的人，统治一个没有现代物质基础的大国家，天下的事有比这个更繁难的吗？要把这件大事办得好，没有别的法子，只有充分请教专家，充分运用科学。然而"行易"之说可以作一班不学无术的军人政客的护身符！ ①

胡适这里就将南京国民政府的衮衮诸公都骂进去了。

一波未平，一波又起。10 月 10 日，国民党中央宣传部长叶楚伧在《浙江民报》发表文章，其中有"中国本来是由美德筑成的黄金世界"一语，胡适认为这句话"最可以代表国民党的昏愦"，如果三百年前的中国真是如此美好，那么我们还做什么新文化运动呢？我们何不老老实实地提倡复古，回到"觉罗皇帝"以前就是了。11 月 19 日凌晨，胡适写成《新文化运动与国民党》一文，宣告"叶部长"在思想上是一个反动分子，他所代表的思想是反动的思想。文章进一步分析南京国民政府建立后的文化政策，从维持古文、骈文寿命，压制思想言论自由，高唱"抵制文化侵略"，提倡旧文化等方面，论证"国民党是反动的"。他说：

上帝可以否认，而孙中山不许批评。礼拜可以不做，而总理遗嘱不可不读，纪念周不可不做。一个学者编了一部历史教科书，里面对于三皇五帝表示了一点怀疑，便引起国民政府诸公的义愤，便有戴季陶先生主张要罚商务印书馆一百万元！一百万元虽然从宽豁免了，但这一部很好的历史教科书，曹锟、吴佩孚所不曾禁止的，终于不准发行了！ ②

① 《吴淞月刊》第二期，又见《新月》第二卷第四号。
② 《新月》第二卷第六、七号合刊。

文章进一步分析了国民党和孙中山的文化思想，认为他们"自始便含有保守的性质"。孙中山曾经有过"欧洲的新文化都是我们中国几千年以前的旧东西"一类说法，胡适在详加摘引之后评论说：

> 这种说法，在中山先生当时不过是随便说说，而后来三民主义成为一党的经典，这种一时的议论便很可以助长顽固思想，养成夸大狂的心理，而阻碍新思想的传播。①

胡适认为：1919 年五四运动以后，国民党接受过新文化运动的影响，但是，1927 年以来，"钟摆又回到极右一边"，"国民党中的守旧势力都一一活动起来"。他说：现在国民党所以大失人心，一半固然因为政治上的设施不能满足人民期望，一半却是因为思想的僵化，不能吸引前进的思想界的同情。胡适要求：（1）废止一切"鬼话文"的公文、法令，改用国语；（2）通令全国日报、新闻论说一律改用白话；（3）废止一切钳制思想言论自由的命令、制度、机关；（4）取消统一思想与党化教育的迷梦；（5）至少，至少，学学专制帝王，时时下个求直言的诏令。

同日，胡适在梁实秋陪同下，以上文为内容在暨南大学作了讲演。讲毕，文学院院长陈钟凡对胡适说："了不得！比上两回的文章更厉害了！我劝先生不要发表，且等等看！"② 但是，胡适仍然将该文在《新月》二卷六、七号合刊上发表了。其后，胡适又以同样题目在光华大学作了讲演③。

---

① 《新月》第二卷第六、七号合刊。
② 《胡适的日记》，1929 年 11 月 19 日。
③ 《光华大学大事系年录》，《光华大学十周年纪念册》，第 30 页。

12 月，胡适将他自己和罗隆基、梁实秋等人的文章结集为《人权论集》，计收胡适《人权与约法》、胡适《我们什么时候才可有宪法》、罗隆基《论人权》、梁实秋《论思想统一》、罗隆基《告压迫言论自由者》、胡适《新文化运动与国民党》、胡适《知难，行亦不易》、罗隆基《专家政治》、胡适《名教》等文。13 日，胡适为这个集子写了篇小序，中云：

> 我们所要建立的是批评国民党的自由和批评孙中山的自由。上帝我们尚且可以批评，何况国民党与孙中山！ ①

文中，胡适在引用了周栎园《书影》里的一则鹦鹉救火的故事后说：

> 今日正是大火的时候，我们骨头烧成灰终究是中国人，实在不忍袖手旁观。我们明知小小的翅膀上滴下的水点未必能救火，我们不过尽我们的一点微弱的力量，减少良心上的一点谴责而已。

三、国民党的反应

胡适的激烈言论自然不能不引起国民党方面的强烈反应。

1929 年 8 月 10 日，国民党上海市第三区党部召开全区代表大会，提出临时动议一项，认为胡适“十余年来，非惟思想没有进境，抑且以头脑的顽旧迷惑青年”，呈请市执委会转呈中央，咨请国民政府，令饬教育部，撤

---

① 《人权论集》。

去其中国公学校长一职并予以惩处。决议通过。①24 日，国民党上海特别市执行委员会开会，陈德征等出席，决定将第三区党部的决议转呈中央。呈文说："查胡适近年以来刊发言论，每多悖谬"，"足以引起人民对于政府恶感或轻视之影响"，"为政府计，为学校计，胡适殊不能使之再长中国公学。而为纠绳学者发言计，又不能不予以相当之惩处"。②28 日，再次开会，通过宣传部的提案："中国公学校长胡适，公然侮辱本党总理，并诋毁本党主义，背叛政府，煽惑民众，应请中央转令国府严予惩办。"③接着，北平、天津、青岛各地的国民党党部和部分党员纷纷表态，响应上海市党部的要求。北平市黄汝翼等人的呈文并将胡适和共产党联系起来，呈文称：

> 当此各反动派伺机活动，共产党文艺政策高唱入云之时，该胡适原为一丧行文人，其背景如何，吾人虽不得而知，然其冀图解我共信，摇我党基之企谋，固已昭然若揭，若不从严惩处，势必贻罪无穷。④

其中，态度最严厉的要数国民党青岛市执委会，除指责胡适"摇动革命信仰"，"影响党国初基"外，竟要求将胡适"逮捕解京，予以严惩"。⑤

9 月，国民党中央常务委员会将上海特别市执行委员会的呈文交给中央训练部。21 日，中央训练部致函南京国民政府，内称：

---

① 《人权论集》，1929 年 8 月 13 日；参见胡适存《教育部训令》。
② 《人权论集》，1929 年 8 月 25 日。
③ 上海《民国日报》，1929 年 8 月 29 日。
④ 胡适存剪报，《胡适的日记》，1929 年 9 月 9 日、20 日。
⑤ 《教育部训令》，《胡适的日记》，1929 年 10 月 6 日。

查胡适近年来言论确有不合，如最近《新月》杂志发表之《人权与约法》《我们什么时候才可有宪法》及《知难，行亦不易》等篇，不谙国内社会实际情况，误解本党党义及总理学说，并溢出讨论范围，放言高论。

胡适存剪报

呈文在表示"本党党义博大精深，自不厌党内外人士反复研究讨论"之后，接着指责说：

胡适身居大学校长，不但误解党义，且逾越学术研究范围，任意攻击，其影响所及，既失大学校长尊严，并易使社会缺乏定见之人民，对党政生不良印象，自不能不予以纠正，以昭警戒。①

① 《教育部训令》，《胡适的日记》，1929 年 10 月 6 日。

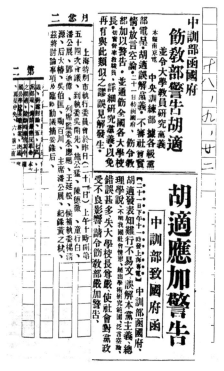

胡适存剪报

中央训练部要求国民政府转饬教育部，警告胡适，同时通饬全国各大学校长，切实督率教职员，精研党义，以免再有类似现象发生。不久，国民党中央就规定，各级学校教职员每天至少须有半小时自修研究《孙文学说》等"党义"。9月25日，国民政府行政院转饬教育部。10月4日，教育部长蒋梦麟训令胡适："该校长言论不合，奉令警告。"①

在教育部警告令发表前后，上海《民国日报》、南京《中央日报》等并发表了一批文章，对胡适进行批判。这些文章在同年11月由上海光明书局结集，出版了一本《评胡适反党义近著》。综观这些文章，其论点大略不出以下数点：

（一）指责胡适动机恶劣，态度狂妄。张振之撰文称："孙先生的学说与主义是最完备、最准确的真理，是领导革命的最高原则，我们只有坚确地信仰，不能丝毫怀疑。"②他批评胡适说："胡先生在文章中所表现出来的态度，不仅攻击孙文学说，而且想修正孙文学说，我们除佩服胡先生的妄诞以外，

---

① 《教育部训令》，《胡适的日记》，1929年10月6日。
② 《再论知难行易的根本问题》，《评胡适反党义近著》，第72—73页。

几乎无话可以形容了。"① 张文并指责胡适,"感情用事,毫无理性已达极点"。

（二）指责胡适照搬西方理论,迷信西方民主。陶其情在该书序文中说:

> 欧美政治潮流的趋势,便以人权做中心,由人权而民权。这种人权的民权,正是民治主义的真义所在,乃虚伪的不普遍的民权,建筑在各个个人自私自利的人权上。资产阶级暨特殊阶级,为着自家人权的发展,势必行其侵略主义或操纵主义,法律为其护符,政治为其转移,便造成种种人为的不平等,还谈什么真正的民权呢? 大多数民众既已得不到民权,处在不平等地位,更谈什么人权呢?

陶其情宣称:只有中国国民党的"民权","以大多数民众做中心",才是真正的"民权";胡适学着"立宪派的论调","泥于民治主义的见解",不过是一种"洋八股"的精神罢了。有的文章更批评胡适,"到了欧美,只看见乘汽车、住洋房的人们生活享受愉快","没有看见工厂里面做资本家奴隶的工人"。②

（三）指责胡适破坏"中心",破坏"统一",造成思想与社会的混乱。文章说:

> 现在除了三民主义、孙文学说可以为中国社会中心以外,别无他种可以为中国社会之中心。③

---

① 《知难行易的根本问题》,《评胡适反党义近著》,第7页。
② 《评胡适反党义近著》,第90页。
③ 《评胡适反党义近著》,第77页。

还有的文章说：

> 我们相信，中国的统治，是需要国民党的统治；救中国的主义，是需要三民主义。①

基于上述观点，他们认为胡适的文章只能引起"更大的混乱"，"更大的纠纷"，"中国社会将从此失去其重心，而陷于万劫不复之地"②。有的文章更进一步指责胡适"深中共产党、改组派及帝国主义者反宣传之毒"③，"为帝国主义与奸商张目，蹈卖国汉奸之所为"④。

此外，还有的文章认为，当时"政局初定，人心浮动"，对于人民之自由，"稍加限制"，以至采取"相当压制、防制"手段，都是必要的。文章说：

> 我们现虽踱入训政时期，然外有赤白帝国主义之勾诱，内有共产党与其他反动分子之隐伏，则政府取无形戒严的状态以制裁此辈之活动，实非常必要。⑤

他们逐一反驳胡适所举的国民党违反人权的几个例子，认为都是合理的。关于安徽大学某校长事，文章说："胡适既谓该大学校长顶撞蒋主席，则被拘禁数天亦宜。"关于胡适致王宠惠函各报均不能发表事，文章说："与其

---

① 《评胡适反党义近著》，第 143 页。
② 《评胡适反党义近著》，第 123 页。
③ 《评胡适反党义近著》，第 132 页。
④ 《评胡适反党义近著》，第 130 页。
⑤ 《评胡适反党义近著》，第 131—132 页。

公开后而引起不良之影响，更不如予以扣留以减少无谓之纠纷。"如此等等。①

批判之外，国民党当局又进一步采取行政措施。

1930 年 1 月 20 日，国民党上海特别市党部宣传部开会，陈德征主持，认为新月书店出版的《新月》月刊刊登胡适诋毁本党言论，"兹又故态复萌，实属不法已极"，决议查封新月书店，同时呈请市执委会，转呈中央，褫夺胡适公权，严行通缉，使在党政府下不得活动。②不久，国民党中央宣传部密令上海市党部，声称《新月》第二卷第六、七期载有胡适《新文化运动与国民党》、罗隆基《告压迫言论自由者》二文，"诋谋本党，肆行反动，应由该部密查当地各书店，有无该书出售，若有发现，既行没收焚毁"③。5 月初，国民党中宣部又下令查禁上海现代书局出版的《大众文艺新兴文学专号》与新月书店出版的《人权论集》。④

胡适对国民党的批判、警告、禁令一概采取蔑视态度。他逐一将有关消息、文章剪存，并批上"上海的舆论家真是可怜"，"这样不通的文章，也要登在报上丢丑"等字。⑤1929 年 10 月 7 日，他将教育部的警告令退还蒋梦麟，附函列举部令所引公文的种种矛盾，纠正了其中两个错别字。胡适并说："这件事完全是我个人的事，我做了三篇文字，用的是我自己的姓名，与中国公学何干！"⑥1930 年 2 月 15 日，胡适读到新月书店送来的上海市党部宣传部的密令，中有中央宣传部"没收焚毁"《新月》第六、七期的密令。胡适在日记中写道："密令而这样公开，真是妙不可言！此令是犯

---

① 《评胡适反党义近著》，第 131—132 页。
② 《时事新报》，1930 年 1 月 20 日。
③ 《国民党上海特别市执行委员会宣传部令》，《胡适的日记》，1930 年 3 月 17 日。
④ 《中国国民党上海特别市第四区执行委员会训令》，中国社会科学院近代史研究所藏。
⑤ 《胡适的日记》，1929 年 8 月 27 日。
⑥ 《胡适致蒋梦麟函》，《胡适的日记》，1929 年 10 月 7 日。

法的，我不能不取法律手续对付他们。"①16 日，胡适找到徐士浩律师，徐认为"没有受理的法庭"。当晚，胡适与郑天锡、刘崇佑二人商谈，刘表示可以起诉，于是，胡适决意起诉。②

然而，胡适最终没有起诉。

四、自由主义者的赞誉和革命论者的不满

胡适对孙中山和国民党的批评文章发表以后，国内外报刊纷纷介绍、转载，它为胡适赢得了大量社会赞誉，但是，也有一部分人表示不满。

赞誉者大多是和胡适怀有同样自由主义观点的知识分子。6 月 10 日，蔡元培致函胡适，肯定他的《人权与约法》一文"振聩发聋"。③9 月 10 日，张謇的儿子、南通大学校长张孝若写了一首诗给胡适，诗云：

> 许久不相见，异常想念你。我昨读你文，浩然气满纸。义正词自严，鞭辟真入里。中山即再生，定说你有理。他们那懂得？反放无的矢。一党说你非，万人说你是。忠言不入耳，劝你就此止。
>
> ——《读适之先生论政近文因赠》④

张孝若的这首诗高度肯定了胡适的文章和精神，誉为浩然正气，鞭辟入里。"一党说你非，万人说你是"云云，明确地划出国民党"一党"和"万

---

① 《胡适的日记》，1930 年 2 月 15 日。
② 《胡适的日记》，1930 年 2 月 16 日。
③ 《胡适来往书信选》（上），中华书局 1979 年版，第 515 页。
④ 胡适存来信，《胡适的日记》，1929 年 9 月 10 日。

人"的不同是非界限。

和张孝若同样高度评价胡适文章的还有张元济。1930 年 5 月 3 日，他致函胡适说：

> 承赐《新月》一册，大作一首，真人人之所欲言而不能言者。当日连续两过，家中妇孺亦非终卷不能释手。苦口婆心，的是有功世道文章。安得世人日书万卷读万遍也。[①]

唐朝的韩愈为了歌颂平定藩镇叛乱的业绩，写过一篇《平淮西碑》，诗人李商隐曾表示"愿书万本诵万过"；张元济此函，赞美胡适言"人人之所欲言而不能言者"，希望"世人日书万卷读万遍"，隐约将胡适比作韩愈。

当时像张孝若、张元济一样对胡适击节称叹的颇不乏人。《光报》有一篇文章说："胡以不党之学者自居，而社会亦以是称之，故'胡说'一出，遂大得社会之同情，尤其智识阶级，大为称快。"[②] 这确是事实。原北大学生胡梦秋致函胡适说：

张孝若赠胡适诗手迹

---

① 胡适存来信，《胡适的日记》，1929 年 5 月。

② 《光报》第三期。

张元济致胡适函

《申报》的记载，《人权与约法》的大著已有单行本了！在我们追佩着法国鲁索的《民约论》时，又于言论界得到一个鲁索第二的伟作。[1]

高梦旦的哥哥高凤池写信给高梦旦说：

> 自梁任公以后可以胡先生首屈一指。不特文笔纵横，一往无敌，而威武不屈，胆略过人。[2]

这位作者由于佩服胡适的勇敢，居然"拟上胡先生谥号，称之为龙胆公，取赵子龙一身都是胆之义"。继此函之后，高凤池致书高梦旦说：

> 承赐胡君所著之书两册，甚感。谢谢。揭奸诛恶，大有董狐直笔气概，读之如炎暑饮冰，沁人肺腑，既爽快，又警惕，一种爱国热忱与直言之胆魄，令人起敬不已。尤可重者，胡君心细思密，每着眼在人所忽而不经意之处，不愧一时才子。[3]

---

① 胡适存来信，中国社会科学院近代史研究所藏。
② 胡适存来信，《胡适的日记》，1930 年 1 月 30 日。
③ 胡适存来信，《胡适的日记》，1930 年 5 月 8 日。

把胡适喻为中国古代的"良史"董狐，也是一种极度的推崇。同函又说：

> 言者谆谆，听者藐藐，刚愎之政府，肆行其矛盾自利政策，不加
> 以反革命罪名，亦云幸矣。

确实，当时很多人都为胡适捏着一把汗，写了那样激烈的文字，却只得着一纸"警告令"，真是"亦云幸矣"！

对胡适文章表示不满的大都是社会革命论者。1929 年 6 月，《白话三日刊》发表过一篇《争自由与胡适的胡说》，中云：

> 什么自由和法权，并不是没有，只是我们穷苦的人们没有罢了。
> 胡适之不曾分开来说，以为他们也可以拿自由和法权给我们，所以他
> 起先虽然愤愤不平，结果只好跪地求饶了。老实告诉你罢，现时固然
> 没有约法，但是，假使由他们定出来，也绝不会对于民众有利的（于
> 胡适之这一等人或者是有利的）。我们革命的民众绝不会向统治者要求
> 颁布什么约法，请他们保障什么人权。我们只有向着敌人猛攻，以取
> 得我们的法，我们的权，和我们的自由！胡适之的口号与要求，无裨
> 于实际，只有帮助统治者缓和民众斗争的作用。我们必须排斥这种哀
> 求敌人的投机理论。①

以向敌人"猛攻"为唯一的斗争手段，将胡适的有关文章斥之为"帮

---

① 《白话三日刊》，1929 年 6 月 6 日。

助统治者缓和民众斗争"的"投机理论"，完全是二十世纪二三十年代左派的口吻。

与上文观点相近的是《自由》杂志发表的一篇文章，中云：

> 民权与约法是"争"出来的，不是"求"出来的；是用铁和血所换来的，不是用请愿的方式所能得到的，何况事实上连请愿都不可能呢！我们倘若真正想要民权与约法，现在只有一条路，就是大踏步走过来，加入全国革命的组织，以铁和血的力量，去打倒一党专制的国民党，打倒袁世凯第二的蒋中正。[①]

反对一切合法斗争，主张诉之于"铁和血"，显然，这是主张暴力革命的宣言。

五、质问胡汉民

在国民党元老中，胡汉民一直以孙中山思想的捍卫者自居。胡适批评孙中山的军政、训政、宪政三大程序和知难行易学说，要求南京国民政府迅速制订宪法，自然不为胡汉民所喜。当时，他担任立法院长。1929 年 9 月，他先后在立法院及国民党中央党部发表演说，阐述知难行易等有关理论，批评胡适。他说：

---

① 《自由》第一期。

人民不知如何运用政权，宪法岂不是假的，故训政乃［必］要的，殊不知我们现在已有宪法，总理的一切遗教就是成文的宪法，三全大会已经确定并分期实施训政工作，如再要另外一个宪法，岂非怪事！民元时代，因不遵守总理训政方案，已误国家。总理著的《孙文学说》，至今尚有人怀疑。足见一般人是爱假的，不要真实的。[①]

胡汉民由此批判说：

在他个人无论是想借此取得帝国主义者的赞助和荣宠，或发挥他"遇见溥仪称皇上"的自由，然而影响所及，究竟又如何呢？此其居心之险恶，行为之卑劣，真可以"不与共中国"了。[②]

胡汉民这里所说"中国有一位切求自由的哲学博士"，明眼人一看便知道指的是胡适，"居心之险恶"，"不与共中国"云云，批判十分严厉。

对于1929年9月的讲话，胡适未加理睬；这一次，胡适忍不住了。11月25日，致函胡汉民，中云：

这一段文字很像是暗指着我说的，我知道先生自己不会看《泰晤士报》，必定有人对先生这样说。我盼望先生请这个人指出我在那一天的《伦敦泰晤士报》上发表过何种长长的文章或短短的文章，其中有

---

① 胡适存剪报，《胡适的日记》，1929年9月24日。
② 上海《民国日报》，1930年11月22日。

这样一句"居心险恶，行为卑劣"的话。倘蒙这个人把原来的报纸剪下寄给我看看，我格外感谢。①

12月10日，胡适再次致函胡汉民，要求他"务必拨出几分钟的工夫，令秘书处给我一个答复"。信中，胡适强调说："先生既认这句话犯了'可以不与共中国'的大罪，便不应该不答复我的请问。"②

胡适从未在《伦敦泰晤士报》发表过胡汉民所指责的那一类文章，所以胡汉民当然指不出哪一天，更无从把报纸剪下来寄给胡适。12月9日，即胡适发出第二封信的前一日，胡汉民的"随从秘书处"复函胡适，说明原委，原来是：胡汉民的一位"熟谙英文"的朋友说：当中国要求撤废领事裁判权的照会到达英国时，《伦敦泰晤士报》曾引述"中国某哲学博士"的言论，说明"中国司法与政治种种不善"，以此"反证中国政府要求撤销领事裁判权之无当"云云。胡汉民认为"某哲学博士"的言论竟成为帝国主义维护在华利益的借口，足以证明当时"极端言论自由者"的过错，因此在谈所谓"言论自由"时"纵论及之"。复函并称胡汉民"始终不欲举着论者之姓名，殆亦朱子'必求其人以实之则凿矣'之意欤！"③

胡汉民"随从秘书处"的这封信实际上承认胡汉民的指责没有根据，但又声称胡适的言论"竟为帝国主义者维护其在华特权之借口"，而且引朱熹的话，讽刺胡适，当然不能使胡适满意。由于《大公报》的胡政之在一篇访问胡汉民的文章中有同样的记载，因此，胡适又于12月21日致函胡政

---

① 《胡适来往书信选》(中)，第32—33页。
② 《胡适来往书信选》(中)，第34—35页。
③ 《胡适来往书信选》(中)，第34页。

之，询问胡汉民在谈话时，是否曾明确地说到自己的姓名。信中，胡适说：
"请你看一个被诬蔑的同宗小弟弟的面上，把当日的真相告诉我。"①25 日，
胡政之复函胡适，证实胡汉民谈话时，确曾指明胡适。胡政之并告诉胡适，
21 日来函受过北平公安局的检查，函面上留有检查图记，希望他注意。②

胡适自认受了"诬蔑"，按照他的可以控告国民政府主席的理论，他完
全可以控告胡汉民这位立法院长，然而，他没有采取任何行动。尽管他对
国民党仍然有种种不满，但是，他的态度却逐渐软化了。

六、调解罗隆基案

在批评国民党问题上，罗隆基是胡适的战友。从 1929 年 4 月出版的《新
月》二卷二号起，罗隆基连续发表了《专家政治》《告压迫言论自由者》《论
人权》《我对于党务上的尽情批评》《我们要什么样的政治制度》等文。罗
隆基并不像胡适那样把矛头指向孙中山，相反，他却在某些地方以阐发孙
中山思想的形式做文章，但是，他对国民党的批评仍然是相当显豁、激烈
的，例如《我对于党务上的尽情批评》一文就说：

> 国民党天天拿民主、民权来训导我们小百姓，同时又拿专制独裁
> 来做政治上的榜样。天天要小老百姓看民治的标语、喊民权的口号，
> 同时又要我们受专制独裁的统治。③

---

① 《胡适来往书信选》(中)，第 35 页。
② 《胡适来往书信选》(中)，第 36—37 页。
③ 《新月》第二卷第八号。

国民党不能容忍胡适的批评，当然也不能容忍罗隆基的批评。1930 年
10 月，国民党上海第八区党部向上海警备司令部控告罗隆基"言论反动"，
"侮辱总理"，并称罗是"国家主义的领袖"，有"共产党嫌疑"云云。11 月
4 日，罗隆基在中国公学被捕，书包、身体，从内衣到外套，从帽到袜，都
被搜查。同日，罗隆基被保释。事后，罗隆基立即写了《我的被捕的经过
与反感》一文，向社会披露有关事实。文中，罗隆基激烈地抨击了国民党
的"党治"。他说："这段小故事，是很简单的，然而又是很严重的。在一
个野蛮到今日中国这个地步的国家，我上面的那段故事是许多小市民很通
常的经验。"罗隆基认为："一切罪孽，都在整个的制度；一切责任，都在
南京国民政府和党魁。"① 当时，罗在上海光华大学任教授，讲授政治学，南
京国民政府教育部即以"言论谬妄，迭次公然诋毁本党"为理由，要求该
校解除罗隆基的教职。

事关自己的同志和言论自由的原则，因此，胡适不能不出面干预。但是，
他这一次的做法不同了——不再写文章诉诸舆论，而是走上层路线，疏通
化解。

当时，陈布雷任南京国民政府教育部次长（部长蒋介石兼），胡适便托
和陈有关系的经济学家金井羊去游说，告以"此事实开政府直接罢免大学教
授之端，此端一开，不但不足以整饬学风，将引起无穷学潮"，劝陈"息事
宁人"。胡并称，必要时，他将亲赴南京一行。② 但是，陈布雷坚决不同意
收回成命。1931 年 1 月 15 日，胡适致函陈布雷，声言罗隆基所作文字，并
无"恶意"的诋毁，只有善意的忠告；《新月》杂志对舆论界的贡献在于用

---

① 《新月》第三卷第三号。
② 胡适致陈布雷函，《胡适的日记》，1931 年 1 月。

真姓名发表负责任的文字，党部与政府认为有不当之处，可以用书面驳辩，认为有干法律，可向法庭控诉，法律以外的干涉只足以开恶例，贻讥世界，胡适并称：

> 此类负责的言论，无论在任何文明国家之中，皆宜任其自由发表，不可加以压迫。若政府不许用真姓名负责发表言论，则人民必走向匿名攻讦或阴谋叛逆之路上去。①

信中，胡适并以美国哈佛大学和"五四"前的北大为例，说明"在大学以内，凡不犯法的言论，皆宜有自由发表的机会；在大学以外，凡个人负责发表的言论，不当影响他在校内的教授的职务"。胡适称："此事在大部或以为是关系一个人的小问题，然在我们书生眼里，则是一个绝重要的'原则'问题。"17日，陈布雷复函胡适，声称对他的意见"殊未能苟同"，"此事部中既决定者，当不能变更"，但陈布雷表示，便中当将胡函转呈蒋介石；对胡适提到的"原则"问题，陈布雷邀请胡适到南京一谈，"若能谈出一个初步的共同认识来，亦为甚所希望的事"。②18日，胡适在日记中写道："人言布雷固执，果然。"

同日，胡适将《新月》二卷及三卷已出的三期各两份托金井羊带给陈布雷及蒋介石。在致陈布雷信中，胡适说：

---

① 胡适致陈布雷函，《胡适的日记》，1931年1月。
② 胡适致陈布雷函，《胡适的日记》，1931年1月18日。

望先生们能腾出一部分时间，稍稍浏览这几期的言论，该"没收焚毁"（中宣部密令中语），或该坐监枪毙我们都愿意负责任。但不读我们的文字而单凭无知党员的报告便滥用政府的威力来压迫我们，终不能叫我心服的。①

金井羊认为此信过于强硬，未带。

19 日，胡适在罗隆基家中与潘光旦、王造时、全增嘏、董仕坚等人商议，胡适提出三条办法：（1）先由教育部承认"我们的原则"，后由光华大学校长张寿镛去呈文，请教育部自己转圜，然后罗隆基辞职；（2）教育部已说不通了，可由张寿镛发表一个谈话，说他不能执行部令，如此，罗隆基也可辞职；（3）教育部与张寿镛皆不认此"原则"，则罗隆基自己抗议，声明为顾全光华大学而去。②同日，张寿镛拟具了一份给蒋介石的密呈，中云：

罗隆基在《新月》杂志发表言论，意在主张人权，间有批评党治之语，其措辞容有未当，惟其言论均由个人负责署名，纯粹以公民资格发抒意见，并非以光华教员资格教授学生。今自奉部电遵照后，教员群起恐慌，以为学术自由将从此打破，议论稍有不合，必将蹈此覆辙，人人自危，此非国家之福也。③

---

① 《胡适的日记》，1931 年 1 月 18 日。
② 《胡适的日记》，1931 年 1 月 19 日。
③ 《胡适的日记》，1931 年 1 月 19 日。

呈文强调罗隆基意在"匡救阙失"，要求蒋介石"爱惜士类"，"稍予矜念"。此呈经胡适修改并经罗隆基同意后发出。二人约定，此呈经蒋介石批准后即发表，发表后罗隆基即辞职。当时，金井羊仍然要求胡适去南京与陈布雷谈话，胡则要金转告陈，共同的认识必须有两点：（1）负责的言论绝对自由；（2）友意的批评，政府应完全承认。无此二项，没有"共同认识"的可能。[1]

在与胡适等商谈之后，张寿镛见到了蒋介石。蒋问："罗隆基这人究竟怎么样？"张答："一介书生，想作文章，出点风头，而其心无他。"蒋再问："可以引为同调吗？"张感到气氛转变了，连答："可以！可以！"21日，张寿镛向胡适转述了这次会见的经过，胡适听了以后，忍不住笑出声来，说："话不是这样说的，这不是同调问题，是政府能否容忍异己的问题。"[2]胡适劝张寿镛将呈文抄给罗隆基，劝罗辞职，并请罗声明：反对政府的"原则"，但不愿使光华大学为难。

实际上，胡适选择了一种不使南京国民政府"为难"的办法。

七、胡适逐渐和国民党接近

尽管胡适激烈地批评国民党，然而，他并不反对国民党，当他写作《人权与约法》等文章时，就同时保持着和国民党要员宋子文等人的密切联系。胡适在日记中曾说："我们的态度是'修正'的态度：我们不问谁在台上，

---

[1] 《胡适的日记》，1931 年 1 月 19 日。
[2] 《胡适的日记》，1931 年 1 月 22 日。

只希望做点补偏救弊的工作。补得一分是一分，救得一弊是一利。"[1] 胡适对孙中山思想和国民党的批评，其实只是一种"补偏救弊"。这一点，国民党上海特别市党部的委员们糊涂，而有些读者却是清楚的，例如，有一位山东读者就致函胡适说：

> 我要向党国的忠实同志进一忠告：《人权论集》不但不是要加害于党国的宣传品，依我看，倒能帮助党国根基的永固。因为此书把党国不自觉的错处，都历历指出，党国能幡然改悟，再不致惹民众的抱怨，可以有甚么危害？所以不但不必禁售，非党员固当各具一本，即党员亦应置一编，以自策励。[2]

这位读者显然要比国民党的党国要员们高明，还有一位外国人在《星期字林报》上发表文章说："一个政府与其把胡适抓起来，不如听听他的劝告。"[3] 这位外国人也比国民党的党国要员们高明。

大概蒋介石多少懂得这一点，所以尽管上海等地方党部一再呼吁严惩以至通缉胡适，但蒋介石却在 1931 年任命胡适为财政委员会委员。他询问张寿镛，罗隆基这样的人是否可以引为"同调"，这句话虽然被胡适讥笑为"话不是这样说的"，但至少表示出，他企图将罗隆基一类人收为己用。

大概胡适也看出了蒋介石这一点，所以 1932 年 11 月，他在武汉将自己写的一本《淮南王书》送给蒋介石，希望他从中悟出治国之道和"做领

---

① 《胡适的日记》，1929 年 7 月 2 日。
② 胡适存来信，中国社会科学院近代史研究所藏。
③ 胡适存剪报，《胡适的日记》，1930 年 1 月 30 日。

袖的绝大本领"来。①1934 年 4 月，又找蒋廷黻带信给蒋介石，劝他"全力专做自己权限以内的事"，而当蒋介石采纳了胡适的某些意见时，胡适就认为蒋介石"不是不能改过的人，只可惜他没有诤友肯时时指摘他的过举"。②

此后，胡适和国民党就逐渐接近起来，"抛却人权说王权"了。

---

① 《胡适的日记》，1930 年 11 月 29 日。
② 《胡适的日记》，1934 年 4 月 4 日、10 日。

胡适与蒋介石的最初会见 ①

　　胡适与蒋介石第一次见面的时间为 1932 年 11 月 28 日。当时，胡适正应王世杰（雪艇）之邀在武汉大学讲学，蒋介石也正因指挥"剿共"军事住在武汉，《胡适日记》（缩微胶卷）云：

> 　　下午七时，过江，在蒋介石先生寓内晚餐，此是我第一次和他相见。饭时蒋夫人也出来相见。今晚客有陈布雷、裴复恒。

　　有一段时期，胡适因为呼吁保障人权，批评国民党，批评孙中山的"知难行易"学说，和国民党的关系搞得很紧张。上海等地的国民党党部要求"严惩"胡适，南京国民政府教育部对胡适下达了"警告令"，但是蒋介石却于 1931 年任命胡适为财政委员会委员。胡适开始时虽然摆架子不肯赴会，但对蒋介石的印象却已经好转。此次在武汉肯与蒋介石相见，正是这种好

---

① 　原载《团结报》，1991 年 4 月 3 日。

转的表现。

胡适与蒋介石的第二次见面距离第一次仅隔一日，胡适11月29日日记云：

> 六点半，黎琬（公琰）来，小谈，同去蒋宅晚饭。同席者有孟余、布雷、立夫。今晚无谈话机会，我送了一册《淮南王书》给蒋先生。

黎琬是蒋介石的秘书，所谓《淮南王书》乃是胡适出版于1931年12月的一本著作。该书以西汉时的名著《淮南子》为研究对象，是胡适当时正在写作的《中国中古思想史长编》中的第五章。胡适为什么要送这样一本书给蒋介石呢？1935年7月26日，胡适致罗隆基函中对此有过解释：

> 依我的观察，蒋先生是一个天才，气度也很广阔，但微嫌过于细碎，终不能"小事糊涂"。我与蔡孑民先生共事多年，觉得蔡先生有一种长处，可以补蒋先生之不足。蔡先生能充分信用他手下的人，每委人一事，他即付以全权，不再过问；遇有困难时，他却挺身负其全责；若有成功，他每啧啧归功于主任的人，然而外人每归功于他老人家。因此，人每乐为之用，又乐为尽力。亦近于无为，而实则尽人之才，此是做领袖的绝大本领。
>
> 我前在汉口初次见蒋先生，不得谈话的机会，临行时赠他一册《淮南王书》，意在请他稍稍留意《淮南》书中的无为主义的精义，如"重为善若重为暴"，如"处尊位者如尸，守官者如祝宰"之类。
>
> 去年我第一次写信给蒋先生，也略陈此意，但他似乎不甚以为然。他误解我的意思，以为我主张"君逸臣劳"之说。大概当时我的信是

匆匆写的，说的不明白。我的意思是希望他明白为政之大体，明定权限，知人善任，而不"侵官"，不越权。如此而已。《淮南》说的"处尊位者如尸，……尸虽能剥狗烧彘，弗为也。弗能，无亏也"。此似是浅训，但今之为政者，多不能行。

古代祭祀时，有人扮作受祭的祖宗，俨然玄默，寂然无为，接受大众的祭祷，称为"尸"；有人掌管祭礼时的各种具体事务，称为"祝宰"。《淮南子》一书以"尸"与"祝宰"的关系比喻理想中的君臣关系，胡适对此最为欣赏，曾说"尸的比喻，最可写出虚君的意义"。

胡适认为《淮南子》一书的政治思想充满着"民治主义"精神，它包含着三个要义：一是虚君的法治；一是充分地用众智众力；一是变法而不拘守常故。他在《淮南王书》里对此作了充分的阐述。例如《淮南子》里有一句话叫作"善否之情日陈于前而无所逆"，胡适认为这是在说，"要尊重人民的舆论"，"便是言论的自由"。又如《淮南子》一书认为君臣关系是一种"相报"关系，胡适即解释为"人民有反抗君主的权利，有革命的权利"。因此，胡适向蒋介石赠送《淮南王书》，既具有献计献策的作用，要求蒋介石能从中悟出治国之道和"做领袖的绝大本领"来，同时，又是为了对蒋介石进行民主主义教育。

胡适与蒋介石的第三次见面距第二次相隔三日。11月30日，蒋介石约胡适再见一次。12月2日下午，蒋介石致函胡适，重申前约。同日下午，胡适通过王世杰转告蒋介石，一定践约。当晚，仍然是黎琬来迎，仍然是蒋介石请吃饭。胡适以为，这是最后的一次谈话，准备与蒋谈一点"根本问题"。但是，一进门就碰见一个叫雷孟强的人，吃饭时又添了个杨永泰，两个人都不走，蒋介石也不准备请他们走，于是，胡适就不准备深谈了。

席上，蒋介石要求胡适注意研究两个问题：（1）中国教育制度应该如何改革？（2）学风应该如何整顿？蒋介石上台之后，不断发生学潮。11月29日，山东省会济南发生学生罢课事件。次日，罢课学生万余人又集会游行，向省政府请愿。因此，蒋介石的兴奋点在于如何整顿学风，消弭学潮。但是，蒋介石的兴奋点不等于胡适的兴奋点，胡适因为没有深谈机会，本已有点生气，听了蒋介石的问题后便不客气地说：

> 教育制度并不坏，千万不要轻易改动了。教育之坏，与制度无关，十一年的学制，十八年的学制，都是专家定的，都是很好的制度，可惜都不曾好好的试行。经费不足，政治波动，人才缺乏，办学者不安定，无计划之可能……此皆教育崩坏之真因，与制度无关。

> 学风也是如此，学风之坏由于校长不得人，教员不能安心治学，政府不悦学，政治不清明，用人不由考试，不重学绩；学生大都是好的，学风之坏绝不能归罪学生。

> 今之诋毁学制者，正如不曾试行议会政治，就说议会政治绝不可用。

当时，胡适正企图劝说国民党在中国建立欧美式的民主政治，所以尽管蒋介石要他谈教育和学风问题，但是，转弯抹角，他还是谈到了自认的"根本问题"上。

胡适对他和蒋介石的最初几次见面，不满意，也很失望。

胡适 1933 年的保定之行 ①

　　1933 年 3 月，胡适有一次保定之行，除了再一次和蒋介石见面并长谈外，和国民政府外交部长罗文干（钧任）也有过一次推心置腹的谈话。《胡适日记》对此有相当翔实的记载，可以帮助我们了解蒋介石及其对日政策。

　　当年 1 月 1 日，日本侵略军突袭山海关。两天后，这座巍峨的雄关失守。2 月 21 日，日军进犯热河，守军热河省主席汤玉麟部节节后退。3 月 3 日，汤玉麟放弃承德，率部西逃。这时，蒋介石仍在南昌，一心一意"剿共"。当晚胡适约丁文江、翁文灏聚谈，拟了一封给蒋介石的电报，要他立即北飞，挽救危局。电云：

　　　　热河危急，决非汉卿所能支持。

　　　　不战再失一省，对内对外，中央必难逃责；非公即日飞来指挥挽救，政府将无以自解于天下。

<hr />

　　① 原载《团结报》，1991 年 5 月 29 日。

3月5日，蒋介石复电翁文灏，表示即日北上。9日，蒋介石到达保定。13日，胡适偕翁文灏、丁文江等赴保定见蒋，双方进行了两个多小时的谈话。

蒋介石原来估计日军进攻热河用六个师团兵力，必须从本土和台湾动员，因此，不会很快发动进攻。他说："我每日有情报，知道日本没有动员，故料日本所传攻热河不过是虚声吓人而已。不料日本知道汤玉麟、张学良的军队比我们知道清楚的多多！"

"能抵抗吗？"胡适问。

"须有三个月的预备。"蒋答。

"三个月之后能打吗？"胡适再问。

"近代式的战争是不可能的。只能在几处地方用精兵死守，不许一个人生存而退却。这样子也许可以叫世界人知道我们不是怕死的。"

蒋介石一直害着恐日症，认为打起仗来中国不是日本的对手，因此，对日本的侵略一再忍让、妥协。蒋介石和胡适的这段话，貌似慷慨激烈，但把他内心的虚弱、恐惧暴露得清清楚楚。

胡适很快理解了蒋介石的意思，因此，转移话题，问道："那末能交涉吗？能表示在取消'满洲国'的条件下与日本开始交涉吗？"

"我曾对日本人这样说过，但那是无效的。日本绝不肯放弃'满洲国'。"蒋介石答，他并声明，绝不是为了保持政权而不敢交涉。

最后，蒋介石要胡适等人想想外交的问题。

1932年，蒋介石在武汉召见胡适，胡适不满意；这次，胡适仍然很不满意。当日，他在日记中对蒋介石的谈话有几句评论："这真是可怜的供状。误国如此，真不可恕。"

14 日，胡适和外交部长罗文干同车回北平，罗认为，此时绝不能和日本交涉，他说："不是不愿意在取消'满洲国'的条件之下交涉，只是日本此时绝不会承认这个先决条件。"又说："（中国）这个民族是没有多大希望的，既不能做比利时，又不能做普法战后的法兰西。如果我们能相信，此时屈服之后，我们能在四十八年内翻身，我们也不妨此时暂且屈服，但我是没有这种信心的。"

胡适反对罗文干的这种悲观态度。他曾经说过：一个强盗临刑时，还能把胸膛一拍说，"咱老子不怕！二十年后又是一条好汉！"他觉得，对于中国的前途，不能连这点信心都没有。然而罗文干却明明白白地承认，没有这点信心。

胡适想来想去，觉得还是罗文干对。当日，他在日记中写道：

> 是的，此时的屈服，只可以叫那些种种醋嬉无耻的分子一齐抬头高兴，绝不能从此做到兴国的目标。
>
> 这个国家这三十年来完全在国际局面之下苟活，而我们自以为是我们自己有幸存之道！国难的教训才使我们深深感觉国际局面的重要。我们此时若离开国际的局面而自投于敌人手下，不过做成一个第二"满洲国"而已。以后这个"第二满洲国"永远不能脱离日本的掌握了！
>
> 钧任对于国际局势，较有信仰。

从这段日记看，胡适、罗文干等不愿意"自投于敌人手下"，但是，都对于自己的民族没有信心，结果只能寄希望于"国际局势"。3 月 27 日，胡适写作《我们可以等候五十年》一文，声称："现在全世界的赞助是在我们的方面，全世界道德的贬议是在我们敌人的头上，我们最后的胜利是丝毫无疑的。"4 月 3 日，又为蒋廷黻的论文作跋，赞成在与日本的长期抵抗中运用"国际与国联"。相信中国会取得最后的胜利，这自然不错，然而，如果这种"信心"只是建筑在"全世界正谊的赞助"，而不是本民族的力量上，那么，这种"信心"就绝不可能是坚强有力的。

5 月，国民党当局与日方签订屈辱的城下之盟——《塘沽协议》，受到舆论的广泛谴责，而胡适却著文为之辩解，其原因，不难从他的保定之行找到答案。

跋胡适、陈寅恪墨迹 ①

1931 年 9 月 19 日，胡适应陈寅恪之请，为之题唐景崧先生遗墨：

南天民主国，回首一伤神。黑虎今何在？黄龙亦已陈。几枝无用笔，半打有心人，毕竟天难补，滔滔四十春！

9 月 23 日，陈寅恪复函胡适，对他的题诗表示感谢，函云：

适之先生讲席：昨归自清华，读赐题唐公墨迹诗，感谢感谢！以四十春悠久之岁月，至今日仅赢得一"不抵抗"主义，诵尊作，现竟不知涕泗之何从也！专此敬叩著安！

弟寅恪顿首

九月二十三

---

① 原载《中国文化》第四期，1991 年 8 月。

上述诗与函墨迹，均见于胡适日记。

唐景崧（1841—1903），字维卿，广西灌阳县人。同治四年（1865）进士，后任翰林院庶吉士、吏部主事等职。中法战争时慷慨请缨，出关援越抗法，因功被清政府升二品秩，加赏花翎。光绪十三年（1887），任福建台湾道员，后升台湾省巡抚。

光绪二十一年（1895），中日战争失败，清政府被迫与日本订立《马关条约》，规定将台湾割让给日本。台湾人民纷起反对，爱国士绅丘逢甲等决定自主抗日，成立"台湾民主国"，推唐景崧为"大总统"，以蓝地黄虎为旗，建元"永清"，以示永远臣属清朝之义。唐景崧在致清廷电中表示："台湾士民，义不臣倭；虽为岛国，永戴圣清。"又发表文告称："仍恭奉正朔，遥作屏藩，气脉相通，无异中土。"①6月2日，清政府派出李经芳与日本签署"台湾交接文据"，日军向台湾发动进攻，唐景崧命文武官员限期内渡，自身逃回厦门。日军旋即占领台湾。唐景崧内渡后闲居桂林，光绪二十九年冬病逝。著有《请缨日记》《寄闲吟馆诗存》等。

1928年，陈寅恪与唐景崧的孙女唐筼结婚。1931年，胡适任北京大学教授，陈寅恪则任清华大学中文、历史两系合聘教授。二人同为中央研究院理事、中华教育文化基金董事会编译委员会成员，学术上时相切磋。当年5月，胡适请陈寅恪为其所藏《降魔变文》卷子作跋，陈寅恪因亦有请胡适为唐景崧遗墨题词之举。

日本帝国主义长期蓄谋侵占我国东北。1931年9月18日晚，日本关东军自行炸毁沈阳北郊南满铁路的一段路轨，诬称系中国军队所为，借此突

---

① 中国史学会主编《中日战争》（六），上海人民出版社1957年版，第145页。

然袭击中国东北军驻地和沈阳城，史称"九一八事变"。当时，南京国民政府奉行对日妥协政策，蒋介石电令张学良"力避冲突，以免事态扩大"[①]，结果，十万东北军不战而退。日军于 19 日晨占领沈阳等二十座城市，不久，东三省全部沦陷。

胡适于 19 日晨得悉有关消息，午刻见到《晨报》号外，确证此事，并知"中国军队不曾抵抗"[②]。他忧愤填膺，"什么事也不能做"，于是翻读唐景崧遗墨，见到其中有"一枝无用笔，投去又收回"之句，感慨万端，因此挥笔题写了上述律诗。

当日，胡适在日记中写道：

> 此事之来，久在意中。八月初与在君（指丁文江——笔者）都顾虑到此一着。中日战后，至今快四十年了，依然是这一个国家，事事落在人后，怎得不受人侵略！

胡适的这页日记可以作为他的诗的注脚。陈寅恪同样对东北事变感到巨大震惊。他有一友人刘宏度自沈阳来北平，二人偕游北海天王堂，陈寅恪赋诗云：

> 曼殊佛土已成尘，犹觅须弥劫后春（天王堂前有石牌坊，镌须弥春三字）。辽海鹤归浑似梦，玉溪龙去总伤神（耶律铸《双滨醉隐集》有"龙飞东海玉溪春"之句）。空文自古无长策，大患吾今有此身。

---

① 《西安事变资料》第一辑，人民出版社 1980 年版，第 1 页。
② 《胡适的日记》，1931 年 9 月 19 日。

欲著辨亡还搁笔，众生颠倒向谁陈！

——《辛未九一八事变后刘宏度自沈阳来北平，既相见后偕游北海天王堂》

晋朝的陆机，曾经写过一篇《辨亡论》，探讨东吴兴亡之由；陈寅恪也想写一篇，但最终只能"搁笔"。全诗抚时感事，苍凉凄切，和他复胡适函中所表现出来的思想感情一脉相通。

胡适撰写的一篇白话碑文 ①

1933 年 1 月，日本侵略军攻占山海关。3 月，占领热河，中国军队展开了英勇的长城抗战。4 月末，傅作义所部华北军第七军团第五十九军奉令开到北平附近，在怀柔西北山地构筑阵地。5 月，日本侵略军占领密云，进逼通县，北平危急。22 日夜，黄郛奉南京国民政府行政院长汪精卫指示，与日方谈判停战。23 日晨 4 时，黄郛接受日方条件。也就在同时，日本侵略者决定给予傅军以"彻底打击"，出动主力第八师团向傅部发动进攻。此时友邻部队早已撤退，傅军身处危境，但仍然英勇抵抗，"人人具必死之心，有全连被敌炮和飞机集中炸死五分之四，而阵地屹然未动的；有袒臂跳出战壕，肉搏杀敌的；有携带十几个手掷弹，伏在外壕里，一人独力杀敌人几十的"。总计此役第五十九军官兵共战死三百六十七人。当时草草掩埋。9 月，怀柔日军撤退，傅作义派人置办棺木，到作战地带，寻得遗骸二百零三具，全数运回归绥（今呼和浩特），公葬于城北大青山南麓，建立抗日阵

---

① 原载《光明日报》1991 年 1 月 27 日，2022 年 1 月 28 日晨改。

亡将士公墓，并且辟为公园，"以唤起爱国观念，继续奋斗，收复河山"。

有墓，不可无碑。1934 年 3 月，傅作义致函胡适，请他撰写碑文，胡适慨然应允。5 月，碑文写成，除叙述傅部英勇抗敌事迹外，胡适还用白话写了四句铭文：

> 这里长眠的是二百零三个中国好男子！
> 他们把他们的生命献给了他们的祖国。
> 我们和我们的子孙来这里凭吊敬礼的，
> 要想想我们应该用什么报答他们的血。

胡适写就碑文初稿后，寄给钱玄同，钱玄同阅后，于同月 11 日复函胡适："觉得很好"，表示"要吹毛求疵一下"，提了几条意见。其一云："有几句，似乎文言文的气氛浓厚一点，似可略改数字，并且略增数字。"其二云："手溜弹改称手掷弹是有所本呢，还是您觉得'溜'字不好呢？窃谓此等通用词似乎用'约定俗成'者为宜。"其三云："中央政府四字，何以删去，岂有所讳乎，抑事实实是黄膺白之独断乎？窃谓如确有中央的电令，则仍以叙入为宜。"信中，钱玄同特别询问：

> 首行题目之下，是否要写明绩溪胡适撰、吴兴钱玄同书字样？

信末，钱玄同向胡适表示：

> 这篇碑文，我是很愿意写的。不但因为是您的大文，更因为它是

白话文，而且用标点符号也。近来有些先生们，平常作文章还肯用白话与加标点，一到做此等文字，便须一切从古，甚至做得异常晦涩，而且异常灰色，"以震其艰深"，弟心窃非之，故自告奋勇而愿写此文也。①

傅作义对碑文也很满意，胡适在其中直书："五月二十一、二两日，北平以北的中央军队都奉命退到故都附近集中。二十二日夜，中央政府电令北平政务整理委员长黄郛开始与敌方商议停战。"傅作义担心会刺激有关方面和人士，托人委婉要求胡适删除"明书黄郛姓名并友军退却之句"。古人写史，强调实录，胡适得知后，删去"中央政府电令"等字，仍然保留了黄郛的名字和"友军"撤退的事实。

7月，钱玄同冒着酷热写好碑文。8月，胡适将钱书碑文交《学文》月刊发表时特意写了《后记》，中云："碑版文字用白话，这未必是第一次；但白话的碑文用全副新式标点符号写刻，恐怕这是第一次。"

又过了两个月，公墓举行揭幕典礼。由于公墓安葬的是抗日战死英雄，碑文的作者、书写者都是名家，因此成为一时盛事。但是，死难的烈士们并没有风光多久。1935年6月，日本帝国主义加紧侵略华北地区，并且蛮横地要求南京国民政府取缔全国一切反日团体及活动。同月10日，国民政府发布《睦邻敦交令》，规定"对于友邦，务敦睦谊，不得有排斥及挑拨恶感之言论行为"。随后，北平军分会代理委员长何应钦打电报给傅作义，要求消灭一切抗日的标志，尤其是阵亡将士公墓。傅不得已，将塔上的"抗

---

① 耿云志主编：《胡适遗稿及秘藏书信》第40册，黄山书社影印本1994年版，第440页。

日阵亡将士公墓"的"抗日"二字改成"长城"二字，胡适所撰碑文则被蒙上一层沙石，另刻"精灵在兹"四个大字。全国各地送来的匾、联、铭、赞，凡有"刺激性"的，一一迁毁。7月初，胡适到绥远旅行，由傅作义陪同，去大青山视察公墓状况，发现已经面目全非，胡适非常生气，当日在日记中写了一段话："我曾说：'这碑不久会被日本毁灭的。'但我不曾想到日本人还不曾占据绥远，我的碑已被'埋葬'了。"

同日，胡适还写了一首诗：

雾散云开自有时，暂时埋没不须悲。青山待我重来日，大写青山第二碑。

尽管当时阴霾密布，但胡适相当乐观，并且准备重写碑文。然而，抗战胜利了，胡适没有再到绥远，似乎也没有重写碑文。

周作人与胡适的唱和诗 ①

有一段时期，周作人与胡适之间关系密切，经常唱和。1934 年 1 月 13 日，周作人五十寿辰，写成《偶作》一诗云：

前世出家（家中传说予系老僧转生）今在家，不将袍子换袈裟。街头终日听谈鬼，窗下通年学画蛇。老去无端玩骨董，闲来随分种胡麻。旁人若问其中意，且到寒斋吃苦茶。

周作人自号苦茶先生，本诗是其闲适生活的自况。这时候的周作人早已消失了"五四"时期的"浮躁凌厉"之气，而颇觉"韬晦"之佳，因此，提倡"不谈国事"，"讲闲话，玩骨董"，反映出在国民党高压统治下，部分知识分子的苦闷心情，他们既不满现实，而又无力抗争。

1 月 17 日，胡适和诗云：

---

① 未刊稿。

先生在家像出家，虽然弗着啥袈裟。能从骨董寻人味，不惯拳头打死蛇。吃肉应防嚼朋友，打油莫待种芝麻。想来爱惜绍兴酒，邀客高斋吃苦茶。

——《戏和周启明打油诗》

胡适的这首诗，有一点对当时险恶的世态人情的感慨，例如"吃肉应防嚼朋友"之句，不过，正如其诗题所云，乃是一种游戏之作。1月18日，胡适诗兴未尽，又写了一首，题为《再和苦茶先生的打油诗》：

老夫不出家，也不着袈裟。人间专打鬼，臂上爱蟠蛇。不敢充油默，都缘怕肉麻。能干大碗酒，不品小钟茶。

胡适的这首诗，写的不是周作人，而是"自嘲"。"人间专打鬼"一句，大概是自述新文化运动中的业绩。周作人读了之后，觉得意似未完，为其续作八句：

双圈大眼镜，高轩破汽车。从头说人话（刘大白说），煞手揍王八（谬种与妖孽）。文丐连天叫，诗翁满地爬。至今新八股，不敢过胡家。

——《天风先生自嘲诗只四韵，勉为续貂，庶合成五言八韵云尔》

天风先生，指胡适。续作前两句，写胡适戴近视眼镜、坐破汽车的模样，后六句，歌颂胡适提倡白话文学，大获全胜的业绩。"五四"前夜，文人写作，宗奉桐城派古文和昭明太子所编《文选》，新文化运动的健儿们斥之为"桐城谬种"与"选学妖孽"。自胡适提倡"白话文学"之论起，不仅死守文言文的"文丐""诗翁"们望风披靡，连趋时趋新的"新八股"们也愧对胡适。

周作人的《偶作》诗发表之后，和作者颇不乏人。3月1日，周作人用前韵又写了一首赠给胡适，诗云：

> 半是儒家半释家，光头更不着袈裟。中年意趣窗前草，外道生涯洞里蛇。徒羡低头咬大蒜，未妨拍桌拾芝麻。谈狐说鬼寻常事，只欠工夫吃讲茶。
>
> ——《卅三年三月一日迭韵录呈天风堂主人以发一笑》

这首诗写胡适不儒不佛，没有宗教信仰。据说，宋朝道学的开山祖师周敦颐不除窗前草，声称"与自家意思一般"。周诗"中年意趣窗前草"，是说胡适作诗作文，一本自然，从不装腔作势，勉强拼凑。胡适读了之后，也和了一首：

> 肯为黎涡斥朱子，先生大可着袈裟。笑他制欲如擒虎，那个闲情学弄蛇？绝代人才一丘貉，无多禅理几斤麻。谁人会得寻常意，请到寒家喝盏茶。

黎涡，即黎窝，指宋代胡氏家族的侍妓黎倩微笑时脸上的酒窝。宋代大臣胡铨主战，被秦桧陷害，发配远方十年，晚年遇赦回来，在湘潭胡氏园林中宴集。黎倩陪酒，她面色白皙，笑起来很美，胡铨为之心动，在墙上题诗云："君恩许归此一醉，傍有梨颊生微涡。"南宋时，朱熹有一次住进胡氏园林，见到墙上胡铨的题诗，认为胡铨耿直一生，晚年却忘了国家和君臣，感兴趣于女人脸上的酒窝，实在不堪，便作《自警》诗，既批评胡铨，也以之自勉，诗云："十年浮海一身轻，归对梨涡却有情。世上无如人欲险，几人到此误平生。"朱熹意在提醒世人："人欲"极为危险，可能因此毁掉人的一辈子，因此，每个人都必须如同"擒虎"一样去"制欲"，时时刻刻，心心念念地"克人欲，存天理"。

"绝代人才一丘貉"，本句讽刺日本侵略加深，民族危机日益严重，但国民党的官僚和士大夫们却只会空喊口号。不久前，钱玄同在致胡适函中曾指斥"今之君子"和"清流"们，"自己安坐而唱高调"。[①] 显然，胡适同意钱玄同的这一观点。"无多禅理几斤麻"，周作人反对宋明道学，常常喜欢"拨草寻蛇"般地去挑道学家们的毛病。诗中，胡适提醒周作人说，你反对朱熹的"制欲"思想，在这点上和佛学的"绝欲""禁欲"主张类似，大可以穿上"袈裟"去做和尚。不过，有个著名的禅宗故事说：五代时有僧人询问洞山禅师："如何是佛？"洞山禅师正在用秤称麻，随口回答："三斤麻！"[②] 在洞山禅师看来，佛无所不在，大地一切，无不是佛，自然"三斤麻"也就是佛。这一说法虽然通俗，但不好理解，宋代高僧圆悟禅师就此批评说："真是难咬嚼"，"淡而无味"。胡适借此说明，禅学没有多少理论，没有深究必要，还是到"寒家"喝杯茶、聊聊天吧！

周作人、胡适诗酒唱和，品茗赏茶的闲适、安逸生活并没有过多久。12月24日，周作人赠胡适贺年诗一首：

---

① 《钱玄同致胡适》，1933年6月6日，《胡适来往书信选》（中），第215—216页。
② 圆悟克勤：《佛果圆悟禅师碧岩录》卷第二。

尚有年堪贺，如何不贺年。关门存汉腊，隔县戴尧天。世味如茶苦，人情幸瓦全。剧怜小儿女，结队舞仙仙。

——《民廿五年贺年诗呈适之兄一笑》

当时，日本帝国主义侵略势力虽已深入华北，但北平还在国民政府统治之下，还在用中华民国纪年，故诗中有"关门存汉腊"之语。12月25日，胡适见到一张"满洲国"地图，"其热河图直深入察哈尔省，张北县以北，长城以外，都归过去了"。当晚，胡适写成和周作人诗一首：

可怜王小二，也要过新年。开口都成罪，抬头没有天。强梁还不死，委曲怎能全！羡煞知堂老，关门尚学仙。

胡适的这首诗，在幽默中饱含愤激之情。"开口都成罪""委曲怎能全"等语，指责国民党的高压统治和对日妥协，是胡适诗中很少见到的。

当夜，胡适得他人电告，殷汝耕的"冀东防共自治政府"成立，北平以外的广大河北土地变相成为日本势力范围。"羡煞知堂老，关门尚学仙。"知堂，指周作人。周作人可以"关门"过年，胡适却丝毫没有过年的兴致了。

胡适曾提议放弃东三省，承认"满洲国"①

一、平津沦陷，胡适向蒋介石上条陈

台湾蒋介石档案中，藏有陶希圣致陈布雷函手迹一通，函云：

布雷先生：

　　本日下午五时，希同胡适之先生奉谒，未遇为怅。我等以为川越之南下，中国政府只有两种态度：（一）为拒绝其入京，（二）为积极表示政府在决战之前作最后之外交努力。希等主张第二办法，并主张与之作一刀两断之方案，即放弃力所不及之失地，而收回并保持冀察之领土行政完整。其冀察部分希仍主张以实力保守沧保线而以外交手段收回平津。此种意见之意义在运用我国可战之力与必战之势，不轻启大战，亦不避免大战。盖大战所耗之力亦即我国之统一与现代化之力。若轻于用尽，

---

① 原载《近代史研究》，2004 年第六期。

必使中国复归于民六、民八敌方纷争时也。望先生为委座陈之。

弟陶希圣上
五日

陶希圣（1899—1988），名汇曾，字希圣，后以字行。湖北黄冈人。1922 年毕业于北京大学法科。1927 年参加北伐军政治工作。1929 年主编《食货》半月刊。1931 年任北京大学教授。陈布雷（1890—1948），原名训恩，布雷为其笔名。浙江慈溪人。1927 年加入国民党。1935 年任国民党军事委员会侍从室第二处主任。1937 年任中央政治委员会委员。常为蒋介石起草文稿。函中所称川越，指川越茂，原任日本驻天津总领事，1936 年被提拔为日本驻华大使。次年奉调回国。1937 年 6 月，再度使华。同年 7 月 7 日，卢沟桥事变爆发。次日，川越声称赴北平"避暑"，自上海北上，滞留天津，和中国政府之间的交涉均由使馆参事代理。经中国政府与日本外务省交涉，川越才于 8 月 3 日离津，经大连南返。函末署 5 日，知此函为 1937 年 8 月 5 日作。当日，陶希圣与胡适共同访问陈布雷，企图对时局有所建议，未遇，便由陶希圣出面，写了这封信，要求陈向蒋介石陈述。

卢沟桥事变爆发后。蒋介石于 17 日在庐山发表谈话，宣称："最后关头一到，我们只有牺牲到底，抗战到底。"但他同时又表示："在和平根本绝望之前一秒钟，我们还是希望和平的。"他提出解决卢沟桥事件四原则：（1）任何解决不得分割中国主权与领土之完整；（2）冀察行政组织不容任何不合法之组织；（3）中央政府所派地方官吏，如冀察政务委员会委员长宋哲元等，不能任人要求撤换；（4）第二十九军现在所驻地区，不得受任何约束。①7 月底，北平、天津相继沦陷，蒋介石积极部署军队，企图防守沧县至保定一线。陶函即是在这一情况下提出的应时之策。虽仅一人署名，但函中明言"我等"，则代表胡适观点无疑。

卢沟桥事变后，在对日态度上，国民党和知识阶层人士分为主和主战两派。汪精卫、周佛海、陶希圣、胡适、高宗武等人认为中国国力衰弱，与日本作战必败，极力主和，形成所谓"低调俱乐部"。8 月 3 日，川越茂离津时，曾就卢沟桥事件向记者表示："吾人担任外交，非努力将此种事件设法由和平解决不可。结果如何，固当别论，自应尽力从事者也。"②又称："仍冀中日关系于最后危机线上可以转换，尽力调整国交。"③陶、胡对川越茂的南返存有希望，提出不要拒绝他入京，而要利用他"在决战之前作最后之外交努力"，与日本达成"一刀两断"的方案，其内容为保持冀察领土完整，保守河北中部的沧州、保定一线，以外交手段收回平津，而其交换条件则为"放弃力所不及之失地"。

何处是陶、胡所指"力所不及之失地"，函中未明言，但同函附有条陈一份：

> 原则：解决中日两国间一切悬案，根本调整中日关系，消除两个民族间敌对仇视的心理，建立两国间之友谊与合作，以建立东亚的长期和平。
>
> 方针：
>
> （一）中华民国政府在左列条件之下，可以承认东三省脱离中华民

---

① 《蒋公总统大事长编初稿》，台北中国国民党党史会 1978 年版，第 1128—1131 页。
② 《川越昨飞大连》，《申报》，1937 年 8 月 4 日。
③ 《川越由连来沪》，《申报》，1937 年 8 月 5 日。

国，成为满洲国：

1. 在东三省境内之人民得自由选择其国籍。

2. 在东三省境内，中华民国之人民享受居留，经营商业，以及购置土地产业之自由。

3. 东三省境内之人民应有充分机会，由渐进程序，做到自治独立的宪政国家。

4. 在相当时期，如满洲国民以自由意志举行总投票表决愿意复归中华民国统治，他国不得干涉阻止。

5. 热河全省归还中华民国，由中国政府任命文官大员在热河组织现代化之省政府，将热河全省作为非武装之区域。

6. 自临榆县（山海关）起至独石口之长城线由中华民国设防守御。

（二）中华民国全境内（包括察哈尔全部，冀东，河北，北平，天津，济南，青岛，汉口，上海，福建等处），日本完全撤退其驻屯军队及特务机关，并自动放弃其驻兵权，租借地，领事裁判权。此后在中国境内居留之人民，其安全与权益，完全由中国政府负责保护。

（三）中国与日本缔结互不侵犯条约，并努力与苏联缔结互不侵犯条约，以谋亚洲东部之永久和平。

（四）中国与日本共同努力，促成太平洋区域安全保障之国际协议。

（五）日本重回国际联盟。

外交手续：

1. 两国政府商定上项方针（不公布）之后。两国政府同时宣布撤退两国军队，恢复七月七日以前的疆土原状。中国军队撤退至河北省境外，日本军队撤退至长城线外。北平天津及河北省曾被日本占据地域内之政警务由中国政府派文官大员接管。其治安维持，由中国保安队担负。两国政府宣布军队撤退时，同时声明在公布之后三个月之内，由两国选派全权代表在指定地点开始调整中日关系的会议。

2. 第二步为根本调整中日关系的会议，依据两国政府会商同意之原则与方针，作详细的节目的讨论。此第二步之谈判，应不厌其详，务求解决两国间一切悬案，树立新的国交。谈判期间不嫌其长，至少应有两三个月之讨论。交涉之结果，作成详细条约，经两国政府同意后，由两国全权代表签字。

此条陈用红格稿纸、直行书写，共四页，根据字迹，一望而知为胡适亲笔。据此可知，陶、胡二人所主张放弃的"力所不及之失地"指的就是东三省。条陈中，陶、胡明确提出，在东三省人民可自由选择国籍以及将来可以用"总投票表决"的办法"复归中华民国统治"等四项条件下，中国可以放弃东三省，承认"伪满洲国"。陶、胡二人企图以此换取日本让步，自东三省以外的中国境内全面撤兵，从而"根本调整中日关系，消除两个民族间敌对仇视的心理"。

陈布雷见到陶希圣的信件和胡适的条陈后，于8月6日转呈蒋介石，同时写了一封短函，表示自己的意见，中云：

兹有陶希圣、胡适密陈国事一函，所言或未必有当，而其忠诚迫切，不敢不以上闻，敬祈睿察。

函中，陈布雷明确否定了陶、胡之见，但肯定二人的"忠诚迫切"。蒋介石见到后，在第二天召开的国防会议上介绍了胡适的"主和"主张，加以讥刺，但他未点胡适的名，而是称为"某学者"。参谋总长程潜很生气，直斥胡适为"汉奸"。① 当晚召开国防联席会议时，蒋介石又说：

> 许多人说，冀察问题、华北问题，如果能予解决，中国能安全五十年。否则，今天虽能把他们打退，明天又另有事件发生。有人说将满洲、冀察明白的划个疆界，使不致再肆侵略。划定疆界可以，如果能以长城为界，长城以内的资源，日本不得有丝毫侵占之行为，这我敢做，可以以长城划为疆界。

> 同时有许多学者说，你不能将几百千年的民族结晶，牺牲于一旦，以为此事我们不可以打战〔仗〕，难打胜战〔仗〕。②

显然，蒋介石所称"许多人"，包括陶希圣和胡适；所称"有人"，更直指陶、胡。蒋所称"以长城为界"，正是胡适在条陈中所述意见："自临榆县（山海关）起至独石口之长城线由中华民国设防守御"，"日本军队撤退至长城线外"；所称"不能将几百千年的民族结晶牺牲于一旦"，也与陶函所述不能将国力"轻于用尽"的意思相近。然而，蒋介石又说：

> 要知道日本是没有信义的，他就是要中国的国际地位扫地，以达到他为所欲为的野心。所以我想如果以为局部的解决，就可以永久平安无事，是绝不可能，绝对做不到的。③

---

① 《王世杰日记》，1937 年 8 月 7 日，台北"中研院"近代史研究所 1990 年版。
② 《抗战爆发前后南京国民政府国防联席会议记录》，《民国档案》，1996 年第 1 期。
③ 《抗战爆发前后南京国民政府国防联席会议记录》，《民国档案》，1996 年第 1 期。

甲午战争以来的历史证明，日本军国主义者不仅没有"信义"，而且贪欲无尽，得寸进尺，吃到一块肥肉之后还想吃下一块，占了一个便宜之后还想占下一个。以为承认"满洲国"、放弃东三省就可以使日本军国主义者止步，换来中日间的长久和平，实在是一个天真而幼稚的幻想。在这一点上，作为学者的陶希圣、胡适糊涂，而蒋介石却比较清醒。因此，蒋介石又说："革命的战争，是侵略者失败的。日本人只能看到物质与军队，精神上他们都没有看到。各位同志，大家今天要有一个决定，如果看到我们国家不打战［仗］要灭亡的，当然就非打战［仗］不可。"会议以全体起立形式决定抗战。陶希圣、胡适的意见被否定。蒋介石在信封上用蓝色铅笔写了一个"胡"字，一个"存"字，将二人的信件"留中"了。

胡适条陈之后，蒋介石档案还收有陶希圣《中日外交意见书》一份（以下简称《意见书》），建议"以非常之方法准备外交谈判"。其方法有三种：（1）派遣要员直接与川越茂"作侧面而有力之秘密周旋，在京沪急转直下以达于正式谈判"；（2）派在野重要人员直到东京，访问日本近卫首相与广田外相以至日本军部，作开始谈判之先声；（3）在伦敦由中国驻英大使经过或不经英国外交部之周旋，与日本驻英大使开始作谈判之准备。陶希圣认为，以上三种方法中，以第三种较为适宜。《意见书》中，陶希圣进一步提出与日本谈判的"最高与最低限度之条件"。他说：

今日中国不能战胜日本，故当然不得不作最高限度之让步。今日中国已能抵抗过度之侵略而维持生存，故可以要求独立自主之存在，非一·二八以前或塘沽协议以前忍气吞声可比也。所谓独立自主之存在，一则如政治经济组织之完整，二则如国防之自由建设，三则如国际关系之自决，皆其必有之条件。故共同防共，五省自治乃至于走私等等，皆在最低限度之下，不可容许。然为保持此最低限度，在最高之让步，不可不以盖世绝代之魄力而为之。最高之让步，全为保持完整独立自主之政治经济军事之组织，不恤将六年来之一切纷扰，一刀两断而解决之。为此，宜一改过去只定最低限度之容忍条件，消极的拒绝其要求或降低之态度，积极的提出我国保持完整独立自主国家所能处之代价，具体简明言之，宁割地而不丧权，不复效过去宁丧权而不肯割地，以致地仍失而权亦不保。

《意见书》要求蒋介石和国民政府"以盖世之魄力"作"最高之让步""宁割地而不丧权"，可见，其主要意见仍是放弃东三省，承认"伪满洲国"。《意见书》最后称："依此痛苦之认识，另提交涉条件，兹不再赘。"并以括号说明"胡适之先生写成另交"。可见这份《意见书》仍为陶、胡二人的共同意见。《意见书》并称："上海战起，首都被袭，更无从再谈不战。""上海战起"，指8月13日淞沪抗战爆发；"首都被袭"，指8月15日日本飞机两次空袭南京。据此，知此《意见书》写于8月15日之后不久。当时，抗战已成国策，但是，陶希圣、胡适仍然担心战争会毁灭中国精华，主张通过"割地"，以外交手段结束军事。《意见书》说："若我尽吾六年来之精华而置之于疆场，则精华既竭，分崩又起。故当在外交上乘我力未竭之时，求收束军事也。"

二、早有此议

胡适主张放弃东三省、承认"满洲国"并非一时心血来潮。早在1935年6月17日，胡适就致函时任南京国民政府教育部长的王世杰，要求"与日本公开交涉，解决一切悬案"。当年5月，日本华北驻屯军借口亲日派分子白逾桓等二人在天津日租界被暗杀以及东北义勇军一部退入滦东"非武装区"，要求中国政府取消在河北的党部，撤退驻河北的中央军，撤换日方指定的军政人员，禁止全国的排日行为。为了施加武力威胁，日本还从中国东北调关东军入关。6月10日，胡适从何应钦处得知，"日本人的要求完全接受了"，心里觉得"难过得很"。[①] 次日，胡适特撰《沉默的忍受》一文，号召国人接受教训，"把国家的耻辱化成我们的骨血志气，使骨头硬，使血热，使志气坚韧刚毅，时时提撕警醒自己"。[②] 同月17日，胡适因担心国民政府"在枪尖之下步步退让"，"自己一无所得"，发展下去，"岂不要把察哈尔、河北、平津全然无代价的断送"，便错误地向王世杰提出：中国方面承认"满洲国"，而日本方面则归还热河，取消华北停战协议，自动放弃辛丑和约及附带换文中的种种条件，如在北平、天津、塘沽、山海关一带驻兵权等。胡适将这一"交换"称为"有代价的让步"。[③] 可以看出，胡适在卢沟桥事变爆发以后向蒋介石所上条陈的基本内容在1935年6月华北危急

---

① 《胡适的日记》（手稿本），1935年6月10日。台湾远流出版事业股份有限公司1989年版。

② 《独立评论》第一五五号。

③ 胡适此函未留稿，其内容见《致罗隆基函》，《胡适的日记》（手稿本），1935年6月30日；参见胡适1935年6月20日《致王世杰函》，《胡适的日记》（手稿本），1935年6月20日。

时就已形成了。

王世杰反对胡适的意见，6 月 28 日复函称：

> 故在今日，如以承认伪国为某种条件之交换条件，某种条件既万
> 不可得，日方亦绝不因伪国之承认而中止其侵略与威胁。而在他一方
> 面，在我国政府一经微示承认伪国之意思以后，对国联，对所谓华府
> 九国，即立刻失其立场。国内之分裂，政府之崩溃，恐亦绝难幸免。①

王世杰清醒地看到了胡适主张的巨大危害：日本不会因得到部分满足
而停止侵略，中国政府在国际上无法立足，在国内则面临分裂、崩溃的危
险。但是，胡适执迷不悟，7 月 26 日致函罗隆基，告以致王世杰函内容，
函称：

> 雪艇（指王世杰——笔者）诸人赞成我的"公开交涉"，而抹去我
> 的"解决一切悬案"的一句，他们尤不愿谈及伪国的承认问题。他们
> 不曾把我的原电及原函转呈蒋先生，其实这是他们的过虑。

胡适否认自己的方案是"妥协论"，要求罗隆基将此函带给蒋介石一阅。

卢沟桥事变爆发后，胡适曾应邀参加蒋介石召集的庐山谈话会。在听
了蒋的谈话后，他表示"非常兴奋"，建议调用全国的军队充实河北国防，
而且肯定第二十九军军长宋哲元等华北将领"不屈服，不丧失主权"。②但是，

---

① 《胡适的日记》（手稿本），1935 年 6 月 29 日。
② 第一期庐山谈话会第二次共同谈话会速记录，台北中国国民党党史馆藏。

很快他就发生变化。7 月 28 日，胡适下山飞抵南京。29 日，得悉中国军队在南苑等处惨败，宋哲元等退出北平，胡适大为紧张，即积极活动，力主与日本"和谈"。30 日，他到高宗武家吃饭，与所谓南京的"青年智囊团"萧同兹、程沧波等人商议，决定外交路线不能断，由高宗武负责打通此线，同时决定寻找"肯负责任的政治家担负此大任"。陈布雷是蒋介石"侍从室"中的要人，胡适看中陈布雷，打电话给他，要他做"社稷之臣"，在蒋的身边"努力做匡过补阙的事"。①31 日，胡适致函蒋廷黻，声称"这几天是最吃紧的关头"，"焦急的不得了，又没有办法"。②同日，胡适应邀到蒋介石处吃饭。蒋称"决定作战，可支持六个月"。蒋的意见得到在座的南开大学校长张伯苓的支持，胡适觉得不便说话，只表示："外交路线不可断，外交事应寻高宗武一谈，此人能负责任，并有见识。"当日，胡适日记云："我们此时要做的事等于造一件 miracle，其难无比，虽未必能成，略尽心力而已。"③这则日记说明，胡适自知他的放弃东三省的主张难以为南京国民政府接受，但他还是要竭尽心力去游说。8 月 3 日，胡适、吴达铨、周炳琳、罗家伦、蒋梦麟等在王世杰家密谈。王世杰日记记载说："今日午后与胡适之先生谈，彼亦极端恐慌，并主张汪、蒋向日本作最后之和平呼吁，而以承认'伪满洲国'为议和之条件。"周炳琳、蒋梦麟同意胡适的意见，主张"忍痛求和"，认为"与其战败而求和，不如于大战发生前为之"。④8 月 5 日，胡适遂与陶希圣共同拜会陈布雷，企图通过陈向蒋介石递条陈。次日，胡适得到蒋介石的谈话通知，他事先准备了一封长函，用以补充谈话中的

---

① 《胡适的日记》，1937 年 7 月 30 日，中华书局 1985 年版，第 576—577 页。

② 《胡适来往书信选》（中），中华书局 1979 年版，第 363—384 页。

③ 《胡适的日记》，1937 年 7 月 31 日，中华书局 1985 年版，第 577 页。

④ 《王世杰日记》，1937 年 8 月 3 日。

不足。其主题为："彻底调整中日关系，谋五十年之和平。"其理由为：（1）近卫内阁可以与谈，机会不可失。（2）日本财政有基本困难，有和平希望。（3）国家今日之雏形，实建筑在新式中央军力之上，不可轻易毁坏。将来国家解体，更无和平希望。其步骤为：第一步，先停战，恢复 7 月 7 日以前之疆土情况；第二步，两三个月后举行正式交涉。① 显然，与上引 8 月 5 日条陈及陶希圣函的精神完全一致。有所不同的是，此函未提放弃东三省、承认"伪满洲国"，而代之以"趁此实力可以一战之时，用外交收复新失之土地，保存未失之土地"。会谈情况，据记载："蒋甚客气，但未表示意见。"②

三、胡适抛弃"和平梦想"

胡适放弃东三省的主张当然大错特错，但是，有其特殊的用心所在。1935 年 6 月 20 日，胡适在致王世杰函中，说明自己的目的是"讨价还价，利用人之弱点，争回一点已失或将再糊涂失去的国土与权利"，从而取得"喘气十年"的机会。他说：

> 察、冀、平、津必不可再失。失了之后，鲁、晋、豫当然随之而去。如此，则中国矿源最大中心与文化中心都归敌手。如此形势之下，中央又岂能练军整顿内政？③

---

① 《抗日战争初期胡适的卖国罪证》（胡适日记摘录），《近代史资料》，1955 年第 2 期。此日记，后来近代史研究所民国史研究室编辑《胡适的日记》时失收。

② 《王世杰日记》，1937 年 8 月 6 日。

③ 《胡适的日记》（手稿本），1935 年 6 月 20 日。

胡适估计："在一个不很远的将来，太平洋上必有一度最可惨的国际大战，可以作我们翻身的机会，可以使我们的敌人的霸权消灭。"因此，他在提出向日本"求和"的第一方案的同时，又提出不计利害，苦战四年，等待国际大战的"主战"方案。同年 6 月 27 日，他在致王世杰函中说：

欲使日本的发难变成国际大劫，非有中国下绝大的决心不可。

我们试平心估计这个"绝大牺牲"的限度，总得先下决心作三年或四年的混战，苦战，失地，毁灭。①

胡适提出，必须准备：（1）中国沿海口岸与长江下游全部被日军侵占毁灭；（2）河北、山东、察哈尔、绥远、山西、河南等省沦陷；（3）长江被封锁，天津、上海被侵占，财政总崩溃。胡适认为，只有在这种情况下，才可以促进太平洋国际战争的实现。他说：

也许等不到三四年，但我们必须准备三四年的苦战。我们必须咬定牙根，认定在这三年之中我们不能期望他国加入战争。我们只能期望在我们打得稀烂之后而敌人也打得疲于奔命的时候才可以有国际的参加与援助。这是破釜沉舟的故智，除此之外，别无他法可以促进那不易发动的世界二次大战。②

胡适并不认为，他的第一方案一定成功，因此，提出必须以第二方案

---

① 《胡适的日记》（手稿本），1935 年 6 月 27 日。
② 《胡适的日记》（手稿本），1935 年 6 月 27 日。

为后盾。他说："委曲求全，意在求全；忍辱求和，意在求和。倘辱而不能得全，不能得十年的和平，则终不能免于一战。"他并以俄国史为例，说明列宁和苏俄共产党在十月革命之后，与德国讲和，"割地之多，几乎等于欧俄的三分之一，几乎把大彼得以来所得地全割掉了，但苏俄终于免不掉三年多的苦战"。他要中国人向苏俄学习，说"苏俄三年多的苦战最可以做我们今日的榜样。我们如要作战，必须下绝大决心，吃三年或四年的绝大痛苦"。[1] 胡适所没有想到的是，后来中国人民忍受的痛苦比他估计的还要大，苦战的时间也更长。

淞沪会战爆发后，南京国民政府抗战意志坚决，中国士兵作战英勇。这使胡适受到感染。9 月 8 日，胡适离开南京，行前，他劝汪精卫"不要太性急，不要太悲观"；劝高宗武："我们要承认，这一个月的打仗，证明了我们当日未免过虑。这一个月的作战至少对外表示我们能打，对内表示我们肯打，这就是大收获。"[2] 又劝陶希圣说："仗是打一个时期的好。不必再主和议。"[3] 自此，胡适"态度全变"，"渐渐抛弃和平的梦想"。[4] 不久，胡适接受蒋介石的决定，以非官方身份赴美，争取国际支持中国抗战。次年，又出任驻美大使，投入中国的抗战外交。

---

① 《胡适的日记》(手稿本)，1935 年 6 月 27 日。
② 《胡适的日记》，1937 年 9 月 8 日。
③ 《陶希圣致胡适》，《胡适来往书信选》(中)，第 396 页。
④ 《胡适来往书信选》(中)，第 364 页。

宋子文排挤驻美大使胡适 ①

抗战时期，国民政府急需美援。1938 年 9 月，蒋介石任命胡适为驻美大使，企图借他的名声开拓对美外交。1940 年 6 月，蒋介石又任命宋子文为驻美私人代表，负责争取美援。初时，二人合作尚好，但不久，宋子文对胡适的不满就逐渐增多。他多方运动，力图免掉胡适的驻美大使一职。

1940 年 10 月 14 日，宋子文致电蒋介石称：

欲得美国之援助，必须万分努力，万分忍耐，决非高谈空论所能获效。际此紧要关头，亟需具有外交长才者使美，俾得协助并进。否则，弟个人虽竭其绵力，恐不能尽如钧座之期，弟所以提议植之，即为此耳。

植之，指施肇基，浙江杭州人。曾一度使英，三度使美，出席过巴黎

① 原载《团结报》，1992 年 3 月 14 日。

和会与华盛顿会议，又曾做过外交部总长、外交部部长等职，是有名的职业外交官。从电文看，宋子文此前已经向蒋介石提过以施代胡的建议，此电不过进一步申说理由。"决非高谈空论所能获效"云云，显指胡适而言。胡适出任驻美大使后，经常发表演说和讲话，比较注意争取美国公众和舆论的支持，这当然是宋子文所看不上的。

宋子文的习惯和特长是和上层人物交往、谈判。12 月 3 日，他致钱昌照电云：

> 进出口银行部分，五千万以矿产偿还，详细条件尚在磋商中。适之和蔼可亲，惟实际上不能发生助力。

胡适是学者，讨论借款的"详细条件"之类自非所长，不过，宋子文不满胡适还有更深层的原因。1941 年 1 月 3 日，宋子文再致钱昌照电云：

> 惟胡大使非但不能为助，且恐暗中冷淡，诸事均唱独角戏。

在孔祥熙、宋子文二人中，胡适对孔祥熙印象不错，宋子文担心胡适助孔，因此对胡有戒心。"暗中冷淡"云云，怕胡适在宋子文的对美谈判中暗中掣肘之谓也。

钱昌照同意宋子文对胡适的看法，曾在 1 月 6 日复电中表示：

> 适之能力薄弱，弟等早已料到不能为助也。

　　不过胡适自有胡适的优势，在蒋介石周围也有些人出头为胡适说话，因此，蒋介石没有采纳宋子文的建议。其后，宋子文便改取迂回战术。

　　他先是聘请施肇基到美任中国物资供应委员会副主任，负责处理美国援华物资。同时，通过钱昌照，动员国民党元老李石曾出面进言，1941 年 6 月 16 日，李石曾、钱昌照致宋子文电云：

　　　关于更动大使事，弟等观察最近政治环境，认为更动适之一点或可不成问题，但如率直的提出植之，恐不易立刻得到介公同意。盖因介公一向对植之感想平平，而离华前未能来渝一行亦稍感不快也。弟等磋商结果，此事似可以下列方式之一与介公接洽。（一）由瀛向介公婉达先生意旨，希望植之能担任驻美大使，俾一切得顺利进行。一则由于植之已在赴美途中，二则由于植之与美朝野甚为熟悉也。（二）皆不提出植之，仅由瀛暗示介公，新派之驻美大使必须与先生绝对合作，故其人选最好与先生一商。以上两种方式，究以何者为宜，请即电复。

　　尽管施肇基多年从事外交，使美时间长达十余年之久，但蒋介石对之"感想平平"，而且赴美前居然不到重庆向蒋介石请训，因此，李石曾对向蒋介石进言就很踌躇了。

　　6 月 22 日，德军进攻苏联，国际局势发生急剧变化。宋子文敏感地意识到，在美的外交任务愈益加重。25 日，致电李石曾云：

　　　（一）苏德已决裂，美参战期又更迫，此间外交异常活跃，实为我国之最好活动机会。（二）我国处兹环境，应有得力之外交使节驻美，与弟彻底合作，始可完成委座之使命。（三）适之外交工作情形，前请先生详陈委座，想已洞悉。（四）苏德宣战，嗣后中、英、苏俱在军货贷借案内要求协助，粥少僧多，竞争在所难免，弟非有得力之外交上协助，不能有满意之效果。（五）前奉委座东电，谓高斯奉其国务卿命，对委座表示，以后与其政府有关各电，皆请用正式手续云云。弟在此情形之下，更非有外交上彻底合作无能为力。再四思维，为国家前途计，实以植之兄任驻美大使为宜，盼即向委座婉陈为祷。

宋子文也有自己的难处：他是以蒋介石私人代表的身份在美活动的，然而美国人不吃这一套，通过其驻华大使表示，"请用正式手续"，他又不愿与胡适合作，因此，只有再次要求任命施肇基为驻美大使。

鉴于李石曾6月16日电所表现的犹疑态度，7月5日，宋子文再电李石曾：

> 时局变幻万端，紧张日甚，我国在美外交亟待调整，务乞催促委座早日裁定，俾利进行，毋任企盼！再此事不必与复初商洽。

复初，指郭泰祺，湖北广济人，时任外交部长，宋子文要李石曾绕过外交部，直接催促蒋介石。其间，蒋介石曾多次电令宋子文，直接和罗斯福会谈。7月6日，宋子文致电蒋介石，再次提出以施代胡问题。7日，又一次致电李石曾：

> 日昨介公迭电，嘱向总统直接商办外交重要事项，因此提出植之

事更为迫切。昨已电陈介公，请索阅原电。文完全为工作着想，个人固无所要求。办理特别外交，必须予我便利。万一不蒙谅允，只可株守本职，循分尽心而已。

蒋介石架不住宋子文的多次要求，同意以施代胡。7 月 12 日，宋子文致电蒋介石称："仰蒙俯允，尤感荩筹。"他要求迅速发表明令：

长此以往，不但文不能尽责，有负委任，适之亦属难堪，唯有恳请毅然处置，迅予发表。

在以施代胡问题上，宋子文要李石曾不必与郭泰祺商量是有考虑的，果然，郭泰祺不赞成宋子文的意见，在蒋介石面前力谏，于是蒋介石收回成命，以施代胡之议再次搁置。8 月 22 日，宋子文致电钱昌照云：

兄见甚为赞同，弟前请介公予我以政治上名义；又退一步，请任植之为驻美大使，均无非为推进国际之活动，未蒙接纳，只有谨守范围，自治其分内应办之事，免于越俎之嫌耳！

从本电看，由于屡请不准，宋子文已经相当丧气，准备"谨守范围"，不再提什么要求了，然而事实并非如此。

1941 年 7 月，宋子文和美国陆军、海军参谋本部商谈，由美国派遣军官团来华，充当蒋介石的顾问，同时援助中国军火 7.4 亿美元。这当然是有利于中国抗战的好事，但美国国务院担心引起日本反感，态度消极，迟迟不能决定。在此情况下，宋子文致函罗斯福催询。8月20日，罗斯福复函，同意派遣军官团赴华。宋子文自觉做了件大有光彩的好事，将罗斯福的复函径交中央通讯社发表。这样，就将中美之间的绝密谈判公之于世，宋子文随即受到批评。9月4日，宋子文致电钱昌照云：

> 江电悉。适之屡次不顾事实，觍颜自我宣传，弟殊不屑与之争辩。此次罗函本不愿公布，因恐淆乱听闻，有碍日后工作，故而发表。嗣后自当注意，并请兄暨孟余兄随时加以补救为感！

可以看出，宋子文不仅在对美外交中"唱独角戏"，完全甩开胡适，而且感情上也憎恶胡适了。尤其不应该的是，居然为了争功，不惜泄露外交机密。孔祥熙批评宋子文"气量狭小"，信然。

宋子文始终不曾放弃以施代胡的念头。1942年4月3日钱昌照致电宋子文云：

> 东电奉悉。介公为安插与果夫、立夫有关系之徐恩曾，故将彭调开，先生恐无从助力。至调植之事，弟认不易办到。盖政府中不乏为适之说话之人，而介公对植之感想仍不甚佳也。

彭，指彭学沛，时任交通部政务次长，当日，蒋介石将彭免职，而代之以徐恩曾。从本电可以看出，国民党用人，一要靠关系，二要靠领袖印象，蒋介石对施肇基"印象不佳"，所以施始终得不到重用。

宋子文对胡适的排挤使一些知情人深感不满。1941年4月，周鲠生致函王世杰，批评宋子文"在华盛顿遇事专擅，不顾体统，颇使适之不快"。同年 7 月 16 日王世杰致函胡适，认为宋子文"有能干而不尽识大体"，希望胡适以"宽大"态度"善处之"。胡适虽然日子不好过，精神苦闷，但确能做到"弘大度量"，宽恕地对待宋子文。1942 年 5 月 17 日，他致函翁文灏、王世杰二人，声称"半年来绝不参与机要，从不看出一个电报，从不听见一句大计"，又称："我忍耐至今，我很想寻一个相当机会，决心求去。我在此毫无用处，若不走，真成'恋栈'了。"

同年 8 月 15 日，蒋介石决定免去胡适的驻美大使职务，以魏道明继任。

胡适与陈光甫 ①

陈光甫

　　胡适的朋友大都是文化教育界人士，但是，也有几位银行界的大亨，陈光甫就是其中之一。

　　陈光甫（1881—1976），江苏镇江人。年轻时在美国留学，曾获宾州商学院学士学位。1915年创办上海商业储蓄银行。1927年创办中国旅行社。同年，任南京国民政府财政委员会主任委员。1933年，任全国经济委员会委员。1936年，以中国币制代表团首席代表身份赴美，与美国财政部长毛根韬（Henry Morgenthau）谈判，签订了有关中国向美国出售白银等问题的《白银协议》。谈判中，陈光甫给毛根韬留下了良好的印象。次年，陈任贸易整理委员会主任委员，主持推广出口、争取外汇等事宜。

---

　　①　原载李又宁主编《胡适与他的朋友》第三集，（纽约）天外出版社1997年1月。

　　抗战期间，胡适与陈光甫二人共同在美国寻求援助，卓有成绩，彼此之间的友谊也因此建立。

一、早期交往

　　胡适与陈光甫的交往始于 20 世纪 20 年代末期。1929 年 3 月，陈光甫赴欧考察，途经埃及时曾致函胡适，中云：

　　　　此次欧行，未克走别为怅。25 号过苏彝士运河时，弟离轮乘汽车，夜渡沙漠，访开罗，游览金字塔、石神 Sphinx、尼罗河，诚旧迹之奇观也。又见英人经营埃及之成绩，道路平坦，交通利便，此时弟取出兄之大著 "East and West Civilization" 再读一遍，令人钦佩不已。同行有一美国学者，原来系医生，名 Dr.Clark，对兄之书深为钦佩云。全书精华皆在兄之文章里，不日来华，欲与一谈也。

　　　　弟约 4 月 1 号可抵马赛，即渡英小住数月，研究调查，此时国内已交春令，一般小孩子又要顽刀舞枪矣。可怜可笑！吾兄近有新著作否？有暇时希便赐示。①

　　1926 年，胡适曾发表《我们对于西洋近代文明的态度》一文。1928 年，胡适以英文改写，内容略有变动，题为: Civilization of the East and West（《东西文化之比较》），成为俾尔德（Charles A. Beard）所编 Whether Mankind（《人

---

　　① 未刊稿，中国社会科学院近代史研究所藏。

类的前程》）一书中的一章，1928 年由纽约 Longman 书局出版。该文反对所谓"西方的物质文明已经破产，东方的精神文明将要兴起"的说法，认为"18 世纪的新宗教信条是自由、平等、博爱，19 世纪以后的新宗教信条是社会主义"。① 又称："这种民治的宗教"，"乃是设法使个个男女都能得到自由，除了用科学与机械增高个人的快乐之外，还要利用制度与法律使大多数人都能得着幸福的生活，这就是西方最伟大的精神文明"。胡适写道："我可以问问，妇女解放、民治政体、普及教育等是否从东方的精神文明产生出来的呢？焚烧孀妇、容忍阶级制度、妇女缠足，凡此种种，是否为精神文明呢？"陈光甫信中所称"令人钦佩不已"的"大著"，指的就是这一篇。

近代中国，东西方文明的论争是个热门话题，人们的态度大体可以分为西化和国粹两派。陈光甫此函说明，他和胡适同属于西化派，也说明这一时期，他们已有较密切的关系。此后，胡适和陈光甫交往见之于记载的有：

1931 年 10 月下旬，胡适和陈光甫同时出席在上海召开的太平洋国际学会第四届大会。

1932 年 5 月，陈光甫等银行家和部分外交界人士发起组织国际问题研究会，邀请胡适为研究组成员。②

1934 年 5 月，陈光甫到北平。6 月 1 日，胡适前往拜会。陈称："现时各处建设颇有进步，人才也多有新式训练而不谋私利的人。"③

---

① 胡适晚年曾对这句话表示忏悔。
② 油印函稿，中国社会科学院近代史研究所藏。
③ 《胡适的日记》（手稿本），第 11 册，台湾远流出版事业股份有限公司 1990 年版。

同年除夕，胡适赴香港大学讲学，途经上海，正值亚东图书馆发生经济困难，有一笔银行欠款必须偿还。为了帮助亚东度过年关，胡适托浙江兴业银行总经理徐新六，请他打电话给陈光甫，把亚东在上海银行的三千元透支款再转一期。[①] 当夜，胡适到百乐门舞厅，看见宋子文、顾维钧、陈光甫、李铭等人舞兴正浓，胡适不禁感慨起来：空前的经济大恐慌正逼人而来，国家的绝大危难就在眼前，怎么谁也感觉不到呢！[②]

这一段时期，胡适和陈光甫只能算相交，还不能算相知。

二、共同争取美援

胡适和陈光甫的相知主要是在抗战期间。

1938 年，中国抗战正处于极为艰难的阶段。为了争取美国的财政援助，国民政府应罗斯福政府之请，于当年 9 月指派陈光甫赴美谈判。同月，召回王正廷，任命胡适为驻美大使。10 月 3 日，胡适到达任所，旋即致孔祥熙电云：

> 鄙意外交至重要，当以全副精神应付。此外如借款、购械、宣传、募捐四事，虽属重要，均非外交本身，宜逐渐由政府另派专员负责。光甫兄等来后，借款事空气顿肃清，即是最好例证。[③]

① 《胡适的日记》，第 12 册。
② 《胡适的日记》，第 12 册。
③ 《胡适致孔祥熙电》，《胡适任驻美大使期间往来电稿》，中华书局 1978 年版，第 3 页。

自 20 世纪 30 年代初起，美国国内即弥漫着浓重的孤立主义、和平主义情绪，不愿过问欧洲和亚洲正在发生和可能发生的战争。1935 年，美国国会通过中立法，更使这种孤立主义情绪得到了法律的肯定。胡适感到，要改变美国的这种情况，必须花大力气，因此，他对陈光甫来美专门谈判借款，非常高兴。

为了不违反美国的中立法，并且不招致美国孤立主义者的反对，陈光甫和毛根韬商定，在中国成立复兴商业公司，收购桐油，售给在美国成立的世界贸易公司，再由该公司与美国进出口银行订立借款契约。这样，就使该项借款成为一项商业机关与银行之间的借款契约。谈判按照这一思路进行，比较顺利。

但是，国内战场的形势却一直很不好。10 月 21 日，华南重镇广州失守，胡适和陈光甫都十分悲愤。23 日，消息更坏，陈光甫懊丧异常。胡适力劝陈不要灰心。他说："我们是最远的一支军队，是国家的最后希望，绝不可放弃职守。"[1]25 日，华中重镇武汉沦陷，胡适、陈光甫受到了又一次沉重的打击。也就在这一天晚上，美国财长毛根韬打电话给胡适，约胡和陈光甫同到他家去喝酒。二人到达后，觉得气氛有点异样。财部的要员都在，毛根韬的秘书手里拿着纸和笔，好像有什么事要办一样。毛根韬说：借款的事已经成功，罗总统已经OK了。他顺手指着桌上的纸张说，那就是借款协定的草案，他又说：这两天中国的消息不好，希望这笔借款可以有强心针的作用。[2]胡适、陈光甫正高兴时，毛根韬又说：现在只剩下最后一件

---

[1] 《胡适的日记》，第 13 册。

[2] 《胡适谈话记录》，未刊稿，陈光甫档，美国哥伦比亚大学珍本和手稿图书馆藏。

事，今天中午向总统请示，总统略加思考，即称：不幸广州、武汉相继陷落，如果我今天批准借款，明天中国忽然换了政府，变了政策，我一定遭到非议。若在数日内，蒋介石将军能明白表示，中国政府安定而政策不变，我可以立即批准此项借款。① 这突如其来的消息使胡适、陈光甫又兴奋、又惊异，稍坐了一下，一人喝了一杯凉开水，就匆匆告别。

离开毛根韬住所后，胡适、陈光甫立即联名致电蒋介石、孔祥熙，要求按罗斯福的要求有所表示。当时，中国抗战需款甚巨。此次借款共美元二千零六十万元，孔祥熙觉得数目太小。27 日，他致电陈光甫及胡适，询问数字是否有误？此款之外，是否另有其他借款。关于国内情况，孔祥熙电称：

> 虽以广州陷落，武汉撤退，政局情形，尚称安定。金融方面，已竭力维持，人心安定，亦尚平稳，政治绝不致有所变更。至于今后方针，只要友邦能予有力援助，决仍照原定计划继续抗战，绝不因一二城市之得失而有所变更。军事发言人已有谈话发表，想已得悉。

孔电并称：

> 为持久抗战而达最后之目的，所望于美方者至深。如美只空表同情，不能实力帮助，殊使我为世界和平之抗战者，有所寒心。②

陈光甫接电后，和胡适分析情况，认为此项借款，数目确实微小，其

---

① 《陈光甫日记》，未刊稿，美国哥伦比亚大学珍本和手稿图书馆藏，下同。
② 《陈光甫日记》，1938 年 10 月 27 日。

原因可能在于广州、武汉陷落，谣传政府改组，调停议和，在此情况下，美方暂事观望，亦属情理之常。陈、胡二人建议：先行接受美方方案，加紧组织公司，一面将桐油、锡、钨等由新路源源运来，证明运输确有办法；一面相机续谈。陈、胡二人表示："只要我方情形相当稳定，继续援助，似有可能。"陈、胡并称："美国论利害与我非唇齿之依，论交情亦无患难之谊。全国舆论虽同情于我，终不敌其畏战之心。执政者揣摩民意，不敢毅然拂逆"，因此，在这种情况下，只能依靠毛根韬，"兢兢业业，与之研求"。①

10 月 31 日，陈光甫向胡适要了一张照片，胡适在背面题了一首诗：

> 略有几茎白发，
>
> 心情已近中年。
>
> 做了过河小卒，
>
> 只许拼命向前。②

这首小诗，反映出胡适当时为挽救民族危难，奋勇工作的精神面貌。

同日，蒋介石发表《为武汉撤退告全国同胞书》，表示决心抗战到底。11 月 2 日，罗斯福约胡适谈话，胡适将孔祥熙来电要点转告。罗斯福表示已经知道，并称将与财长商量。但是，美国国务卿（外交部长）赫尔（Cordell Hull）认为借款几乎纯粹是政治性的，担心日本报复，于是，借款

---

① 《陈光甫日记》，1938 年 10 月 27 日。

② 《胡适的日记》，第 13 册，后来胡适重写此诗时文字小有变动："小卒"改作"卒子"，"只许"改作"只能"。

暂时被搁置。直到 11 月底，在毛根韬的斡旋下，罗斯福才批准借款。12 月
15 日，美国国务院发布关于进出口银行与世界贸易公司达成二千五百万美
元信贷协议的通告。18 日，蒋介石致电胡适、陈光甫，予以鼓励，电云：
"借款成功，全国兴奋。从此抗战精神必益坚强，民族前途实利赖之。"[①] 由
于这笔借款以中国向美国出售桐油为条件，因此，被称为"中美桐油借款"。

中美桐油借款数量不大，但它是美国援助中国抗战的第一笔借款，意
味着美国的孤立主义、和平主义壁垒被突破，国民政府争取美援的道路自
此打开，它在一定程度上鼓舞了中国军民的抗战士气。

三、相互间的信任与支持

首次谈判成功，蒋介石很高兴，企图进一步搬掉美国援华的绊脚石。
1938 年 12 月 30 日，蒋介石手谕孔祥熙："美国国会即将开会，对于美馆宣
传与对其各议员之联络，应特别注重。其目的则在修改其中立法与提倡召
开九国公约会议，与召集太平洋和平会议。"[②] 孔祥熙随即电告胡适、陈光甫
二人，同时电汇美金二万元，要求他们"迅为运用，期达目的"。但是，这
时胡适正因心脏病突发，住在医院里，直到 1939 年 2 月 20 日，胡适才出院
恢复工作。

胡适以学者出任大使，作风和外交系的官僚们完全不同，因此，为部
分人所不满，传言陈光甫将继任驻美大使。1939 年 5 月 18 日，陈光甫到华
昌洋行，有人对陈说："适之人地极为相宜，全美华侨十分爱戴。朝野推崇

①《胡适任驻美大使期间往来电稿》，第 5 页。
②《孔祥熙致胡适、陈光甫电》，《胡适任驻美大使期间往来电稿》，第 6 页。

备至，为数十年来最好之大使，可为中国得人之庆。此时若轻易调换，美政界必致发生误会。千钧一发，万不可冒险出此。"陈光甫此时已与胡适共事八个月，觉得这一观察不错，在日记中写道："此项谣传之由来，大约不外国内有人对之不满。以书生出任大使，本为革命外交，旧外交系系员认为破天荒之举。试问今日外交，岂能尽如人意，一旦有机可乘，群起而攻之，造谣生事，无所不用其极。适之向抱乐观，全不在意。余料此类谣言，再过一月半月，即可冰消瓦解矣！"①

陈光甫信任胡适，胡适也信任陈光甫，对陈的爱国热忱与工作精神日益佩服。

在美国谈判借款很困难，需要看人脸色、仰人鼻息行事。陈光甫曾在致蒋介石电中诉苦："钱在他人手中，告求良非易易。"②又在日记中自述："余在此间接洽事宜，几如赌徒在赌场中掷注，日日揣度对方人士之心理，恭候其喜怒闲忙之情境，窥伺良久，揣度机会已到，乃拟就彼方所中听之言词，迅速进言，藉以维持好感。自（二十七年）九月来此，无日不研究如何投其所好，不敢有所疏忽。盖自知所掷之注，与国运有关，而彼方系富家阔少，不关痛痒，帮忙与否，常随其情绪为转移也。"③有时，陈光甫不无牢骚："我头发白了，还来受这气恼，何苦来！"6月22日，陈光甫会见胡适，作了一次深谈，胡适对陈说："我最佩服你这种委曲求全的精神。"当日，胡适在日记中写道："光甫办银行三十年，平日只有人求他，他不

---

① 《陈光甫日记》，1939年5月18日。
② 《中华民国重要史料初编》第三编，《战时外交》（一），台北中国国民党党史会1981年版，第241页。
③ 《陈光甫日记》，1939年6月4日。

消看别人的脸孔。此次为国家的事，摆脱一切，出来到这里，天天仰面求人，事事总想不得罪美国财政部，这是他最大的忠诚，最苦的牺牲。我很佩服他这种忠心。"又称："光甫作此事，真是没有一点私利心，全是为了国家。"其后不久，又在日记中写道："光甫不是很高的天才，但其人忠厚可爱。"① 为了帮助陈光甫消解客中的寂寞，胡适特意送了一本自己编的《词选》给陈。

由于日军在中国肆无忌惮的侵略行为日益损害美国的在华利益，加上国际形势的变化，7月26日，美国外交部正式照会日本大使馆，声明废止1911年美日商约，六个月后失效。胡适听了，大为兴奋，马上打电话给陈光甫，陈也很兴奋。② 二人再一次分享了成功的欢乐。

陈光甫身体不大好，是抱病到美国工作的，加上谈判艰难，因此早有退志。7月31日，陈光甫告诉胡适，已托人在云南呈贡的湖上买几亩地，盖几间房子，预备十二月或次年正月回去休养。胡适大笑道："我和你都是逃走不掉的。"③

此后不久，国内政局即酝酿着一次新的变动。

国民党内孔、宋各成一派，长期相互争斗。孔祥熙于1938年1月担任国民政府行政院代院长，不久就受到中外舆论和傅斯年、宋子文等人的批评。当年12月18日，翁文灏致电胡适云：

> 兄与陈光甫论孔意见，弟极赞佩。光甫公忠爱国，亦久佩。孔本

---

① 《胡适的日记》，1939年6月22日、8月2日。
② 《胡适的日记》，1939年7月26日。
③ 《胡适的日记》，第14册。

人亦相当有用。惟其手下有若干人物，恐独立如光甫者，亦感不易应付。故进贤退不肖，实为当前急务耳！①

从本电可以看出，孔祥熙"手下"的"若干人物"已经成了物议对象，"进贤退不肖"云云，正反映出当时部分人士改组"孔家店"的要求。1939年11月，蒋介石兼任行政院院长，孔祥熙改任副院长，传说宋子文将出任要职，担任财政部长或贸易部长。陈光甫和宋子文有矛盾，和孔祥熙则有三十年的关系，私交甚好。②胡适担心宋子文不能与陈光甫合作，影响争取美援，准备发电反对。11月25日，胡适到纽约。26日，在陈光甫家吃晚饭，商量此事。当晚在日记中写道：

> 我是向来主张"打孔家店"的人，今反过来为庸之说好话，是很伤心的事。但我为国家计，认为应该如此干，故不避嫌疑，决心发此电。③

他本想当晚写完此电，因背上受凉，不舒服，未能完成。第二天一早起床，完成电文。10点时，陈光甫和纽约华昌公司董事长李国钦来此，又请他们看，二人提了一点意见。中午，胡适返回华盛顿。晚上，重写电文，并于当夜发出。

电报是打给陈布雷的，内称：

①《胡适任驻美大使期间往来电稿》，第5页。
②　参阅杨桂和《陈光甫与上海银行》，中国文史资料出版社1991年版，第93页。
③《胡适的日记》，第14册。

弟向不满于庸之一家，此兄所深知。然弟在美观察，此一年中庸之对陈光甫兄之事事合作，处处尊重光甫意见，实为借款购货所以能有如许成绩之一大原因。[①]

同电盛赞陈光甫在美国的工作：

弟默察光甫诸人在美所建立之采购输运机构，真能弊绝风清，得美国朝野敬信。不在抗战中为国家取得外人信用，亦可以为将来中美贸易树立久远基础。

电中，胡适表示：（1）宋子文个性太强，恐怕难以与陈光甫合作；（2）如贸易委员会改以宋子良代陈光甫，则陈所办事业，恐不能如向来顺利；（3）今年夏间，宋子文曾向美财部重提棉麦借款，美财部疑为另起炉灶，印象相当不佳。胡适估计，以上情况，恐怕没有人向蒋介石详说，建议陈布雷密陈，供蒋考虑。胡适建议：由蒋出面，切嘱孔祥熙，屏除手下的贪佞小人，命孔继续担任财政部长，这样对陈光甫在美的借款、购货诸事，最为有益。如果由他人出掌财部与贸易部，也必须由蒋切实叮嘱，与陈光甫诚意合作，力戒其邀功生事，造成贻讥国外、妨害事机的不良效果。

前些年，胡适曾在《写在孔子诞辰之后》一文中说："凡受这个世界的新文化的震撼最大的人物，他们的人格都可以比一切时代的圣贤，不但没有愧色，往往超越前人。"胡适举了高梦旦、张元济、蔡元培、吴稚晖、张

---

① 《胡适任驻美大使期间往来电稿》，第27页。

伯苓、李四光、翁文灏等九人。这一时期，胡适觉得应该增补几个人，其中就有陈光甫。[①]

四、再次联手争取美援

二千五百万元的桐油借款主要用于改善滇缅公路的运输状况，并不能解决多大问题。因此，胡适、陈光甫奉命继续谈判借款。

1939年5月23日，陈光甫到华盛顿与胡适商谈。胡适提出，今后谈判有三条途径：（1）直接与罗斯福谈判。（2）托最高法院推事佛兰克福特（Frankfurter）从中斡旋。此人与胡有旧，接近罗斯福，托其居间活动或可较为顺利。（3）胡以大使资格直接与外交部（国务院）交涉。胡适此时正值大病之后，陈光甫觉得胡勇于任事，劲头十足，非常高兴，立即表示，三项之中，自以与外交部接洽为正常途径。当时的美国外交部以"守旧不管闲事"著称，陈对此虽有顾虑，但胡适声称，目下外交部对此亦相当有兴趣。[②]6月21日，胡适即拜会美国国务卿赫尔，说明桐油借款已经用完，希望由国务院提议，向中国提供第二次借款。赫尔要胡适与联邦贷款主任杰西·琼斯（Jesse Jones）商量。

国内催促借款的电报不断飞向华盛顿。7月27日，陈光甫再次到华盛顿看望胡适，从下午一直谈到晚10点半，重点商讨第二次借款如何发动。陈光甫计划于当年11月、12月脱身返国，因此，建议此次由胡适发动。8月19日《陈光甫日记》云："余去志已坚，当然无留此之必要。第二次借款，

---

① 《胡适的日记》，1940年1月3日。
② 《陈光甫日记》，1939年5月26日。

当看国内政治、经济情形。如果仍有去年余来美时之状况，此事似不悲观。数目多少，现难推测，可由胡大使与外部直接商办。"9月1日，欧洲大战爆发。7日，胡适与陈光甫商量，决定先由胡适向罗斯福开口，借款原则可以桐油为押，不足时加锡为抵押品。陈光甫一直觉得：罗斯福对胡适有好感，由胡出面，成功的把握更大；由自己出面，如果罗斯福情绪不佳，说一否字，一切就都完了。次日，胡适拜会罗斯福，请求美国再打一次强心针。罗斯福答应交财部商办，随后即通知毛根韬。26日，胡适拜会毛根韬，毛称："我等候你两个星期了！"当天谈判顺利，说定可照桐油借款办法，继续加借。陈光甫计划于次日赴华盛顿研究办法及准备手续。他在日记中写道："此次由大使发动，余可早日脱身。大使究属国家代表，余之职务本属畸形现象，早应更正，今得机会，私心庆幸。"① 28日，陈光甫赶赴华盛顿，与胡适长谈。当日，与胡适共同约请毛根韬的助手劳海（Archie Lochhead）夫妇吃晚饭。10月13日，二人再次做东，请罗斯福政府中的几个"少年才士"吃"中国饭"。在做好了这些外围工作后，胡适起草了一份说帖，于16日交给美国外交部。

胡适谈判的艰辛也不亚于陈光甫。有些美国人始终坚持孤立主义、中立主义立场，援助中国的话半句也听不进去，使胡适有"对牛弹琴"之感。有些美国人架子很大。10月13日，陈光甫在日记中写道："（美国国务院）暮气沉沉，只以保全个人地位为目标，其他概非所计，欲求其出力助华，殆如登天之难，能不从中阻挠已属万幸矣！因此又忆及美外部之远东司长项白克（Hornbeck），此君老气横秋，彼对适之讲话有如老师教训学生，可

---

① 《陈光甫日记》，1939年9月26日。

见做大使之痛苦矣！"

第二次借款仍取商业借款形式，数额为美元七千五百万元，以滇锡五万吨作担保。但是，由于美国正忙于修改中立法的大辩论，对日政策未定，进出口银行又资金告罄，因此，借款交涉陷于停顿。1940 年 1 月 13 日，胡适会见罗斯福，再提借款事项，请求迅速定议。16 日，陈光甫拜会毛根韬，请他特别帮忙。毛根韬态度虽诚恳，但表示，最近实在没有什么好消息可以相告。[①] 当晚，陈光甫到胡适处吃饭，分析美方将借款搁置的原因，一直谈到深夜。胡适翻出了他写的《回向》一诗，读给陈光甫听，其最末一节是：

> 他终于下山来了，
>
> 向那密云遮处走。
>
> "管他下雨下雹，
>
> 他们受得，我也能受。"

陈光甫表示，能理解此诗的意思。[②]

为了打开局面，1 月 24 日，胡适与陈光甫一同访问美国复兴金融公司董事长、联邦贷款主任杰西·琼斯，请他帮忙。胡适告诉琼斯，中国绝不讲和，绝不投降，一定长期抗战，如得美国援助，最后胜利一定属于中国。陈光甫则将桐油运美以及在美购货等有关数据、图表交给琼斯，并递上要求再借七千五百万美元的说帖。琼斯有点聋，谈话很吃力。琼斯告诉他们，

---

① 《胡适、陈光甫致孔祥熙电》，《中华民国重要史料初编》第三编，《战时外交》（一），第 262 页。

② 《胡适的日记》，第 14 册。

当天参议院财政组审查芬兰借款事，决定提议增加进出口银行资本一万万元，但每个国家借款不得超过三千万元。胡适、陈光甫感到，此议如成立，对中国甚为不利，托琼斯鼎力设法。告辞后，胡适、陈光甫立刻分头奔走活动。1月31日，陈光甫致电孔祥熙，说明美国"国会有如股东会，人多口杂，彼等适逢选举年度，顾忌特多"①。2月7日，胡适读报，得知美国参议院外交委员会决定，进出口银行增资一万万元，废除原议借款总数不得超过三千万元的限制。胡适很高兴，立刻发电给陈光甫道喜。②

总数不得超过三千万元的限制虽然取消了，但是，参议院外交委员会同时规定，一次借款以二千万美元为限。3月5日，琼斯通知陈光甫，可按二千万元金额办货，分期支用。3月7日，琼斯会见罗斯福，随即宣布第二次借款一案成立。

第二次借款的数目仍然不大，但是，当时日本侵略者正积极扶持汪伪政权登场，借款显示了美国的一种态度，继续支持以蒋介石为代表的国民政府，支持中国抗战。3月8日，胡适拜会琼斯，表示感谢。11日，胡适又写长信给毛根韬致谢。同时，蒋介石也致电罗斯福致谢。

正当胡适、陈光甫为第二次借款成功庆幸之际，孔祥熙打了中、英文两份急电给陈光甫，认为第二次借款不应有抵押品（锡）及银行保证，理由是美方对芬兰的借款并不需要担保，中、芬同为反侵略国家，此类借款已从商业性质发展为政治援助，因此，不应有所歧异。此前，孔祥熙对有关方案一直没有提出异议，现在，在事情已成定局时，孔祥熙却要求改变原议，陈光甫、胡适都感到很为难。13日，陈光甫、胡适等商量后，复孔祥

---

① 《中华民国重要史料初编》第三编，《战时外交》（一），第264页。
② 《胡适的日记》，第14册。

熙一电。25 日，胡适再致孔祥熙电称：“光甫与适此时实难如此翻覆，即向美当局开口，非但无益，徒使毛财长与琼斯诸人为难耳。”胡适并称：“适与光甫事事合作，深知此中困难”，要求孔祥熙速电陈光甫，按原议进行。[①]27日，孔祥熙复电胡适，不同意胡电“翻覆”一说，电称：“吾辈负人民之重托，谋国家之福利。就政治言，应因时制宜，利用机会，并非变卦；即兄等奉令磋商，亦不得认为翻覆也。”孔祥熙接着透露了秘密：

> 弟个人对两兄贤劳困难实情，极为深悉。情形如此，倘不有所磋商，势必惹起各方误会，参政会开会在即，更恐引起质询，势将无以为对。

孔祥熙特别说明：“倘若言而无效，则我等责任已尽，亦属问心无愧。迭电奉商，实缘于此。”“万一以磋商为难，亦不必勉强。”[②]孔祥熙既然只是一种姿态，陈光甫、胡适自然没有认真对待的必要。19 日，胡适与陈光甫一同拜会赫尔。陈向赫尔报告第一次借款购货及运售桐油情形，对他及毛根韬协助的盛意表示感谢。4 月 20 日，陈光甫打电话给胡适：《华锡借款合约》签字了。

第二次借款成功，陈光甫即准备交卸回国。4 月 26 日，胡适、陈光甫与毛根韬一同会见罗斯福。陈光甫表示，第一次借款二千五百万元，已经用完，购买各物，均蒙美国财政部专家特别指示襄助，成绩尚好。陈并

---

① 《胡适任驻美大使期间往来电稿》，第 33 页。
② 《中华民国重要史料初编》第三编，《战时外交》（一），第 269 页。

称：离开中国已一年半，拟即回国，特来辞行。那天，罗斯福的兴致非常好，对陈的工作表示满意，要陈秋天早点回来。胡乘机感谢罗斯福一年半来对陈的特别好意。罗斯福笑着说："我是最看重外交部与大使馆的；但我想，我的办法似乎比较便捷一点吧！"胡适、陈光甫、毛根韬也都大笑。

5月3日，陈光甫从纽约打电话向胡适告别，下午又打电报给胡适，内称："Assuring you of our happiest recollection of our time together."胡适和陈光甫共事十九个月，此次分别，都很惆怅。胡适感到陈是"很不易得的同事"，当日在日记中写道："我和他都不求名利，都不贪功，都只为国家的安全，所以最相投。"① 同日，胡适致电陈布雷称，陈光甫已于今日离开纽约西去，将于5月15日自旧金山乘轮返国，希望蒋介石能在其离美之前致电慰问。同日，蒋介石致电陈光甫称："两借美款，悉赖才力，厥功至伟，尤念勤劳。"② 胡适于5月9日得知有此电，非常高兴。

接替陈光甫的是宋子文。6月14日，蒋介石派宋子文赴美，并授以代表中国政府在美商洽全权。7月2日，胡适陪宋会见琼斯、赫尔等人。晚上，胡适到宋子文住的旅馆小坐。宋称："总统既答应了帮忙，借款一定有望了。"胡适觉得宋过于乐观，答称："子文，你有不少长处，只没有耐心！这事没有这么容易。"接着，宋子文又批评陈光甫负责的两次借款条件太苛，胡适老实不客气地说："我要 Warn（警告）你：第一，借款时间不能快。第二，借款条件不能比光甫的优多少！光甫的条件是在现行条

---

① 《胡适的日记》，第14册。
② 《胡适任驻美大使期间往来电稿》，第38页。

件下，无法更优的。"①胡适的这些话，宋子文听起来自然很不悦耳。

陈光甫回国后，成为胡适的热烈维护者。每遇说胡适坏话的，陈光甫就与之对抗。王世杰曾在致胡适函中说："兄自抵华盛顿使署以后，所谓进退问题，便几无日不在传说着。有的传说，出于'公敌'；有的传说，出于'小人'；有的传说，也不是完全无根。同时与这些公敌或小人对抗的，也不少。譬如最近返国的陈光甫，就是一个。"②

五、胡适动员陈光甫出山

物换星移，转眼到了1947年。

第二次世界大战结束后，美国一直劝说蒋介石放弃一党专政，接纳自由主义分子，按照西方的模式改组政府，扩大社会基础。蒋介石要争取美援，不得不敷衍美国。1946年11月15日至12月25日，国民党在南京召开国民大会，通过《中华民国宪法》。次年3月1日，宋子文因治理金融无方，被迫辞去行政院长职务。同时，蒋介石内定政学系首领张群组阁，计划吸收部分小党派领袖和无党派人士参加，胡适和陈光甫都在网罗之列。

还在1月中旬，蒋介石就通过傅斯年向胡适打招呼，要请胡适出任国府委员兼考试院长。3月13日，蒋介石邀胡适吃晚饭。饭前谈话时，胡适要求蒋介石不要逼他加入政府。蒋称："如果国家不到万不得已的时候，我绝不会勉强你。"期间，王世杰推荐胡适出任行政院院长。3月17日，王

---

① 《胡适的日记》，第14册。
② 《胡适来往书信选》（下），第471—472页。

世杰奉蒋介石命，拜会胡适，声称不要胡适做行政院长了，只要求胡适作
为无党无派的一个代表，参加国民政府委员会。18 日，蒋介石再次找胡适
谈话，胡适想保持"超然独立"身份，仍然推辞。19 日，胡适飞上海，计
划自沪返平。

在蒋介石动员胡适的同时，张群也到沪动员陈光甫出任国府委员。陈
表示，不就国府委员一职，但愿以个人之力帮助张群。在张群提出可能为
财政方面的使命派陈去美国时，陈建议再次任命胡适出使华盛顿。他说：
"这是最重要而且最关键的岗位中的一个，胡适能博得美国官方和公众两方
面的尊敬。在美国，他是友好的源泉。美国人相信他。如果派他去华盛顿，
他将殚精竭力地工作。"[①]"至于我自己，"陈光甫附带说，"我将乐于和胡适
合作，尝试再次寻求美国的经济援助。作为老朋友，我将准备承担您认为
对我适合的任何紧急任务。"

当晚，陈光甫到上海国际饭店胡适住处作了一次长谈。胡适支持陈光
甫出任国府委员。他说：

> 政府有意要你老大哥参加改组，我倒真觉得胆壮得多。光甫先生，
> 我认为你对于国府委员这件事倒是值得考虑的。当今的问题，最严重
> 的还是经济问题，如果我胡适之懂得经济，懂得财政，没有问题的，
> 我一定参加。

胡适又说：

---

① 《回忆张群》，陈光甫未刊稿（英文），美国哥伦比亚大学珍本和手稿图书馆藏。

今天是国家的紧要关头，严重的程度可以和抗战初期相比。在当时，不得已，政府请你我出来，到美国去。在今天，情形也还是如此。正如蒋先生说：非到万不得已的时候，不会坚持要我们这班人出来。你和我，都还有点本钱。所以政府要向我们借债。抗战初期，情形那样的困难，政府不得不向我们借债，渡难关；在今天，也还是如此，向我们借用我们的本钱。从责任一方面看，我们是应该就范的。这并不是跳火坑，没有那样严重。

胡适并告诉陈光甫，这届国府委员的寿命只有九个月，很快就要交卸，不必有过多顾虑。胡适接着又说：

当年你我在华府替政府做事，我们真是合作，因为你和我同是没有半点私心，一心一意做我们的事。这次政府要你出来，担任国府委员，也许还要请你再去美国多跑几次，打通美国这条路。财政部的人是变了，不过财政部和进出口银行都还有你的老朋友在。

还有一点，请我们参加政府是最容易的，最便宜不过的，我们不会有任何条件的。

在 1946 年的国民大会和其后的国府改组中，青年党，尤其是民社党，要官要钱，闹得颇为不堪。胡适对此很不满，谈起有关情况来，频频摇头。接着，胡适说：

今天的大局，或者可以这样看：从整个的世界形势来说，如今是美苏对峙的局面，民主政治和集权政治的抗衡，没有，也不会有真正的和平；所有的只是武装和平 Armed peace。这是大宇宙，而中国是小宇宙，情形也一样，最多只能做到一种国共对峙下的武装和平，做不到一般人所希望的真正的和平与统一。唯一的希望是从这双重的武装和平中慢慢的产生一种方式，并且运用这方式逐步取得真正的世界和平。

这天晚上，胡适谈兴很浓，从"大宇宙""小宇宙"进而谈到世界上的两种政党："英、美的政党和独裁国家的政党"，又进一步谈到国民党。胡适说：

孙中山先生是受过英美思想熏陶的人。他树立国民党，原意要建立一个英美式的政党。但是，同时他又看到苏俄共产党组织之严密，于是有民国十三年的改组，希望采用共党的优点。他的最终目的还是要创立一个类似第一种政党，而采取第二种政党部分的作风，于是乃有先训政而后宪政之说。

也许胡适觉得话题拉得太远了，于是，又拉回来，谈起正在南京召开的国民党六届三中全会来，他说：

这次在南京召开的三中全会最重要的题目就是训政结束，宪政开始。从国民党本身的立场上来说，就是放弃它这许多年所掌握的政权，亦即所谓还政于民。要一个政党吐出它已有的政权，不是一件容易的事。因为这是反自然的。政党的目的是要取得政权，而不是放弃政权。

所以这一次国民党的还政于民，实在是有史以来，中外政党史上从来未有的创举。

胡适越说越兴奋，又谈起 1946 年的国民大会，评价起蒋介石来：

我相信蒋先生对于这件大事，他是有诚意，而且也有决心的。记得我在南京开国民大会，那真是鸡群狗党，什么样人都有的聚会。国民党的极右、顽固分子，猖獗非凡，有几天看情形简直暗淡得很。蒋先生找这班人去，又是痛骂，又是哀求，希望他们要认清国大的意义。这样才能有最后通过的宪法，而这宪法在大纲上是维持政治协商的原议的。这次在南京，蒋先生召我去见他。我曾对他说，他的一大错误就是在抗战初期尽力拉拢政府中一般无党无派的人如翁咏霓、公权、廷黻等入党。蒋先生对于这一点也认错。从那天的面谈，我相信他对于结束训政开始宪政的态度，是非常诚恳的。

胡适一向主张在中国实行英、美式的两党政治，他说：

现在中国最大的悲剧就是缺少一个第二政党。我曾写过一封信给毛泽东，力劝他领导中国共产党做一个像美国的共和党、英国的保守党一样的在野党，这就是一个观念上的错误，我没有认清共产党的本质，它根本是一个性质不同的政党。要它变成英、美式的在野党是不可能的。

说到这里，胡适笑了笑：

> 中国今天缺少一个由陈光甫 finance 胡适之领导的政党。①

胡适雄辩滔滔，说得陈光甫颇为动心。20 日，下雨，去北平的飞机停航。胡适不得不再在上海滞留一天。他托人带话给陈光甫：

> 如果到美国去，在那里有郭泰祺先生，是他 Pennsylvania 的老同学，还有刘锴，他们都可以像我当时在华盛顿一样帮他的忙。

这时，陈光甫虽已准备出任国府委员，但是，对于再次赴美争取援助一事却已经信心不足。第二天，陈光甫听到别人转达胡适的意思后，连连摇头说：“不成！不成！今天的情形和当年大不相同了！”

4 月 17 日，蒋介石在南京宣布改组后的国民政府委员会名单，陈光甫以“社会贤达”的资格入选。胡适架不住蒋介石的一再动员，曾一度准备接受，后来听从傅斯年的劝告，拒绝了。

国民政府的改组只是换汤不换药，自然，不会有什么起死回生的效力。蒋介石等人仍然把希望寄托在争取大量美援上。11 月 2 日，胡适在《中央日报》上发表《援助与自助》一文，认为要争取美援，最好是提出对方一定可以相信的财政专家，如陈光甫那样的人来主持其事。陈读到此文后，对秘书说：“闯祸了！”② 同月 10 日，胡适致函陈光甫，提出争取美援的具

---

① 《胡适谈话记录》。
② 《徐大春致胡适》，《胡适来往书信选》（下），第 263 页。

体方案。25 日，陈光甫复函胡适，认为美国对欧洲的援助是有条件的，其中最大的条件，就是要受援国家放弃一部分传统的主权观念，如关税自主，以及接受美国关于借款的管理等。但是，这些，在经过八年抗战的中国，根本做不到，因此，大量的美援也谈不到。函称：

> 老兄所提出的最好保证办法固然可以替两国解除不少的困难，但是，用中国人主持其事，假使蒋先生要钱用，又有谁能说没有钱给他用。我恐怕只有美国人或许可以能说这样的话，但是这岂不等于有损国家的尊严？

陈光甫同意胡适的设计，要建立某种机构，但他认为，这一机构的目的不在支配金钱，而在联系、沟通，增进中美双方的了解，这就需要一位能够从事东西文化交流，既懂得中国，又懂得美国的人出来担任。陈光甫提出，这一人选非胡适莫属。函称：

> 你我二人好有一比：兄是金菩萨，满腹文章，而我至多只是一尊泥菩萨而已。镏金的泥菩萨也许还值钱，不镏金的泥菩萨可就不值半文钱了。①

其后，陈光甫就反过来推荐胡适再度出任驻美大使。12 月 12 日，王世杰以"国家需要"为理由，要求胡适"再去美国走一趟"。胡适答以

---

① 《胡适来往书信选》（下），中华书局 1980 年版，第 281 页。

"老了。十年的差别，如今不比从前了"。又说："如对日和会在华盛顿开，我可以充一个团员，但大使是不敢做的了。"①14 日，胡适与陈光甫同到王世杰寓所闲谈，胡适才了解到，陈也是建议胡适再度出任驻美大使者之一。

国共两党之间的内战在 1946 年间全面爆发，很快，国民党就处于下风。敏感的人们已经意识到，国民党在大陆的统治快要终结了。

1949 年 1 月 8 日，蒋介石劝胡适去美国，他说："我不要你做大使，也不要你负什么使命。例如争取美援，不要你去做。我只要你出去看看。"②15 日，胡适到上海，陈光甫邀请他住到上海银行的招待所。当时，蒋介石已经下野，以李宗仁代行总统职权。李宗仁上台后，即高谈和平，同时动员几位在全国公众中有影响的人物，组织"上海人民和平代表团"，去北平"敲开和平之门"。陈光甫也在被动员之列。胡适劝陈光甫不要参加代表团，他说：除了颜惠庆，代表团没有什么重要人物，和他们一起去不值得，代表团不会有任何收获。③

六、晚年的接触

胡适还是被蒋介石说动了。1949 年 3 月，胡适将家属安置在台湾，于 4 月 6 日自上海登轮赴美。同月 27 日，定居纽约。其后，陈光甫也离开大陆，到了曼谷。1949 年、1950 年的 12 月，胡适 58 岁、59 岁生日时，陈光

---

① 《胡适的日记》，第 15 册。
② 《胡适的日记》，第 16 册。
③ 《关于和平使命的回忆》，陈光甫未刊稿（英文），美国哥伦比亚大学珍本和手稿图书馆藏。

甫都曾致电祝贺，但是，1950 年陈光甫庆祝七十大寿时，胡适却正在从洛杉矶飞赴纽约途中，未能有所表示。次年 2 月，胡适读到陈光甫给任嗣达的长信，对陈的"达观哲学"很佩服，于 3 月 1 日致函陈光甫云："我去年曾想用古人说的'功不唐捐'（'唐'是古白话的'空'，'捐'是废弃）（No effort is ever in vain）的意思，写一首诗祝老哥的大寿。匆匆之中，诗竟没有写成。现在看你信上说的'种子'哲学，使我记起我在 1919 年写的一首诗，其中有这几段，我抄在下一页，博老哥一笑。"①

胡适所抄诗如下：

> 大树被砍做柴烧，
>
> 树根不久也烂完了。
>
> 砍树的人很得意，
>
> 他觉得很平安了。

> 但是那树还有很多种子，
>
> 很小的种子，裹在有刺的壳儿里，
>
> 上面盖着枯叶，
>
> 叶上堆着白雪，
>
> 很小的东西，
>
> 谁也不在意。

---

① 吴相湘：《抗战期间两个过河卒子》，《传记文学》第 17 卷，第 5 期。

雪消了，

枯叶被春风吹跑了。

那有刺的壳都裂开了，

每个上面长出两瓣嫩叶，

笑眯眯的好像是说：

"我们又来了。"

过了许多年，

坝上田边，都是大树了，

辛苦的工人，在树下乘凉，

聪明的小鸟在树上歌唱，

那斫树的人到那儿去了？

胡适的这首诗，嘲笑"斫树人"，歌颂"种子"顽强的生命力，在陈光甫晚年时抄给他，大概是为了肯定陈一生的努力和业绩吧！

陈光甫于1954年定居台湾，胡适于1958年返台，二人继续往来。其间，胡适曾为陈光甫重写《过河卒子》一诗，并且加了一段跋语：

光甫同我当时都在华盛顿为国家做点战时工作，那是国家最危险的时期，故有"过河卒子"的话。八年后，在卅五年（1946）的国民大会期中，我为人写了一些单条立幅，其中偶然写了这四行小诗。后来共产党的文人就用"过河卒子"一句话，加上很离奇的解释，做攻击我的材料。这最后两行诗也就成了最著名的句子了。①

自 1954 年 11 月起，大陆曾掀起颇具声势的胡适思想批判运动，胡适
对此极为不满，跋语只是表达了小小的牢骚而已。

---

① 胡适手迹，《陈光甫的一生》插页，台湾传记文学出版社 1984 年版。

蒋介石提议胡适参选总统前后 ①

1948 年 3 月底，国民党召开行宪国民大会，选举总统、副总统，蒋介石曾拟退出竞选，推荐胡适为总统候选人。蒋介石长期追求权力，为何在此时有此考虑？关于此事，当时的美国驻华大使司徒雷登曾向国务院马歇尔报告说："不管这是否是计划好的，蒋委员长这一行动是一个巧妙的政治手段。"② 此言有无道理？

一、李宗仁第一个提议

第一个建议胡适参加竞选总统的是李宗仁。

抗战胜利后，李宗仁被任命为军事委员会委员长北平行营主任。1946年 9 月，改称国民政府主席北平行辕主任。由于他在抗日战争中的战绩，也由于他对学生运动采取柔性政策，注意联系教育界人士，被认为作风开明，

---

① 原载《近代史研究》，2011 年第七期。
② 《中美关系资料汇编》第一集，第 859 页。

有一定社会声誉。国民党决定于 1948 年召开国民大会，选举正、副总统后，他积极准备参加竞选副总统。其想法是"挺身而出，加入中央政府，对彻底腐化了的国民党政权作起死回生的民主改革，以挽狂澜于既倒"。[①] 他曾对黄绍竑说："国民党政权在现在人民眼中已反动透顶，但是一般人民又怕共产党，因此大家都希望我们党内有像我这样比较开明而敢作敢为的人出来辅佐蒋先生，换换空气。"[②] 1948 年 1 月，他率先成立竞选办事处，并在 8 日北平的外籍记者招待会上透露，确有竞选副总统之意，不过，他也声明，"尚未征得蒋先生的同意"。[③]

1 月 11 日晨，时任北大校长的胡适致函李宗仁，鼓励他参加竞选，函中引用自己早年所作《中国公学运动会歌》第一章："健儿们！大家上前，只一人第一，要个个争先，胜固可喜，败也欣然。健儿们！大家向前。"并称：

> 第一虽只一个，还得要大家加入赛跑，那个第一才是第一。我极佩服先生此举，故写此短信，表示敬佩，并表示赞成。

13 日，北平《新生报》登载《南京通讯》，题为《假如蒋主席不参加竞选，谁能当选第一任大总统》，其中提到胡适的名字。14 日，李宗仁复函胡适，告以《新生报》所登通讯，并说：

---

①《李宗仁回忆录》（下），第 273 页。
②《李宗仁回忆录》（下），第 375－376 页。
③《李宗仁回忆录》（下），第 376 页。同书又云：李宗仁曾托白崇禧和吴忠信报蒋："不得白、吴两君复电，俱说，介公之意国民大会为实行民主的初步，我党同志均可公开竞选，介公对任何人皆毫无成见云云。此说恐不确。"

　　　我以为蒋主席会竞选，而且以他的伟大人格与崇高勋望，当选的成分一定很高，但我觉得先生也应本着"大家加入赛跑"的意义，来参加大总统的竞选。此次是行宪后第一届大选，要多些人来参加，才能充分体现民主的精神。参加的候选人除了蒋主席之外，以学问声望论，先生不但应当仁不让，而且是义不容辞的。

　　胡适收到此信后，只将有关报纸剪存，并未动心。

　　在南京的蒋介石15日就得知北平李、胡之间的通信。当日日记云："李宗仁自动竞选副总统而要求胡适竞选大总统，其用心可知，但余反因此而自慰，引为无上之佳音。只要能有人愿负责接替重任，余必全力协助其成功，务使我人民与部下皆能安心服务，勿为共匪①乘机扩大叛乱则幸矣。"17日，在《上星期反省录》中写道："桂系携贰益显"，"皆足顾虑"。

　　这是蒋介石日记中关于胡适竞选一事的最初记载。

　　李宗仁是桂系领袖，和蒋介石有矛盾。1927年至1936年，李宗仁曾多次参加或领导反蒋军事行动。抗战期间，为团结抗日，蒋桂矛盾缓和。抗战胜利后，蒋介石派李宗仁到北平，掌控北部中国，蒋、李之间尚无直接冲突。但是，这一时期，蒋介石声望日降，而李宗仁声望日升。还在1947年9月8日，司徒雷登就曾向美国国务院报告，汇报其北平之行的情况："在学生中间，作为国民党统治象征的蒋介石，已经大大丧失了他的地位。大多数的学生，甚至毫不客气地认为他是完蛋了。""李宗仁上将日益获得了

---

　　①　注释说明：历史文件均产生于特定的历史环境中，其用语都有其产生时代的特点和局限，如"共匪""剿匪""匪共""反共""满洲国"之类，有些所指内容并不相同，或已有变化，如"中央""全国"等。对此类词语，本书在叙述时按今人观点加引号，但在引用相关历史文件时，则保持其原貌，不加引号，以存其真。全书同。

公众的信赖。似乎没有理由相信他不忠于国民政府的谣言。"[①]1948 年 1 月 8 日的记者招待会上，李宗仁又着力宣扬自己受到各地人民的拥护。他说：

> 余为华南人，珠江流域人民无疑将为余之支持者。北伐后，余曾驻防武汉，当给长江流域人民以良好印象。抗战时余曾在徐州作战，胜利后复来华北，故与黄河流域人民亦有深切之关系。此次宁夏马主席过平，亦允加以支持，且支持余者将包括各阶层。如去岁全国各地普遍发生学潮，北平幸未发生不幸事件，皆因余持客观态度，相信学生本意本好，故学生对余之印象亦甚良好。

关于政治主张，李并未多说，仅称："中国自身亦可逐渐解决其问题，并非必须美援，假如有美援，问题可解决较快耳！中国愿与美保持传统友义。中苏国境毗连，亦望能维持友好关系。"[②]这种政见，也与蒋介石当时的亲美反苏主张不同。

历史积怨，加上李宗仁"自动"参选等种种情况，引起蒋介石的警惕，怀疑其"用心"，并进一步怀疑桂系"携贰"。

二、军统的两封情报促使蒋介石思考

就在李宗仁建议胡适参加竞选总统之际，军统送呈的两封电报促使蒋介石就此问题作进一步思考。

---

① 《中美关系资料汇编》第一辑，世界知识出版社 1957 年版，第 299—300 页。
② 《申报》，1948 年 1 月 9 日第一张第一版。

　　一封情报是军统局次长郑介民的报告。该报告称：1 月 13 日晨，《大公报》的胡霖通过电话请求与美国驻华大使司徒雷登谈话，司徒当即邀胡于当日中午至大使馆午餐。午餐时，胡霖自称代表上海文化教育界、银行界、商界约六十余人建议："值兹全盘混乱，局势动荡之时，同人等不愿共产党成功，但因目睹政府环境恶劣，拟请蒋主席下野，以六个月为期，在此期内，政府由张岳军负责支撑，未识大使意见如何？"司徒答称："此事须本人请示美国政府，并请将此项意见用书面写出，俾作根据。至本人私人意见，蒋主席断不能下野，下野则全国必混乱不可收拾。"谈话时，傅泾波在座。14 日，傅将谈话情况面告郑介民。郑即将有关情况向蒋汇报。①

　　这一封情报向蒋介石传达的信息是：胡霖等上海人士对蒋不满，正在争取美国人的支持，要求蒋"下野"。对此，蒋介石极为愤恨。他在日记中大骂胡霖"本阴险政客，万不料其卑劣无耻至此，是诚洋奴成性，不知国家为何物"！由此，他进一步指责一般知识分子和名流严重丧失"民族自信心"，"均以洋人为神圣，国事皆以外国态度为转移"。不过，他并不准备妥协，日记云："若不积极奋斗，何以保种与立国也！对于此种阴谋，惟有置之不理，以不值一笑视之！"②19 日晚，蒋介石思前想后，不能成眠。第二天，继续思考，认为胡霖等人的行为是向美国人"告洋状"，其目的在于"急欲推倒中央政府以为其自保地步"，进而想到文武官吏普遍悲观、消沉，没有人相信他的必可"平定匪乱"的保证，在日记中愤愤地写下了"殊为可痛"四字。

　　另一封情报是 1 月 13 日军统上海站的密函，该函报告称：美政府有力人士正酝酿一项希望蒋介石"让位"的运动，其理由为：（1）蒋介石本有

　　① 《情报》，1948 年 1 月 14 日。台北"国史馆"藏光盘，00506。
　　② 《蒋介石日记》（手稿本），1948 年 1 月 19 日。

三张牌，即孔祥熙、宋子文、张群。孔下，宋上；宋下、孔上。现在三张牌均已出尽，但"政府之贪污无能，更有加无已"，"故中国今后如不有改辕易辙、大事更张之办法，实难有改进复兴之望"。（2）蒋介石主政二十年，"思想陈旧、性复固执，且极易受人之包围，不能发挥有效之力量"，"故中国政局不能改善之最大责任，实应由蒋主席负之"。密报认为，此项运动的主导者是美国的马歇尔和中国的政学系首要。马之所以主张去蒋，原因在于中共"绝不妥协"和蒋介石"固执守旧，致使调停不成，怀恨在心。政学系则有干部在美活动。王世杰、张君劢等对蒋均有较多批评。冯玉祥则劝告美国政府"不可以军械援助中国现政府，否则徒为共党间接致送武器，必须俟中国政府首脑部整个改组后，始可授以军械"。密报认为，冯玉祥的背后是马歇尔。

这一封情报向蒋介石传达的信息是：美国人也对蒋介石严重不满，准备"换马"。这对蒋介石不能不是严重的刺激，也不能不引起他的重视。1948年1月17日，蒋介石在《上星期反省录》中提出，拟作"让贤选能"的准备，在国民大会召开时，本人不加入竞选，"交出政权"，推出国内"无党派名流"为"大总统"，自己暂任参谋总长，以协助继任者。这一则《反省录》显然是在得知美国准备"换马"之后的对策。他准备让出总统名位，改任参谋总长，以便牢牢掌握所有国家权力中最重要的权力——军权，继续指挥"剿共"。

蒋介石早已深知美国人对他的不满，也十分担心美国人"换马"。1947年8月24日，魏德迈结束访华，在南京发表声明，声称中国的复兴工作，"正有待于令人振奋的领导"。[①] 蒋介石非常紧张，曾向司徒雷登的私

---

① 《中美关系资料汇编》第一辑，第302页。

人秘书傅泾波探询，美国是否"有意迫其退休或改职"。^①他在当日日记中写道："近察美国形态，其政策已以我为其对象，志在先倒我而后达其统治中国之目的。如美国果有此政策，不仅为远东之害，而且为美国之祸。余惟有自力更生，不偏不倚中以求独立与自强。他日果能如此，未始非美国今日侮华卑劣政策之所赐也。"^②可以看出，当时他还自觉有力量，以"不偏不倚"和"独立与自强"自励，然而时隔数月，形势变化，蒋介石威望日低，他不得不改变策略，准备进一步满足美国人的要求了。

三、在庐山休息期间决策

尽管蒋介石认为胡霖等人的行为"不值一笑"，然而事实上，他不能不重视。2月10日为农历戊子年除夕，蒋介石和宋美龄于8日相偕赴庐山休息。除夕这一天，蒋介石"勉效少年度岁之乐"，于宴会后放花、放鞭炮，让宋美龄一时很高兴。但是，更多时间，蒋介石、宋美龄这对夫妇却高兴不起来。

蒋介石夫妇上庐山之前，上海接连发生同济大学学生围打市长吴国桢、舞女千人捣毁上海市政府社会局、新申纱厂工人罢工等群体性事件，使蒋介石痛感"事业日艰，经济困窘，社会不安"，尤其使他揪心的是百姓和干部"对领袖之信仰心亦不存在"。^③上庐山之后，争取美国军事援助的巨大困难又摆到了他面前。

---

① 《中美关系资料汇编》第一辑，第303页。
② 《蒋介石日记》（手稿本），1948年8月25日。
③ 《蒋介石日记》（手稿本），1948年2月1日、3日。

2月18日，蒋介石接到顾维钧和新近赴美的中国技术团团长贝祖诒的电报，得知美国总统杜鲁门已向国会提交五亿七千万美元的经济援华法案，其中五亿一千万元用于购运必需物资，减轻日趋严重的经济危机，其余六千万元用于恢复运输、燃料、电力及输出工业。19日，司徒雷登为此发表声明《告中国人民书》，对当时中国的政治状况和国民党的统治提出了多方面的批评，如"把他们政党和他们个人利益置于受难人民的利益之上"，"对于他们的党抱着非常狂妄的忠诚，绝不容忍其他一切的政治信仰，他们所用的方法非常残忍"，并且含蓄地批评国民党的"极权制度"，"有独立思想的人，不是屈服于思想统制，就是被迅速清除"。声明特别表示："人民必需不断地使用开明舆论的力量，影响政府的举措，以防止官吏的滥用职权。因此，这就需要言论和出版的自由和接触客观报导的新闻自由。在极权制度下，这些自由便不容存在。"① 虽然司徒雷登声称，他发表此文，意在要求中国"爱好自由的爱国人士"，联合全国人民，"一致参加建设性的演变进程，促进全国的统一以及和平的进步"。但是，其中包含的对国民党统治的尖锐批评却使蒋介石如芒在背。20日，《蒋介石日记》云："闻美大使司徒昨日因其援华借款提出国会而又发表其侮华、悖理、荒唐之宣言，可痛极矣。"②

然而，使蒋介石不能容忍的还不止于此。20日，美国国会众议院外交委员会开始审议援华法案，国务卿马歇尔出席作证，说明中国经济恶化，通货膨胀，政府急需援助。但如稳定货币，需要巨额基金，"在战争消耗和内部分裂的当前情况下，这种巨额的基金，多半是要浪费掉的"。因此，美

---

① 《中美关系资料汇编》第一辑，第1010页。
② 《蒋介石日记》（手稿本），1948年2月20日。

国的援华方案"不应含有对于中国日后经济的实际保证","美国在行动上不当置身于对中国政府的举措及其政治、经济和军事的事务直接负责的地位"。[①]下午,在参众两院外交委员会的联席会议上,他再次表示:"无论如何,中国政府已注定不是一个有力的盟友了。"[②]对于马歇尔的这些言论,蒋介石自然强烈不满。

当时,国民党军队在东北战场接连失败,使蒋介石极度焦虑不安。2月1日,蒋介石成立东北"剿匪"总司令部,以卫立煌为总司令。2月7日,东北人民解放军攻克辽阳。19日,再克鞍山。蒋介石既感到财力拮据,兵力不足,连子弹都极感匮乏。在此情况下,蒋介石虽然需要美国的经济援助,但更需要的是美国的军事特别是军火援助。美国国会议员中如周以德等人就主张以援助军火为急务。但是,马歇尔就是不同意,要蒋介石用外汇购买,在证词中声称:

> 中国为要供应这些额外的外汇需要,可以利用其本国的某些财政资源……而最后,于必要时,尚可利用中国所持有的黄金和外汇。按1948年1月1日的估计,两项共值两亿七千四百万美元。中国人若能增益其外汇纯收入,此项总额即可随之增加。[③]

外汇为稳定国内货币、向外采购所必需,蒋介石一向非常疼惜。抗战期间孔祥熙主管财政时,积累了数量可观的外汇。宋子文接任后,为平抑

---

① 《中美关系资料汇编》第一辑,第1008页。
② 《中华民国大事记》,1948年2月20日。
③ 《中美关系资料汇编》第一辑,第1008–1009页。

物价大量抛售，消耗殆尽。蒋介石发现后，紧急刹车，事后常常为此痛心疾首。现在，马歇尔却要蒋介石使用所剩外汇向美国购买军火，自然极为恼火。2月21日日记写道："接阅马歇尔复其司徒大使电意，对我接济军械之要求，仍以官话搪塞，毫无同情之心，对我东北危急之状况亦置若罔闻。观其答复议会对其援华不足之质问，乃推托于我政治、军事之无能失效。议会督促其军事援华，而彼以现款购械，必欲将我所余三亿美金之残款外汇完全用罄而后乃快其心。"由此，蒋介石大发其对美国和对马歇尔个人的一腔怨愤。他说：

> 美国外交不讲信义，无视责任，欺弱侮贫如此，其与今日之俄国，往日之德、日，究有何分别？然此惟马之一人作梗，而与其整个国家平时之精神实相背矛。马歇尔实为其国家之反动最烈之军阀。若不速败，其将贻害其美国前途无穷也。

在《上星期反省录》中，他进一步批评司徒雷登的《告中国人民书》和马歇尔在国会的证词，"皆表现其侮华之狂态"，自称"不胜为民族自尊心之痛愤"。[①] 22日，日记再次批评美国外交"幼稚"和司徒雷登"轻浮无知"，为此愤愤不已。

2月26日，蒋介石接到张群电话，告以上海谣传，蒋介石在庐山被刺，继而谣传，蒋介石辞职，"人心惶惑，物价飞涨，美钞一元已涨至法币三十万元"。就在这一天，蒋介石和宋美龄游览庐山名胜观音桥，途中作出

---

① 《蒋介石日记》(手稿本)，1948年2月21日，原文为："其大使发言之荒谬及其马歇尔在国会之答词"，表述有误，应指司徒雷登的《告中国人民书》及马歇尔在国会的证词。

决定，于 2 月 29 日在《上月反省录》中写道：

> 最后半日游观音桥途中，对于本人在国大时为国民党、为革命、为主义之利益与个人之出处已有一具体之决定，引以为慰。

蒋介石作出了怎样的"具体之决定"，日记没有写，但是后来，蒋命人为他编辑《事略稿本》时，就把它补明了。

> 今日形势，对外关系，只有推胡适以自代，则美援可无迟滞之借口。党内自必反对，但必设法成全，以为救国之出路。①

这段记载将蒋介石推荐胡适参加总统竞选的目的讲得再清楚不过了。这就是：便于处理对美关系，赢取好感，改变美国人的印象，以便在获取美援的过程中少一点阻碍和困难。就在蒋介石在庐山作出决策之前几天，司徒雷登在南京发表谈话说："（中国）对外结合的工作，我固然愿意推荐无党无派的自由主义者。"② 两者之间的联系不是十分显然吗？

从抗战后期起，蒋介石即多方设法，取得美国援助。抗战胜利后，蒋介石打内战，更形成了对美援的依赖。一方面，蒋介石对美国不满，但另一方面，又不能不争取美国在军事和经济方面的援助。蒋在庐山期间，美国国会虽然通过了援华法案，但是，美国政府却诸多借口，只援经济而不援军事。2 月 29 日，蒋介石与司徒雷登谈话，谈到美国国会的援助数额

---

① 《事略稿本》，1948 年 2 月 29 日，002-060100-00234-029。
② 《司徒大使这样说》，《中央日报》，1948 年 2 月 23 日，第二版。

虽然不小，但是"最急、最需与最轻易之步机枪子弹则未赠一枚，而且其前此拨援之步机枪子弹亦不能分配十枚之数，此种缓不济急之名援而实阻之不诚举动，殊不知其意之所在"。当年4月8日，蒋介石亲告胡适，推其竞选总统的建议是他在牯岭时"考虑的结果"。① 为何蒋在牯岭有此考虑呢？其因盖在当时争取美国军事援助中碰到了困难。

四、蒋介石决定推荐胡适竞选，同时仍在为自己当总统做准备

2月8日，蒋介石夫妇上庐山之前，时任行政院长的张群抓住机会与蒋介石见面，陈述对"戡乱行宪"的意见，涉及行政院与立法院的关系以及国大会议是否修改宪法等问题。蒋介石答称："中华民国今日之基础，不在政治与军事之是否有力，而全在于余一人之生存。至于宪法与行宪问题，亦只有因应时宜，以革命手段断然处置。"② 2月10日，张群转告王世杰说：蒋介石自己对"是否做总统，尚须考虑"。关于蒋"考虑"的内容，王猜度说："宪法中有行政院对立法院负责之语，因此总统如过分干涉行政院，则与宪法精神不合。但时局如此危险，蒋先生如无充分权力，将不能应付一切。此当在蒋先生考虑之中。"③ 1946年国民大会通过的《中华民国宪法》采取内阁制，规定"行政院为国家最高行政机构"，"对立法院负责"。至于总统，虽位居"元首"，对外代表国家，但只是

① 《胡适的日记》，1948年4月8日。
② 《蒋介石日记》（手稿本），1948年2月8日。
③ 《王世杰日记》，1948年2月10日，台湾"中研院"影印本，第6册，第173页。

"虚位"，对其权力有若干限制。如其第53条规定：总统任免官员须获立法院或监察院同意，签署命令须得到行政院长副署。其第39条规定：总统依法宣布戒严，但须经立法院通过或追认。立法院认为必要时，得决议移请总统解严。第43条规定：国家遇有灾害、防疫或财政经济上有重大变故，总统可经行政院会议决议，发布紧急命令，但须于一个月内提交立法院追认。如立法院不同意，该紧急命令立即失效等。这样，总统的权力就受到很多限制。这些限制，自然为酷爱集权于一身的蒋介石所不愿、不喜。

3月20日，蒋介石约集陈立夫、陈布雷等人开会，"指示国大代表资格与宪法及授权总统案之方针，分别与各方接谈"。其中的"授权总统案"，结合后来张群、王世杰等在国大提出的《动员戡乱时期临时条款》，显然其目的在于扩大总统权力。

蒋介石可以推荐胡适竞选，让胡担任"虚位"元首，但绝不会让他担任超越宪法，具有实际巨大权力的总统。蒋介石对陈立夫、陈布雷等人的指示，说明蒋介石并不想真正让出权力，其内心深处，还是准备自己当总统。

五、蒋经国上书蒋介石，建议蒋任行政院长

3月26日，蒋经国上书蒋介石，声称蒋出任总统，已经是一件"极其自然"之事，但本人仔细考虑之后，认为蒋以"谦辞总统，退任行政院长"最为适宜。其理由有三点："第一，足以表示在共乱未平前，对国家政治之负责精神。""第二，足以表示对全国拥戴出任总统之谦让精神。""第三，可

以避免行宪初期五院间之纠纷。"①

蒋经国所称第一点理由，信中未作说明。当时，国民党在内战战场上接连失败，经济恶化，通货膨胀，社会不稳，这些，蒋介石自然负有不可推卸的责任。但是，蒋经国又无法向蒋介石言明，只能笼统地劝其"歉辞"，以示"对国家政治之负责精神"。关于第二点，他解释说："全国民意均一致拥戴，大人出任总统，自难强其不选，但如能于当选后谦辞，而另以一德高望重之元老出任总统，固足发扬我国谦让古德，尤可于行宪之前，发生政治教育作用。"蒋经国估计，蒋介石一定会当选，主张在当选后"谦辞"。何以如此呢？

此前各地进行的国民大会代表和立法委员选举乌烟瘴气，闹得不可开交。本来，各地不少国民党人为了扩大政治势力，升官发财，都竞相参选；再加上，国民党为了成立"联合政府"，做样子给美国人看，特别给追随自己的青年党、民社党留出若干名额，以示礼让，这就使得有限的代表名额更为紧张，选风因而更为恶劣。1947 年 11 月 10 日，蒋介石曾在中央党部发表讲话，要求国民党员不计较个人荣誉地位，免致分散目标，削减力量，除由本党决定列入的参选者外，其他人皆应发扬"多尽革命责任，不争个人权利"的精神，专心致力于本身职务，不参加竞选，以便多留名额，为"友党人士"和"社会贤达"提供参政机会。② 当时，蒋介石已被他的老家浙江奉化推举为国民大会代表候选人。11 日，蒋介石特别发表声明，不拟参加竞选，而将名额留给适宜的奉化地方人士，借以"树立民主之楷模"。事后，奉化参议会电陈，全县人民"赤诚"拥戴，希望蒋介石万勿谦辞，但蒋介石

---

① 《蒋中正总统文物档案》，台北"国史馆"藏，002-040700-00004-008。
② 《总统蒋公大事长编初稿》卷六（下），总第 3331 页。

仍然复电辞谢。不过，蒋介石此举并无多大效果，除顾祝同、陈诚、胡宗南、周至柔、汤恩伯等三十余亲信响应外，竞争仍越演越烈，以致国民党中央不得不制定《自愿退让与友党办法》，以示鼓励。蒋经国信中所说"政治教育作用"，显然针对当时国民党内普遍存在的争权夺利现象，希望以蒋介石的"谦辞总统"作为救治药方。

蒋经国所称第三点，他解释说："如能在行宪初期，大人出长行政院，使五院之间有一中心，不独可避免五院间之纠纷，并足为行政、立法之间树一良好基础，永奠国家政治之安定。"孙中山提倡"五权宪法"，行政、立法、司法、考试、监察等五种权力互相制衡。蒋介石早就认为："五院制乃总统集权制之下方得实行，否则未得五权分立之效，而反生五院牵制纠纷之病。"①蒋经国之所以劝蒋介石出任行政院长，其意在于使蒋成为"五院"的"中心"，仍收"总统集权制"之效。

蒋介石最初的想法是，如胡适竞选总统成功，他自己出任"参谋总长"，掌握军权；读到蒋经国的信以后，他的想法变为改任"行政院长"，掌握包括军权在内的全部行政权力了。

六、蒋介石托王世杰传话，要胡适出来竞选

蒋经国上书之后，蒋介石继续思考"总统、副总统的人选"问题。其3月27日所书《本星期预定工作课目》第8条为："不任总统之影响与国家利害之研究"。第9条为："胡适任总统之利弊"。说明他仍有某种犹豫。

---

① 《蒋介石日记》(手稿本)，1934年6月9日。

29 日，国民大会开幕。30 日，蒋介石约王世杰谈话，坦率说明：在现行宪法之下，自己如担任总统，将会受到很大的束缚，不能发挥能力，戡乱工作将会受到很大的影响。① 蒋要王向参加大会的胡适传话，本人"极愿退让"，不竞选总统，提议胡适为总统候选人，自己愿任行政院长，"负责辅佐"。②

胡适听了王世杰的传话之后，认为"这是一个很聪明很伟大的见解，可以一新国内外的耳目"。他并表示："我也承认蒋公是很诚恳的。"王世杰就此鼓励胡适"拿出勇气来"。胡适当日在日记中写道："但我实无此勇气。"③ 第二天，胡适与王世杰、周鲠生谈了三个小时，仍觉"没有自信心"。当晚八点一刻，王世杰来讨回信，胡适表示"接受"。他要王转告蒋介石：第一，请蒋考虑更适合的人选；第二，如有困难，如有阻力，请蒋立即取消。"他对我完全没有诺言的责任。"④ 4 月 1 日晚，胡适往见王世杰，声称"仔细想过，最后还是决定不干"。他说："昨天是责任心逼我接受，今天还是责任心逼我取消昨天的接受。"⑤

国民党长期实行党治，以党治国，推行一党专政，因此，以国民党党魁担任国家元首是常规，至少，也必须是国民党员。现在，拟由无党派人士竞选并担任总统，自然是对于"一党专政"制度的局部修正。胡适之所以肯定蒋介石的建议是"很聪明、很伟大的见解"，其原因在此。

3 月 31 日上午，蒋介石继续研究推举胡适为总统的"得失"及其与"国家之利害、革命之成败"的关系，日记自称在作了"彻底考虑"之后，"乃

---

① 《胡适之先生年谱长编初稿》（增补版）第 6 册，第 2022 页。
② 《蒋介石日记》（手稿本），1948 年 3 月 30 日。
③ 《胡适的日记》，1948 年 3 月 30 日。
④ 《胡适的日记》，1948 年 3 月 31 日。
⑤ 《胡适的日记》，1948 年 4 月 1 日。

下决心"。当晚，蒋介石与宋美龄巡视南京下关时，与宋"谈推选与退让之大旨"，向她透露消息。[①] 同晚，蒋介石得知胡适接受推选，很高兴，立即召见陈布雷，详述旨意与决心，命陈先行告知戴季陶与吴稚晖二人，不要反对，他说："此乃党国最大事件，余之决定必多人反对，但自信其非贯彻此一主张无法建国，而且剿匪、革命亦难成功也。"[②] 4月1日，与张群研究，得到支持。当日，陈布雷来报：戴季陶主张总统不得退让，"否则国基、民心全盘皆乱"。吴稚晖则赞同蒋的主张。蒋介石感到高兴。当晚与戴季陶谈话一小时多，终于将戴说服。

4月2日，蒋介石召见陈立夫等，决定于4日召开国民党临时中央全会。

七、蒋介石劝退李宗仁与程潜

继李宗仁之后，孙科、程潜、于右任陆续宣布参选副总统。

孙科原是蒋介石预定的接班人。尽管抗战期间，孙科主张亲苏，发表过若干反对独裁的言论，使蒋极为不满；尽管孙科贪钱爱色，使蒋介石骨子里看不上他。但是，孙科是文人，尚能听话，不像李宗仁、程潜，手头有军队，易于另树一帜，甚至反叛。因此，蒋介石决定劝退李宗仁和程潜。至于于右任，蒋介石不认为会对自己、对孙科形成什么威胁，没有当回事儿。

蒋介石决定自己不参加竞选总统，自然有了劝退李宗仁等人的本钱。4月2日，蒋介石先约白崇禧谈话，宣称"军人不竞选以垂范于后世"，"勿蹈民初之覆辙"，同时告诉白崇禧，自己已决定不选总统，要白转告李宗

---

① 《蒋介石日记》（手稿本），1948年3月31日。
② 《蒋介石日记》（手稿本），1948年4月1日。

仁，勿再竞选副总统为要。①4月3日晚，蒋介石约见李宗仁，劝李停止竞
选副总统，这次会见，两人都极不愉快，李明确表示"很难从命"。对此，
李宗仁回忆说：

> 蒋说："我是不支持你的。我不支持你，你还选得到？"
>
> 这话使我恼火了，便说："这倒很难说。"
>
> "你一定选不到。"蒋先生似乎也动气了。
>
> "你看吧！"我又不客气地反驳他说："我可能选得到！"
>
> 接着，李宗仁便说明自己"天时""地利"都不利，但"我有一项
> 长处，便是我是个诚实人，我又很易与人相处，我得一'人和'，我
> 数十年来走遍中国，各界人士对我都很好，所以纵使委员长不支持我，
> 我还是有希望当选的"。

蒋介石原来和李宗仁并坐在沙发上，这时满面怒容，一下子便站起来
走开，口中连说："你一定选不到，一定选不到！"

李宗仁也跟着站起来，说："委员长，我一定选得到！"

据李宗仁回忆，蒋介石来回走个不停，气得嘴里直吐气。

关于这一次见面，蒋介石日记记载说："彼乃现丑陋之态。始而温顺，
继乃露其愚拙执拗之语，反党、反政府之词句，几乎一如李济深、冯玉祥
之叛徒无异，甚至以国大提名让党非法之罪加之于余之意，及不惜分裂本
党相恫吓。余只可怜其神志失常，故不再理解，听之而已。"根据这一段日

---

① 《蒋介石日记》(手稿本)，1948年4月2日。

记，可以发现二人争执的情况要比李宗仁的回忆更为严重。

蒋介石与李宗仁谈话后，继续会见程潜，劝其退出竞选。程潜不肯退出，但蒋介石认为"其态度较佳"。

当晚，蒋介石会见陈布雷、陈立夫、吴铁城等人，得知桂系以"分裂""不出席国大""推倒国大"相威胁，叹息说："不惟不择手段，且无廉耻，人之无耻，则不可收拾矣！"当夜，蒋介石再次不能入眠。

第二天，蒋介石再次召见白崇禧，告以昨晚与李宗仁谈话情况，给蒋留下的印象是："彼甚明理，不以彼等跋扈蛮横为然也。"①

八、蒋介石向国民党中央提出建议，遭到否决

4月4日，国民党第六届中央执行委员会临时全体会议召开，讨论总统、副总统提名问题。蒋介石在会上发表声明，此前未就是否参选总统一事加以说明，其原因在于本人是党员，应尊重党的决策，接受党的命令，在党未决定以前，个人不能有所表示。他批评"本党有人"擅自竞选副总统，违反党纪，宣称自己已决定不参加总统竞选，最好由本党提出一党外人士为候选人。此候选人应具备下列条件：（1）富有民主精神。（2）对中国之历史文化有深切之了解。（3）对宪法能全力拥护，并忠心实行。（4）对国际问题、国际大势，有深切之了解及研究。（5）忠于国家，富于民族思想。这五条几乎是按照胡适的情况量身订做的。蒋介石接着声称：这是他数月以来深思熟虑，基于革命形势所得出的结论。"今日宜以党国为重，而不计

---

① 《蒋介石日记》（手稿本），1948 年 4 月 4 日。

较个人得失，以达成中国国民党数十年来为民主宪政奋斗之本旨。"① 当日，除吴稚晖、罗家伦二人外，其余出席者都不赞成蒋的意见，邹鲁并提议以"起立"方式表示拥戴"总裁"为总统候选人。罗文谟则建议修改《宪法》关于"总统职权"的规定，使蒋介石担任总统后，能真正担负"戡乱建国"的责任。会议一直开到晚上7点，蒋介石再次发言，警告称：全会如不能贯彻自己的主张，则"剿匪"不能成功，本党且将于二年之内蹈袭民国二年整个失败的悲惨命运。会议仍然无人响应蒋的意见，不得已，决定将此案于次日移交中常会讨论，作出决定后再向全会报告。

4月5日晨，蒋介石先后约陈布雷、白崇禧、张群等人谈话，商谈总统候选人人选。蒋特别要张群在中常会上"作最后之奋斗"。陈布雷向蒋介石说明，推举党外人士竞选，在国民大会中实无把握；张则报告青年党态度，认为必须由蒋担任总统，大有"斯人不出，如苍生何"之意。至此，蒋已不再坚持原意，三人继续研究在不修改宪法的原则下，如何安定政局，推进"戡乱"工作。当日上午十时半，中常会召开部分人员参加的预备会。② 贺衷寒、袁守谦和与三青团有关系的常委主张接受蒋的意见，但张道藩、谷正纲和与CC系有关系的常委则反对，主张蒋继续做总统。争论激烈。张道藩声泪俱下地表示："任何事情，我们都要坚决服从总裁指示，只有这件事情不能服从。"③ 张群发言称："总裁并不是不想当总统，而是依据宪法的规定，总统并没有任何实际权力。它只是国家元首，而不是行政首长。他自然不愿任此有名无实的职位。如果常会能提出一种办法，赋予总统以一

---

① 《总统蒋公大事长编初稿》卷七（上），总第3422—3423页。
② 此会无名称，居正称之为"小组会议"，见《居正日记书信未刊稿》第三册，广西师范大学出版社2004年版，第115页。
③ 《陆铿回忆与忏悔录》，台湾时报出版公司1997年版，第197—198页。

种特权，则总裁还是愿意当选总统候选人的。"① 会议因而决议，推张群、陈布雷、陈立夫三人于中午向蒋征询意见。

当日中午，蒋介石得悉预备会情况，嘱咐王世杰往见胡适，告以前议作罢。日记云："此心歉惶，不知所云，此为余一生对人最抱歉之事，好在除雪艇之外，并无其他一人知其已接受余之要求为总统候选人之经过也，故于其并无所损耳。"②

同日下午三时，孙科主持召开中常会谈话会。出席五十五人，列席二十三人。会议决定提出一份《研究报告书》，认为蒋的意见既发扬孙中山"天下为公精神，为行宪伊始，立选贤与能之良好规范"，又体现"对戡乱建国积极负责，不计名位，为国家作实际有效之服务"的品格，但是，鉴于当前国事艰巨以及党内外的殷切期望，"在事实上，非总裁躬膺重任，不足以奠立宪政治基础"，因此，仍然推荐蒋介石为第一届总统候选人。③ 同时，会议并决定做成一项对外不发表的决议，推王宠惠、孙科、居正、李文范、陈布雷、张知本、张群、王世杰等八人负责研拟："如何在不修改宪法条文之原则下，使总统得切实负荷戡平共匪叛乱巩固国家基础之责任，使剿匪与动员事项得以适应事宜。"④ 这次会议反共，因此出现了"共匪""剿匪"

① 程思远：《政坛回忆》，广西人民出版社1983年版，第180页。
② 《蒋介石日记》（手稿本），1948年4月5日。
③ 《总统蒋公大事长编初稿》卷七（上），总第3424页。
④ 《陈布雷呈蒋中正中央常务委员谈话会委员发言归纳整理》，转引自刘维开《中国国民党六届临时中全会研究》，《1940年代的中国》，社科文献出版社2009年版，第83页。关于此次会议，程思远回忆称：陈布雷向会议汇报称：如果能提出一套补救办法，则总裁仍愿出任总统候选人。王宠惠当即提出，避开宪法的有关规定，赋予总统在特定时期的紧急处分权力。他并比喻说："我们有了一座大房子，还要一间小房子。宪法是大房子，临时条款是小房子，两间房子互相为用。"陈布雷随即提出一份"决议文"，宣称根据"国家当前的形势，正迫切需要总统的继续领导"，建议在本届国民大会中，增加"动员戡乱时期临时条款"，规定总统在戡乱时期，得为紧急处分。见《政坛回忆》，第181页。

一类词语。会后，王世杰等即负责起草《动员戡乱时期临时条款》，以便给予蒋介石以"紧急应变的特殊权限"。①

4月6日，国民党中常会向六届临时中央全会提出《研究报告书》，会议决定，拥蒋参加竞选，但党不提名，国民党党员中的国大代表可依法联署提名，参加竞选。同日，国民大会举行第一次会议。其后，吴稚晖、于右任、张伯苓、胡适、梅贻琦、王云五等一百余人发起，共1489人联署，推荐蒋介石为总统候选人。

8日，蒋介石邀胡适吃晚饭，再次致歉。他告诉胡适："不幸党内没有纪律，他的政策行不通。"胡适对蒋称："党的高级干部敢反对总裁的主张，这是好现状，不是坏现状。"蒋介石一再要胡适组织政党，胡适答以"我不配组党"，建议蒋将国民党分化为两三个政党。②

关于国民党高层反对蒋介石建议的情况，司徒雷登于4月6日向马歇尔汇报说："国民党对于这种建议的反映，是非常沮丧的情绪。虽然在新宪法之下，总统权力大大减少，但是国民党的大多数党员已长期习惯于以党的领袖与总统置于同等地位了，因此蒋委员长的建议极遭反对，理由是国民党对政府的控制将因而削弱，而且目前的危机也使国家需要有一个有力的舵手。在一系列的会议之后，CC派拒绝与任何非由蒋委员长担任总统来领导的政府合作。黄埔系威胁宁愿投奔共产党也不愿服务于除蒋介石以外的任何总统之下。国民党领袖联合提出蒋委员长是担任总统一职的不可或缺的人。因之，蒋委员长屈服于国民党的命令，他今天同意参加总统竞

①《王世杰日记》，1948年8月15日，第6册，第178页；参见《战后中国》（二），第830页。
②《胡适的日记》，1948年4月8日。

选。"①国民党长期实行一党专政，以党统政，甚至以党代政，自然不甘心对政权的控制作任何一点放松。

尽管蒋介石的参选已成定局，但是，蒋经国仍然于4月14日致函蒋介石，认为"以不出任大总统为上策"。函称："此事不但针对目前之处境应采取此项决策，即以大人今后在我国历史上之地位而论，亦以谦让总统为是。"②国民大会开幕前夕，有部分奉命"礼让"的国民党当选代表不愿"礼让"，宣言"绝食护宪"，住进会堂，企图阻挠第二天开会，一直坚持到凌晨四点，被蒋介石命警察强行拖出。其中有人又抬出棺材，誓言以死抗争。蒋介石于29日接见这部分代表，软硬兼施，才算平息。此后，这批人并曾计划捣毁会场，阻碍议事，闹剧不断。③与此同时，民社党、青年党的代表名额虽然得到国民党的"礼让"，但仍不厌足，多方责难；几个副总统候选人之间的竞争依然激烈，互不相让。蒋介石曾经感叹：这些人"宁毁党国，而不肯放弃丝毫之权利"④。蒋经国于此时上书蒋介石，再次提出"谦让总统"问题，当系针对此类情况而发。

九、蒋介石费尽心力，通过《动员戡乱时期临时条款》

蒋介石对扩大总统权力的《动员戡乱时期临时条款》（以下简称《临时条款》）极为重视。4月9日，蒋介石亲自找民社党领袖张君劢谈话，要

---

① 《中美关系资料汇编》第一辑，第859页。
② 《蒋经国家书》（四），台北"国史馆"藏，002-040700-00004-010。
③ 《蒋介石日记》（手稿本），1948年4月8日。
④ 《蒋介石日记》（手稿本），1948年4月12日。

他支持。张犹豫，蒋即答应给民社党以经济协助。①4 月 12 日、14 日，蒋介石先后召集有关人员和出席国民大会的国民党党团干部讨论、协调。16 日，国民大会召开《临时条款》审查会，讨论终日，青年党强烈反对，迫使蒋介石两次召见该党党魁曾琦，"好言婉劝，百端忍受"，一直谈到深夜 10 时，才得到曾琦的"半诺"。蒋介石长期习惯于一呼百应，何曾受过此等窝囊气，日记云："困迫如此，殊非预料所及，灰心极矣！"②17 日，蒋介石首先召集出席会议的党员代表二千人开会，"予以训示"，使党员代表通过《临时条款》。接着，蒋介石又因《临时条款》关涉宪法，到大会宪法组视察，发现那里正为此"喧哗不休，几乎动手互殴"。蒋的出场具有震慑作用，《临时条款》得以通过。散会时，蒋介石气极了，以"人民"资格将宪法组的代表们"训诫"了一通。③

4 月 18 日，国民大会公告，以蒋介石与居正为总统候选人。同日，国民大会开会，讨论莫德惠等 1202 人提议制定的《动员戡乱时期临时条款》，规定总统在"国家或人民遭遇紧急危难，或应付财政经济上重大变故"时，可以"紧急处分"，不受宪法第 39 条或第 43 条的限制。这样，总统的权力就不是缩小了，而是前所未有地扩大，可以不受宪法的限制了。讨论时，田植萍批评此项条款的审查，"无守法精神""无民主精神"。④蒋介石日记称："情绪之紧张已达极点，幸事前布置，反对最烈者或以余在座，皆略申其意，未作激辩，卒至十二时一刻，三读会通过，国大最大功用已经完成矣！"⑤

---

① 《蒋介石日记》(手稿本)，1948 年 4 月 9 日。
② 《蒋介石日记》(手稿本)，1948 年 4 月 16 日。
③ 《蒋介石日记》(手稿本)，1948 年 4 月 17 日。
④ 《中央日报》，1948 年 4 月 19 日，第二版。
⑤ 《蒋介石日记》(手稿本)，1948 年 4 月 18 日。

当日到会代表 2045 人，投赞成者 1624 人，可见，有大量代表反对。^①

19 日，蒋介石在出席代表 2734 人中以 2430 票当选，居正因蒋事先作了安排，得 269 票，没有全失体面。20 日，国民大会公告孙科、于右任、李宗仁、程潜、莫德惠、徐傅霖为副总统候选人。国民党各派系的斗争更为激烈，致使国民大会开得更加乌烟瘴气。有关情况，当另文研究。

总统选举的尘埃落定，蒋在日记中却多次表示，未能实现初衷，以党外人士为候选人，又未能由党来公决副总统候选人，是"革命运动无政策、无纪律之重大失败"。^②据其 5 月 15 日日记记载：当日晨醒后，他曾考虑是否就职，或让位于李宗仁，自己仍退任行政院长。思考再三，决定退让，但起床后向"天父"祷告，"天父"默示"进"，蒋介石遂决定不辞。^③

十、司徒雷登的评价与失望

蒋介石推出胡适竞选总统，本意之一在于做给美国人看。4 月 2 日，傅泾波来见蒋介石，据称马歇尔致司徒雷登大使手书有"今日方知蒋主席人格之伟大"之语。^④《纽约时报》《前锋论坛报》也都给予好评。然而，司徒雷登很快就看出其中的门道来了。4 月 6 日，司徒向马歇尔报告，认为它是"一个巧妙的政治手段"，其后果是"确定了他的总统的地位，获得了国民党内对他的领导的拥护，扩大了他的权威"。

司徒雷登认为，国民党内存在派系，对蒋的领导能力的不满日益增加，

---

① 《中央日报》，1948 年 4 月 19 日，第二版。
② 《上星期反省录》，《蒋介石日记》（手稿本），1948 年 4 月 10 日。
③ 《蒋介石日记》（手稿本），1948 年 5 月 15 日。
④ 《蒋介石日记》（手稿本），1948 年 4 月 2 日。

蒋担心党内分子利用国民大会攻击他的政策，以致促成党的分裂，因此表示退出竞选，建议国民党支持非国民党的竞选人，其结果反而促成国民党人对他竞选总统的普遍拥戴，从而大大加强了自己的地位。这些原来准备批评他的人，"将来还可能不过分吹毛求疵地接受他的政策"。司徒雷登的这一估计有一定道理。由于蒋介石以退为进，国民大会上本来应该出现的对蒋介石的尖锐批评都消声失音，代之以非蒋出任总统不可的喧闹与鼓噪。4月10日，有河南代表对蒋介石所作政治报告提了点不疼不痒的批评，认为"不够详尽，不能满意"，结果，全场哗然，引来大量"痛愤不平"的攻击。[①]

司徒雷登的其他估计则未免过于乐观和美化，例如，认为蒋介石此举将使中共对国民党的批评被迫从"独夫统治""蒋政府"变为"国民党政府"，可以答复国内外的其他批评者，蒋正在努力扩大"新政府的基础"，甚至说蒋介石此举的动机"无疑地是由于需要国民党内的更加团结"等等。然而在国民大会通过《动员戡乱时期临时条款》后，司徒雷登立即看出了这一条款将"给予总统以实际上无限权力"。4月23日，在蒋介石被选举为总统之后的第四天，他向马歇尔报告说：

> 他坚持着一种摧毁他自己的目的的政策。我相信他不是为了自私的动机而求独裁的政权，但坚持这样做是害了他自己，也害了国家。在他领导之下，事情越是恶化，他越是感到必须负起整个的重担。[②]

不管蒋介石怎样企图为国民党政权装点民主的花饰，然而，司徒雷登

---

① 《蒋介石日记》（手稿本），1948 年 4 月 10 日。
② 《中美关系资料汇编》第一辑，第 861 页。

还是很容易地看出，蒋介石所追求的是扩大权力，国民党不是在走向民主，而是在进一步走向独裁。5 月 6 日，蒋介石会见司徒雷登，日记云："态度不良。"① 显然，司徒雷登正在不断增加对蒋介石的失望与绝望。

还在抗战期间，罗斯福总统就曾在开罗会议晤见蒋介石时明确地告诉他，当时的中国政府"绝不能代表现代的民主"，必须"与延安方面握手，组织一个联合政府"。② 战后美国对华政策发展为具有两重性的政策，即一面扶蒋反共，一面指责蒋介石和国民党长期实行的一党专政制度以及其腐败与无能，要求国民党改革自己的统治方式。杜鲁门就任总统后曾于 1945 年 12 月 15 日发表声明："目前中国国民政府是'一党政府'"，"如果这个政府的基础加以扩大，容纳国内其他政治党派的话，即将推进中国的和平、团结和民主的改革"。③ 3 月 11 日，国民大会召开日期临近，杜鲁门举行记者招待会，明确表示，"希望中国自由分子将被容纳到政府里去"。④ 与此相应，蒋介石的对美政策也具有两重性，即一面对美国政府的侵华企图及其霸道有不满，有警惕⑤，但又不能不依赖美援以维持统治，这样，他就不得不在某些方面应付和敷衍美国人，在政治改革上作出若干让步，例如，在一段时期内接受马歇尔调停；改组国民政府，延揽非党人士出任国府委员；

---

① 《蒋介石日记》(手稿本)，1948 年 5 月 6 日。
② 小罗斯福：《罗斯福见闻秘录》，上海新群出版社 1949 年版，第 155 页。
③ 《中美关系资料汇编》第一辑，第 629 页。
④ 《中美关系资料汇编》第一辑，第 316 页。
⑤ 这个问题较复杂，须另文讨论。兹举一例：1948 年年初，蒋介石准备派俞大维赴美争取援助。俞大维行前，与美国公使衔秘书克拉克谈话，克称：俞赴美，只能以远东司司长为谈判对手，马歇尔不能接待。克并要求中国开辟南京及汉口为商埠作为援华条件。蒋介石得悉后，很生气，决定俞停止赴美，同时向"天父"祷告、请示，可否对美表示绝交。连问三次，"天父"均示以不可。他在 1 月 6 日的日记中感叹："照常理决策，以为对顽固不灵之政敌，有词可藉，有机可乘，非予以当头一棒，使之有所觉悟不可，而神则再三示为不可。过后半日，乃发现余自主观太强，思虑错误处。"

不惜低声下气，乞求民社党、青年党等参加国民大会和政府机构等。他之所以推荐无党派的名流胡适参加竞选总统，也是这种让步之一。无奈国民党一党专政、个人独裁的痼疾已深，不受到刻骨铭心的沉痛打击，难以作出真正的、有实质意义的改变。

附记：此文修订过程中，承台北政治大学刘维开教授帮助，谨致谢意。

雷震、胡适与《自由中国》半月刊①

一、雷震其人与《自由中国》的创刊

　　雷震（1897—1979），字儆寰，祖籍河南罗山，出生于浙江长兴。1912年进入湖州浙江省省立第三中学读书，在校时，曾参加反对袁世凯与日本签订二十一条的爱国运动。1916 年毕业，赴日留学。次年，经张继和湖州同乡戴季陶介绍，加入中华革命党。1926 年毕业于日本京都帝国大学法学部，一度入大学院研究宪法。同年冬归国。1927 年，任国民政府法制局编审。1930 年兼任中央大学法学部教授。1931 年当选为国民党南京市党部委员。1938 年国民参政会成立，任议事组主任。1940 年国民参政会成立宪政期成会，任助理，参与制宪工作。1946 年，国民政府召开政治协商会议，任秘书长。他周旋于各种不同政见的派别之间，被取了一个绰号——各党各派之友。

　　1949 年 4 月，雷震任京沪杭警备司令部顾问，协助汤恩伯防守上海。8

---

①　原载《中国文化》，2019 年第一期。

月初，蒋介石在台北设立总裁办公室，雷震任设计委员会委员。1950 年 3 月
1 日，蒋介石在台恢复"总统"职位。3 月 31 日，雷震被聘为"国策顾问"。
1951 年，被蒋介石委派赴香港，慰问从大陆逃亡到当地的反共人士。青年党
领袖左舜生表示：愿意到台湾协助政府工作，但国民党必须废除学校中的三
民主义课程及军队党部。3 月 2 日，雷震返台报告。29 日，蒋经国批评雷震
"受了共产党的唆使，这是最反动的思想"。4 月 6 日，蒋介石指责，"与匪谍
汉奸无异，为一种寡廉鲜耻之行为"。① 两次申斥，使雷震既痛苦，又愤怒。

　　还在 1949 年 1 月，蒋介石引退下野，国民党在大陆的统治处于危急存
亡之际，雷震即与胡适、王世杰、杭立武等人在上海聚议，主张办个刊物，
宣传自由与民主。胡适提议，仿照 1940 年戴高乐反对德国纳粹、倡导"自
由法国"运动之例，将刊物定名为《自由中国》。4 月 4 日，雷震、王世杰等
到溪口，向蒋介石报告自由中国社的组织经过及出版计划，蒋介石赞成并表
示愿意资助。②11 月 20 日，该刊在台北创刊。发刊词称："这个刊物所发表
的文字，本着思想自由的原则，意见不必尽同，但弃黑暗而趋光明，斥集权
而信民主，求国家民族的自由，求世界的和平，则是大家共同的主张。"胡
适认为："言论自由，只在宪法上提到那一条是不够的。言论自由同别的自
由一样，还是要靠我们去争取的，法律的赋予与宪法的保障是不够的。"③ 他
将当年 4 月所写《〈自由中国〉的宗旨》交给刊物发表，宣称"我们要做的
工作"，第一就是"向全国国民宣传自由与民主的真实价值，并且要督促政
府（各级的政府），切实改革政治经济，努力建立自由民主的社会"④。该刊由

---

① 《雷震日记》，1950 年 3 月 29 日、4 月 16 日，《雷震全集》第 33 册，第 70、81 页。
② 《雷震日记》，1949 年 4 月 4 日，《雷震全集》第 31 册，第 173–174 页。
③ 《雷震回忆录》，《雷震全集》第 11 册，第 28 页。这一段话，为 1952 年 11 月 9 日所讲。
④ 《胡适之先生年谱长编初稿》（增补版）第 6 册，台北联经出版公司 2015 年版，第 2083 页。

雷震任社长，五四时期《新潮》创办人、台湾大学教授毛子水任总编辑，前华北大学教授王聿修任副总编辑。胡适因在美国，担任挂名的发行人。经理为马之骕，编委有夏道平、殷海光、聂华苓等十六人。半月一期。至1960年9月1日，共刊出二百六十期，存活十年九个月又十天。

《自由中国》的编委大体上属于国民党体制内的改革派，以"宪政民主"为追求目标。创办初期，得到国民党高层的鼓励和资助。自1949年11月至1950年年底，得到"教育部"补助经费新台币三万元左右。自1951年3月至1953年5月，吴国桢的省政府财政厅每年资助新台币二万元。美国国务院拨款的亚洲协会自1953年元旦起，每期购买一千本。自1954年元旦起，增购五百本，邮资另加。平均每年约资助两千美元。①

《自由中国》创刊时，每期印刷三千本，赠阅多于订阅，属于亏本办刊。自1952年起，可以自给自足。至1954年起，开始盈利。1957年至停刊，每期印刷一万二千本，成为台湾地区"名震遐迩"的著名政论刊物。

二、《自由中国》的多起事件

《自由中国》创刊后，多篇文章触犯台湾国民党当局。

（一）社论《政府不可诱民入罪》

1951年6月1日，《自由中国》发表编委夏道平所写《政府不可诱民入罪》，批评保安司令部经济检查人员利用金融管制法令，钓鱼执法，借此

---

① 《黄杰警总日记选辑》，第210页。

获取巨额奖金。社论呼吁"政府有关当局勇于检讨，勇于认过，勇于把这件事的真相明白公告出来，并给这次案件的设计者以严重的行政处分"①。编者在《给读者的报告》中特别说明："这篇文章或许会激起某些人士的不满与愤怒"，但"进忠言是舆论界的神圣使命"，"希望政府当局能有不以忠言为逆耳的雅量"。刊物出版后，保安司令部副司令彭孟缉认为该文"侮辱"了保安司令部，立即呈请省主席、保安司令吴国桢，抓捕编辑，同时遣派特务到编辑部门口站岗。因吴国桢反对，没有抓人。彭坚持要《自由中国》道歉，经雷震与"总统府"秘书长王世杰、"行政院"秘书长黄少谷、国民党第四组主任陶希圣等多人沟通，决定由《自由中国》另写社论解释。陶希圣认为新写的社论是"强辩"，"用不得"，雷震即请陶本人修改。6月14日，陶希圣修改后的社论《再论经济管制的措施》发表，声称前文并没有推论到"有关机关的工作人员之操守"，"不是对于任何人的操守有所指摘"。②这就否认了前文所具有的任何批评内容。

此次事件，被雷震称为《自由中国》的第一次言祸。③

（二）胡适来函

胡适曾认为《政府不可诱民入罪》一文"文字有事实，有胆气，态度很严肃负责，用证据的方法也很细密"，是《自由中国》"出版以来数一数二的好文字"。他读了陶希圣修改后的社论后，认为是"受了外力压迫之后被逼写出的赔罪道歉的文字"。8月11日，胡适致函雷震称：

---

① 《自由中国》，第 4 卷第 11 期，1951 年 6 月 1 日。
② 《自由中国》，第 4 卷第 12 期。
③ 《雷震回忆录》，《雷震全集》第 12 册，第 395 页。

　　《自由中国》不能有言论自由，不能有用负责态度批评实际政治，这是台湾政治的最大耻辱。我正式辞去"发行人"的衔名，一来是表示我一百分赞成《不可诱民入罪》的社评，二来是表示我对于这种"军事机关"干涉言论自由的抗议。

　　9月1日，胡适的来函在《自由中国》第五卷第四期刊发。

　　胡适来函批评尖锐、严厉，蒋介石对《自由中国》刊发此函非常生气。9月4日，国民党改造委员会设计委员会主任委员萧自诚召开会议，批评雷震发表胡适来函是"捣乱"，陶希圣责问雷震"为什么要弄到胡适之和政府对立"，周洪涛责备雷震"不识大体"，彭孟缉则诬指雷震的香港之行"涉嫌套汇"。9月5日，保安司令部居然向雷震发出传票，要雷在第二天出庭应讯。6日，国民党改造委员会纪律委员会向雷震发出"代电"，声称雷震在《自由中国》刊登胡适私信，"有损我国在国际上的信誉"，"事先既未报告"，又复违反本党改造后"一切透过组织"之原则，已经改造委员会核议，并经"总裁"指示，"违反党纪部分交纪律委员会议处"。7日，雷震得知，蒋介石认为他不配做党员，要开除他的党籍，经陈诚等反对，改为警告。①

　　纪律委员会要雷震在十日内提出答辩，9月15日，雷震提出《答辩书》：

　　（1）胡适来函是对自由中国出版社全体同人说话，不得视为"私函"。

　　（2）《自由中国》原有编辑委员十一人，"代电"所称"本党党员

----

① 《雷震日记》，1951年9月7日，《雷震全集》第33册，第155页。

雷震所主编"，并非事实。

（3）函件是"胡先生决心要发表的"，本社同人只有遵办。台湾"苟尚有发表言论之自由，则胡先生之负责的言论，自无不应发表之理"。

（4）胡先生并非不明了台湾的"实际情形"。倘胡先生真能明了本刊在社论发表后所受威胁，其愤慨"恐尚不止此"。

（5）"一个政府在国际的信誉之高低，端在于其实际的施政如何。"胡先生此函如合乎事实，政府许可发表，尊重言论自由，将可恢复国际信誉。

（6）"一切透过组织"的原则，不知何所根据？遍查《改造纲要》，在"一元领导"下有"一切通过组织，组织决定一切"字样，应有的解释是"指领导而言"，不许本党今后再有派系之分，并非"党员之衣食住行及其他一切日常行动均须透过组织。

《自由中国》发表《政府不可诱民入罪》社论后，国民党改造委员会主办的《政治通报》曾发表文章，不点名地批评《自由中国》"对执行机关加以过分的责难和批评"，"无异是替买卖金钞者张目，使取缔金钞黑市办法等于具文"。因此，雷震在《答辩书》第七条中询问其理由，是否反对"诱民入罪"就一定导致这样的结果，除"诱民入罪"手段之外，就再无其他方法？"如此掩蔽事实真相而又不加以矫正，则民主法治之基础何以树立，人民之福利及国家社会之进步何从而获得？"

"代电"通知雷震，其"违反党纪"部分"交纪律委员会议处"，雷震在《答辩书》中列举《改造纲要》中关于《党的纪律》的各项条文，说明改造委员会的决议，"其本身实无所根据"。

（三）《再期望于国民党者》与《监察院之将来》二文

　　二文均为 1953 年《自由中国》第七卷第九期刊发。前文称："民主宪政经过了四十年的叫喊，现在已成滥调。滥调之所以成为滥调，在于了无实际内容，无内容的滥调，是讨人厌的。"后文提到"国歌"中有"吾党所宗"一句，其中"吾党"，明明是国民党，偏偏要他党党人在唱"国歌"时改换党籍，该是一件多么伤害感情的事情。3 月 13 日，国民党中央委员会第四组致函雷震，认为前文"故意歪曲题解，武断本党无意实行七全大会宣言"，后文"以挑拨性的词句，来破坏本党与民、青两党的感情"。函末，第四组表示："系今后对于此类文字，审慎刊用，以免引起党内外人士之误解。如对本党有积极性之建议者，希以党员身份，采小组建议方式，透过组织，层转中央。"①20 日，《自由中国》编委会会议，决定由雷震辨正。23 日，雷震致函第四组，说明前文的批评者"没有抓住"要点，"没有看清"层次。"滥调"云云，指的是四十年来过去的事实，全文无一言曾说到"七全大会宣言是滥调"，"而是期望国民党照宣言所说的去作"。关于后文，雷震说明，"国歌"本为国民党党歌，据我们所知，友党人士对于"国歌"，大半抱着憎恶的态度。这是事实的问题，应认定事实，以谋解决，不是言辞争辩可以定其是非的。② 蒋介石读到党部送交的对《自由中国》的审查意见，本已大怒，24 日，下令免去雷震的"国策顾问"职务。

---

　　① 《中国国民党中央委员会第四组致雷震》，万丽娟编注《胡适雷震来往书信选集》，台北"中研院"近史所 2001 年版，第 46—47 页。

　　② 《雷震复中国国民党中央委员会》，同上书，第 48—50 页。

（四）批评"党化教育"诸文

国民党在台湾继续推行"党化教育"，强制向学生灌输国民党的"党义"。《自由中国》多次发文批评，也因此多次和国民党台湾当局冲突。1952 年 5 月，徐复观在《自由中国》发表《"计划教育"质疑》，批评台湾当局的"计划教育"，陈诚阅后"大怒"。9 月 6 日，七卷六期发表《对于我们教育的展望》，提出"偏激的党员"不能办教育，军中政治部即下令禁止阅读《自由中国》。10 月 6 日，第七卷第八期发表徐复观所写《青年反共救国团的健全发展的商榷》，批评"救国团"干涉学校教育，引起"团主任"蒋经国不满，认为这是雷震、徐复观"有意与他过不去"。在政治部会议上，蒋经国指责徐、雷"有帮助共产党之嫌"。蒋介石甚至断言："自由中国社内有共产党。"[①]1954 年 12 月，《自由中国》十一卷十二期刊登余燕人、黄松风、广长白等三位家长来信，批评国民党的"党化教育"："三民主义、总理遗教、总统训词、青年救国团发下来的必读小册子……等等，连篇累牍，念之不尽，读之不竭"，国民党六十周年纪念，竟然"要恭读党部发下来的国民党六十周年专刊，要作《我对国民党的认识》等类的论文"。

12 月 28 日，国民党中央举行宣传会报，陶希圣批评《自由中国》竟敢反对学生读《总裁言论》，蒋介石以雷震"不守党纪，影响国民党名誉"为理由，要求开除雷震的党籍。[②]国民党改造运动中，党员重新登记，雷震的表格由会计刘子英代填，始终未领党证。唐纵催领，雷震称，我总有一

---

① 《雷震日记》，1952 年 11 月 5 日、9 日，《雷震全集》第 34 册，第 151、153 页。
② 参见《给蒋经国的抗议信》之二，《雷震全集》第 27 册，第 166 页。

天会被你们开除的，仍然不领党证。国民党中央有鉴于此，将开除改为"注销党籍"。[①]

（五）通讯《关于孙元锦之死》

孙元锦，江苏常州人，原为上海章华毛绒纺织厂职员。该厂的总经理为程年彭，董事长为外号"火柴大王"和"毛纺业大王"的刘鸿生。1948年，章华厂的部分物资迁移台北，转化为程的私人财产。1949年，程与人合资，在台北成立台湾毛绒厂，以孙元锦为经理。由于当时刘鸿生已是大陆地区的华东军政委员会和上海市人民政府的委员，在台湾即可视为"附匪"，其资本可以作为"逆产"没收。1955年6月，台湾保安司令部台北经济组组长李基光威逼孙元锦，要他承认程的股本就是章华的股本，若不承认，即日扣押。14日，孙服毒自杀，留书称："如此特务横行，安善良民如何以堪"，"如此世界，实不愿言，只求速死"。6月23日，台北报纸发表了相关消息。9月2日，读者投书《自由中国》，题为《关于孙元锦之死》，编委夏道平再次写作社论《从孙元锦之死想到的几个问题》，矛头直指台湾省保安司令部的职权、奖金制度等问题。刊物发行后几小时，保安司令部立即命令警察通知所有书摊不准发售。出版的当日上午，"国民大会"秘书长洪兰友紧急召见雷震，劈头就说："你好大胆啊！你又想坐牢吗？"他声称"保安司令部的事，连副总统和行政院长都不敢过问"，"你老兄倒要出来打抱不平"！他坦率地说：

---

① 《雷案回忆》，《雷震全集》第12册，第377-381页；《雷震秘藏书信选》，《雷震全集》第30册，第287页。

国民党宣传的自由和民主，仅是一块对外的招牌，你们也不查明真相，我看你们实在太糊涂了。你们如果这样搞，终有一天，他们会来收拾你的，会把你关起来的。[①]

他要求雷震看在"老朋友"的面子上，删去有关孙元锦的文章，改版发行。雷震回到编辑部，召开紧急会议，讨论应付办法，保安司令部政治部主任王超凡突然到来，恳求删去文章，改版发行。雷震称，事关言论自由，揭发政府压迫人民的事，如不能直言不讳，不仅违反宗旨，也违反良心。王超凡表示愿出改版费用，雷震仍然不允。王超凡无奈，下跪乞求。雷震只好表示考虑。结果，《自由中国》在报上刊登广告，延期两日出刊。

（六）蒋介石祝寿专号

1956 年 10 月 31 日，蒋介石七十大寿。蒋介石命令"总统府"秘书长张群函知各机关，不得发起祝寿活动，要求海内外同胞，就建设台湾成为三民主义模范省，增进经济、政治、社会、文化四大建设等方面"直率抒陈意见"，以便"虚心研讨"，"采择实施"。蒋介石特别要求对"中正个人平日言行以及个性等各种缺点，作具体的指点与规正"。有鉴于此，《自由中国》决定发行《祝寿专号》，以《寿总统蒋公》为题，撰写社论。

1946 年通过的《中华民国宪法》规定：总统、副总统任期六年，连选得连任一次。此际，蒋介石的第二任"总统"接近第三年，《自由中国》为

---

① 《雷案回忆》，《雷震全集》第 12 册，第 301-303 页。

此发表社论。在"总统"任期和选拔继任人才问题上,《社论》认为:"民主政治难免要发生争夺,我们总要使此种最高权力的争夺成为一场有规则的球赛,而不要成为一场无秩序的混战。"据此,《社论》提出:"今天正是设定规则的时候了。"在"确立责任内阁问题"上,《社论》认为:"中华民国宪法""在精神上为一种责任内阁制,行政院长实为全国施政的最高首长",但十年来,责任内阁徒有其名,"国家成了一个由蒋公独柱擎天的局面",希望在今后三年半的时间,"在蒋公亲自的督促下",为"有关百年大计的一切制度","打定基础,为百世子孙示范"。在"实行军队国家化"问题上,《社论》认为:民国成立以后,几乎从来就是把长官个人视为军队效忠的对象,而在民主政体之下,"不仅军队长官可以随时更动,即连国家的执政者也可随时更动","军队只知效忠于国家,受人民所选择的政府之节制,不受个人的影响,亦不受党派的影响"。《社论》称:"现在,蒋公可以代表国家,但国家究竟不是常能找出一个个人来代表。"因此,《自由中国》提出,"必须在今后三年半的时间内作一个彻底的部署与准备"。

除发表社论之外,《自由中国》还发表了胡适、徐复观、夏道平、陈启天、刘博昆、蒋匀田等十五个学者的专论。其中,胡适的《述艾森豪威尔总统的两个故事给蒋"总统"祝寿》,要求蒋介石"无智、无能,无为",而能"御众智""御众势","把个人主观底意志,解消于政治的客观法式之中"。其他文章则涉及建立责任内阁、扶植反对党、军队国家化、司法独立、建立自由教育、扶植民间报刊、树立责任政治、改善地方选举、缩小特务机关权力、改革经济机构、召开反共救国会议等多方面的问题,其核心仍是反对国民党的一党专政和个人独裁。出版之后,受到台湾社会的广泛欢迎,第二天即抢购一空,一年之内,连续印刷十一版,发行三万余册。

台湾当局的嗅觉很灵，团方、军方、国民党方等立即群起围攻。蒋经国主持的"国防部总政治部"发出"极机密"的"特种指示"，"向毒素思想总攻击"，指称自由中国社的编辑人员为"共匪同路人"，其言论为"共匪思想走私"，"假借民主自由的招牌，与过去在大陆上的共匪、民盟，所谓民主、自由的滥调并无不同"。指示既下，"青年反共救国团"主办的《幼狮》月刊首先开炮，发表社论《揭穿共匪战术，防止思想走私》。"国防部总政治部"主办的《国魂》发表《清除毒素思想》《事实俱在，不容诡辩》继之。这些文章声称"共匪发动和平攻势，必同时加紧进行思想走私"，"共匪对我们所用的中立战术、统战战术、孤立战术，是没有一样不假借民主自由之美名的"。这些地方，连续使用"共匪"一词，反映了蒋经国及其主持的"总政治部"对中共的敌视。这些文章，同时声称："我们从不反对民主自由，但是我们认为，真正的自由，不是个人自由高于国家自由，而是国家自由高于个人自由，而是要寓个人自由于国家自由之中。"国民党中央机关报《中华日报》甚至发表《蛇口里的玫瑰》，以美国《费城晨报》的往事为例，鼓励人们砸报纸，揍主笔，声称对于这些"毒蛇、黄鼠狼必须迎头痛击"。1957年1月16日，《自由中国》第十六卷第二期发表社论辩护，认为国民党当局诸报刊的文章不是批评与讨论，而是诬蔑和构陷，力辩《自由中国》的思想与意见"没有一分一毫与共产主义有共同之点"。

自此，《自由中国》的办刊处境日益困难。首先是军方停止订阅，其次是特务经常下厂检查、抽走发排稿，引起印刷厂拒印。雷震与"行政院"秘书长黄少谷交涉，黄提出不批评"总统"个人、不批评国民党、态度友好三个条件，雷震接受一、三两条，对"不批评国民党"持保留态度，答应刊登有关言论时，词句力求妥适，但要求对方不加"红帽子"。后来雷震在致香港友人信中曾称："自祝寿专号之后，政府敌视甚深"，"压迫一天厉害一天"。[①]十一年间，《自由中国》七次更换印厂，均与政治原因有关。

（七）读者陈怀琪投书

1959 年 1 月 16 日，《自由中国》刊出署名陈怀琪的《读者投书》，题目是《革命军人为何要以"狗"自居》，叙述参加"国军三民主义讲习班"听课情形，该期讲习班的宗旨是"坚定反攻复国信念，巩固革命领导中心"。教官在讲述中声称："只有现在的领袖才能领导我们反攻大陆，光复河山。"陈怀琪提出疑问："总统"是一个人，凡人皆有死，这个"只有"的"总统"，如果有万一的一天，我们反攻大陆就真要完全无望了！文中提到，班里的训导主任讲话称，以前有人骂戴笠是领袖的走狗，戴笠不但不怒，反而引以为荣。这位训导主任说：现在我们革命军人也要以领袖的"走狗"自居，如果有人攻击我们的领袖，我们就毫不客气地咬他一口。文末，陈自称，六天的"训"受完了，没有学到新学问，我变成了一只咬人的"狗"。

1 月 29 日，陈怀琪出面否认，致函《自由中国》，指责其"冒用本人姓名，杜撰假投书，以军人诋毁军人，以军人毁坏军誉"，要求"依法更正"。《自由中国》经研究后，仅发表简短声明，说明"同姓同名，但并非一人"。2 月 18 日、19 日，陈怀琪在台北各大报刊登启事，指责《自由中国》未依法登载本人更正"原函"，"不特违反出版法，实属触犯刑章"，随即向台北地方法院提出控告，罪名为"伪造文书""诽谤""有利于叛徒之宣传"。

其实，投书的陈怀琪与出面否认的陈怀琪确系一人，其否认和出面告

---

① 《黄杰警总日记选辑》，第 112 页。

状都是军方政治部指使的结果。①

3月2日，雷震收到台北地方法院传票。3月3日，雷震出庭应讯。庭外有一百多学生聚集声援，有人送一百元新台币给雷震，帮助诉讼费。自立晚报社社长李玉阶和青年党领袖夏涛声特意带着机关公章，准备必要时出面作保。胡适在当日下午雷震到南港中研院寓所时，特别倒酒为之压惊。3月5日，胡适致函《自由中国》编委会全体，批评编辑部没有调查"陈怀琪"是真名、假名，就贸然刊出。他以当年创办《独立评论》和《现代评论》以及《新青年》《每周评论》的《随感录》为例，要求今后最好不用不记名的社论，停止短评。他说："争取言论自由必须用真姓名，才可以表示负言论的责任。"《自由中国》的编委认为此信"太窝囊"，"等于屈膝乞怜"，决定不发表。3月9日，胡适写作《自由与容忍》一文，认为"容忍是一切自由的根本；没有容忍，就没有自由。"他说："我们若想别人容忍谅解我们的见解，我们必须先养成能够容忍谅解别人的见解的度量。"该文旋即发表于《自由中国》。

胡适为何要写这一篇文章，雷震等认为目的在于化解陈怀琪的这场官司。胡适一面约雷震和夏道平谈话，劝以"个人荣辱事小，国家前途事大，要多多忍耐，不要把中华民国在联合国的席次搞垮了"，一面请早年的老师王云五出面向蒋介石求情，请他宽大为怀，不予追究。4月18日，蒋介石召见"司法行政部"部长谷凤翔，告以此案"应不作速决为宜"②。其后，法院不再传讯雷震。③直到雷震被捕，此案遂并入雷案审理。

① 《雷震日记》，1959年4月14日、30日，《雷震全集》第40册，第68、78页。
② 《蒋介石日记》(手稿本)，1959年4月18日。
③ 雷震：《我的母亲续篇》，第74页。

（八）"今日的问题"系列社论

1957 年 8 月，《自由中国》自第十七卷第三期开始，以"今日的问题"为总题目，对政府的施政不当之处，加以严正批评，提出建议。该社论的第一篇由殷海光打头阵，题目名为《是什么，就说什么》，至 1958 年春，共发表社论十七篇。其中，第二篇《反攻大陆问题》仍为殷海光执笔，提出在今后若干年内，反攻大陆的可能性不大，该政策"真是弊害丛生"，被台湾当局概括为"反攻无望论"。《反对蒋总统三连任》由被胡适称之为"闯祸先生"的夏道平执笔。《青年反共救国团》一文指责蒋经国操纵的该团等于各机关的"太上皇"，不成体统。《反对党问题》是这一系列社论的最后一篇，再次强调反对党"当然是一个忠诚于国家，忠诚于宪法的政治团体"，目的在"督促政府，使其能够从事各种必要的改革"。

三、雷震组织反对党

1949 年 11 月 17 日，中国驻联合国代表蒋廷黻在《纽约时报》公开组党计划。年底，在美国举行招待会，宣布组织中国自由党。次年 1 月，《自由中国》在第二卷第一期发表了其《组织纲要草案》，但是两者之间并无关系。

雷震当时的兴趣在于以胡适为领导，倡导"自由中国运动"。1957 年 6 月，《自由中国》发表朱伴耘所作《反对党！反对党！反对党！》，鼓吹"强大反对党的存在是救国良药"。自此，连续发表相关文章二十九篇。1958 年 5 月，第十八卷第十一期，胡适发表《从争取言论自由谈到反对党》，认为

"反对党"一词,有捣乱、颠覆政府的意味,最好不用,可否让教育界、青年、知识分子出来组织一个不希望取得政权的"在野党"。第二十二卷第十期,雷震发表《我们为什么迫切需要一个强有力的反对党》,提出成立新党,与"独霸局面至三十年之久而今天仍以武力为靠山的国民党从事竞争"。他特别强调"强有力"三字,因为自 1946 年以后,民社和青年两党始终追随国民党,但实际上只起附庸和点缀作用,并不能改变国民党"一党专政"的实质。这个时候,雷震等人已经决定成立中国自由党,胡适认为蒋廷黻曾在美国发起同名政党而未能成功,是个倒了霉的名字,既然组党是为改善选举,争取民主,便定名为中国民主党。①

1960 年 5 月 8 日,雷震、胡适、齐世英、吴三连等在台北李万居的住宅集会,谈韩国事件,继而讨论筹组反对党问题。众人邀请胡适出面领导,胡适表示,韩国问题不可与台湾问题并论,自己对政治不感兴趣,不愿参加筹组反对党。②当时,地方自治选举刚刚结束,暴露出国民党操纵选举的种种弊端。同月 18 日,台湾在野党及无党派人士举行本届地方选举检讨会,名为"选举改进座谈会",雷震、吴三连、李万居、高玉树等七人为轮值主席,宣称将"团结海内外民主反共人士,并与民、青两党协商,立即筹组一个新的政党,为真正的反共、真正的民主而奋斗","务使一党专政之局,永远绝迹于中国"。③会议鉴于 6 月 18 日美国总统艾森豪威尔即将访问台北,决议在此前发表声明。④6 月 15 日,雷震等七人向台湾各报及在台北的各国际通讯社发送《声明》,指责国民党当局"政风败坏,剥夺人民权

---

① 《雷案回忆》,《雷震全集》第 12 册,第 349 页。
② 《黄杰警总日记选辑》,第 47 页。
③ 《选举改进座谈会的声明》,《自由中国》第 22 卷第 12 期。
④ 《黄杰警总日记选辑》,第 56 页。

利自由"，"选举违法舞弊，要求凡发生选举诉讼地区，应一律重新验票"，同时号召立即筹组新政党，与政府抗衡。[①]16 日，该声明在李万居的《公论报》发表。美国驻台"大使"庄来德、"参事"奥斯本（Osborn）都表示支持。《自由中国》第三卷第一期以后，叶时修、殷海光、朱伴耘、傅添荣等人陆续发文，提出国民党退出军队、维护司法独立、抢救基本人权、改进基层选举等设想。

6 月 30 日，雷震与夏涛声看望胡适，请求胡适支持他们的反对党。胡适表示："我不赞成你们拿我来做武器，我也不牵涉里面和人家斗争。如果你们将来组织成一个像样的反对党，我可以正式公开的赞成，但我绝不参加你们的组织，更不给你们作领导。"[②]当时，胡适即将赴美出席"中美学术合作会议"。7 月 2 日晚，雷震、夏涛声和"选举改进座谈会"召集人为胡适饯行，谈起反对党，胡适再次表示，他个人赞成组织在野党，并且希望在野党强大，能够发展制衡作用，以和平的方法，争取选民的支持，使政治发生新陈代谢。他并说：在野党要有容忍的精神和严正的态度，要有长远的眼光，长远的计划，作长期努力，使我们能够看到民主政治与政党政治走上正轨，发生交替与监督作用。胡适表示，自己老了，"朽木不可雕"，希望新党培养领导人物。[③]

7 月 31 日，雷震等七十余人在高雄召开选举改进座谈会。会场原定在该市第一饭店，因高雄警备分区指示，拒绝借用，遂改在杨金虎的住宅举行。会上，雷震提出组党的三条原则：（1）新党包括民（社）、青（年）两

---

① 《黄杰警总日记选辑》，第 56 页。
② 《胡适之先生年谱长编初稿》（增补版）第 9 册，第 3305–3306 页。
③ 《胡适之先生年谱长编初稿》（增补版）第 9 册，第 3309 页。

党，是全国性政党。（2）在台湾以改进选举，收复大陆为宗旨，反攻复国为目标。（3）采用合法和平手段，反对用暴动方式。雷震表示。新党最迟将在9月底完成。他并称：国民党一党专政，军队党化，司法不能独立。警备总部到处阻扰开会，所恃之法宝为戒严法，但台湾执行该法已十二年，世界民主自由国家从无此例，回到台北后当提出抗议。①

台湾国民党当局自然明白，《自由中国》和雷震等人倡导组织"新党"，矛头指向自己。官方报纸发文，声称中共"利用新党阴谋活动，进行颠覆阴谋"。9月1日，筹组新党发言人李万居、雷震、高玉树以"选举改进座谈会"的名义在《自由中国》第二十三卷第五期发表《紧急声明》，说明"我们组织新党，系基于爱国心切，不能坐视因国民党的一党专制，过分集中政治权力而误人误国"，声称"民主政治的优点，是执政党和在野党的相互制衡，使执政党也不敢靠政治权力去侵犯人权，或在选举中违法舞弊，或采取其他可能失去士气民心的种种不良措施"。

《自由中国》的言论，使台湾国民党当局日益不满，雷震等人的组党活动更使台湾当局日益不安。

四、国民党决定抓捕雷震

雷震等人，标榜自由、民主，反共、反苏、反极权，这本是符合蒋介石等人的胃口的，然而，《自由中国》办起来之后，其锋芒所指，却是蒋介石、蒋经国等人在台湾已经建立，并且正积极图谋加以巩固的统治，

---

① 《黄杰警总日记选辑》，第78—79页。

因而被认为扰乱人心、士气，由不喜、不耐、憎厌，至限制、防范而监控、镇压。自1956年起，雷震即被列为"首要注检对象"①。

1957年3月，蒋介石为《自由中国》事训示蒋经国，戒慎自持，不可为文人包围利用。②同年8月23日，蒋介石到"革命实践研究院"主持会谈，讨论《自由中国》"破坏国策之罪案"，因为大陆正在反击"右派"，蒋介石认为不是处理《自由中国》的适当时候，决定"慎重将事"，待其今后发展再定。③会后，蒋介石多次召见美国驻台"使节"蓝钦，质问美国亚洲协会资助《自由中国》一事。④1958年1月，台湾胡秋原、成舍我、高玉树和香港左舜生等纷纷发表言论，批判蒋介石和台湾当局，使蒋介石愤怒至极，日记云："台湾人心浮荡，风习浇薄，社会不安之象日增，最应注重如何使之消弭。"其列出的分别处理对象有宣传舆论界、民意代表、教育界、工商界以及反动组织等，在"反动组织"四字下，蒋介石特别加注《自由中国》等"五字。⑤

蒋介石憎恶《自由中国》，自然憎恶雷震。5月21日，台湾"大陆灾胞救济总会"改选理监事，雷震当选，蒋介石非常"骇异"。当日，国民党召开中常会，蒋介石和陈诚、张厉生一起批评该会理事长谷正纲，"愤激不已"，居然放弃主持，离会而回。日记云："近日不良党员嚣张已极，对党务深为痛心。"⑥

当时，台湾报纸批评国民党当局的言论与日俱增，为了加强管控，台

① 《黄杰警总日记选辑》，第277-278页。
② 《蒋介石日记》（手稿本），1957年3月1日。
③ 《蒋介石日记》（手稿本），1957年8月13日。
④ 《蒋介石日记》（手稿本），957年8月27日、31日，1958年4月2日。
⑤ 《蒋介石日记》（手稿本），1958年1月31日。
⑥ 《蒋介石日记》（手稿本），1958年5月21日。

湾当局"行政院"提出《出版法修正案》，交"立法院"审议。4月16日，蒋介石在国民党中常会提出，为维护民心士气，安定社会秩序，防止中共渗透，不能放任"黄色新闻"长此充斥，阻碍反共国策实施，必须修订原有的出版法。① 蒋介石的意见遭到新闻界的强烈反对。19日，蒋介石得知胡适到《自由中国》参加编辑会议，对出版法修正案表示异议。20日，蒋介石即考虑对新闻界表态，"宁负限制出版自由之恶评"，也必须修正出版法，保障台湾基地的安定。② 当时，"立法院"中的反对力量很强大，经过两个多月的争吵，《出版法修正案》于6月21日通过。该《修正案》规定，行政机关可以不经司法机关判决，径行取缔出版品，拥有限制登记、发行，甚至使之停刊的裁量权与处分权。《自由中国》认为这是"钳制言论自由"，发表社论，批评"这是立法史上可耻的一页"。③ 蒋介石则视之为"革命成败的重大关键"，也是对"立法院""监察院"中的"反党分子"和"民主投机分子"的"重大打击"，开始考虑对胡适、雷震、民营报纸以及《自由中国》的"处理方针"。④

10月18日，蒋经国与警备总司令部总司令黄杰谈话，认为《自由中国》的言论，对民心士气均有不良影响，可否托与雷震较接近的友人劝其向政府提出有建设性的言论，政府必欣然接纳，有所改进，不必经常恶意攻讦，甚或无的放矢，此时此地，殊非所宜。蒋经国称："民主国家言论固然自由，但为法律范围内之自由，有出版法范畴之。倘言论违反国策，则自非法律之所许也。"此时《自由中国》出版已近九年。蒋经国的这段谈话

---

① 《国民党中常会第四十四次会议记录》。
② 《蒋介石日记》，1958年4月20日。
③ 《国民党当局应负的责任与我们应有的努力》，《自由中国》第19卷第1期。
④ 《上学期反省录》，《蒋介石日记》，1958年6月21日。

表现出，他虽对《自由中国》不满，但还想通过友人劝导方式，改变其办刊方针，不发"恶意攻讦"的批评文字，多提"建设性的建言"。不过，在此后的一段时间内，台湾当局或主张"依法取缔"，或主张观察等待，方针未定。

11月2日，警备总司令部第二处报告1957年来的"文化检肃"工作成绩，认为经过努力，台湾文化已由"混乱嚣张"转变为"大体正常"，现在仅《自由中国》一种，尚在继续发表"反动荒谬言论"，成为"国内分歧舆论的根源"。11月28日，"行政院"秘书长陈雪屏致电黄杰，认为《自由中国》的言论"违反国策，对社会人心、三军士气均有不良影响"，要求书刊审查组依法取缔。12月1日，黄杰与"副总统"陈诚同车赴阳明山途中，黄杰向陈诚提出，《自由中国》第十九卷第十一期所载文章，对司法机关攻击甚烈，言论偏激，似有取缔必要。黄并称，已检扣该期杂志四千六百份。陈诚指示，本期可予放行，俟查明其违法罪证再予惩办。其后，黄杰与陈雪屏、黄少谷等商量，决定"慎重将事"，本期仍任其出版，拟发动舆论界一致抨击，观其反应，决定下一次行动。

1959年1月20日，蒋介石主持宣传会谈，提出国民党中央宣传指导委员会今后工作重点在台湾，不在海外，要从舆论上安定人心，安定台湾，各报社论均应着重于台湾治安之维护。凡是破坏反共抗俄"基本国策"者均不许发行。他特别提出，《自由中国》言论偏激，不能任其存在，其思想毒素尤不能任其蔓延。对参加《自由中国》的成员，蒋介石主张分别处理：能转移其倾向者继续努力，使之转移；顽梗不化者收集数据，选择时间，采取行动，予以取缔；对雷震，其个人资料，如确有"匪"的关系，即应以"匪谍"论处。会议中，蒋介石特别向黄杰询问，《自由中国》的发行情形及承印厂商状况。①

　　蒋介石在宣传会谈中的讲话一锤定音。他要求研究雷震与"匪"的关系，情治部门自然按照这一方向，加以搜寻。《自由中国》的会计刘子英1949年自香港经雷震保证来台，经常通过香港亲友与大陆家人通函，首先成为怀疑对象。4月4日，警备总司令部、"国家安全局""司法行政部调查局"等部门人员会商，将刘列为"重要涉嫌分子"，要求继续搜集资料，俟时机成熟，采取行动。13日，"国家安全局"行文警备总司令部，要求"协助调查局积极进行，以竟事功"②。1960年1月24日，"国家安全局"再次行文警备总司令部，提出刘子英"抗战时曾在国民参政会工作，与邵力子关系密切，卅七年转任监察院秘书，大陆时留守匪区，办理移交"等情况，声称刘"实为重要涉嫌分子"，要求"密查其动态见告"。③

　　国民党败退至台湾后，曾于1954年2月至3月，召开"国民大会"第一届第二次会议，选举蒋介石为"总统"，陈诚为"副总统"。至1960年，"总统"的六年任期已满。台湾当局拟于当年3月20日，召开"国民大会"一届三次会议，继续选举蒋介石为"总统"。当时，胡适、雷震等人普遍不希望出现"三连任"现象。《自由中国》自1959年1月1日起，至1960年4月1日止，共发表社论二十一篇，专论二十篇，通讯七篇，反对蒋介石连任。"国安局"等六个单位为了保证蒋的当选，成立腾辉项目。3月9日，腾辉项目协调联席会第九次会议提出，以"民（社）、青（年）两党及雷（震）、胡（适）阴谋，为今后情报搜集重点"。16日，腾辉项目第十次会议，

---

① 《黄杰警总日记选辑》，第11页。
② 《黄杰警总日记选辑》，第23页。
③ 《黄杰警总日记选辑》，第37页。

"国家安全局"局长陈大庆报告，"今后工作重点仍在对付雷震主持之《自由中国》反动言论"。黄杰作结论时提出，《自由中国》的稿件，除军中问题，社会方面的荒谬稿件可以少加检扣，任其刊登，造成其罪大恶极。他提出，在"国民大会"闭幕后，腾辉项目仍可每月召开，交换意见，集中力量，研究对雷震主持的反动刊物的处理。

在腾辉项目之外，国民党当局又设立酉阳党团小组，讨论如何保证"总统""副总统"以最光荣的票数当选，防止反动派、捣乱派操纵"国大"会议等问题。黄杰提出，"总统"选举，要保证最少有一千四百票；"副总统"选举，要注意疏导，使代表认识，拥护"副总统"即为服从"总统"意旨的具体表现。从会议记录可以看出，酉阳小组对如何控制会场，防止捣乱分子作了细致、周到的研究和安排，甚至提出，在"总统""副总统"选出后，"作适时之热烈欢呼，造成举国一致之庆祝"。关于雷震问题，会议决定，俟大会闭幕后再作处理。

3月17日，"特检处"从邮检中获知，雷震致函胡适，建议选举"总统"当日，胡适"千万不可出席"。[1]20日，胡适出席开幕典礼，接受记者访问时表示："我仅有一句话，就是坚决反对'总统'连任。"[2]雷震则以"不感兴趣"为理由，拒绝到会。[3]尽管如此，蒋介石仍于21日被选举为"总统"；次日，陈诚被选举为"副总统"。

4月19日，韩国学生示威，迫使总统李承晚下台。土耳其武装部队总参谋长发动政变，出任总统、总理兼国防部长。6月1日，《自由中国》发

---

① 《黄杰警总日记选辑》，第45页。
② 《公论报》，1960年3月21日。
③ 《公论报》，1960年3月21日。

表社论，认为韩国的政局演变"亟应为一切真诚反共并反一党奴役的亚洲人民共同深切体认"，文称："人民长期在一党高压之下反共"，"做反共的奴隶"，"真是人生最大的不幸"。文章承认，李承晚政权倾倒之后，韩国政局有若干动荡，但是，紧接着就表示："动荡并不一定就是坏事。僵化才是坏事，把僵化看作稳定，更是观念的错误。僵化是死亡的前奏；合理的动荡则是新生的前奏。"①6月10日，特种第八党部召开委员会议，警备总司令部副总司令李立柏报告：《自由中国》"内容偏激，其向学生及军中散播反动论调，势将慢慢形成力量"。甚至指责该刊"公然鼓动军队推翻本党政权，此实为严重之问题"，"必须注意其今后之发展动向"，"以党的力量，坚强的意志，密切注意，研究分析，除消极的防止外，并须积极的搏斗"。② 黄杰提示：《自由中国》言论反动，各级组织应随时注意，反映上级。组织即是斗争，各个党员之勇气，即是力量。上级对此，已有决定对策。本部应即建议上级，发动党员予以反击。6月12日，陈诚召见黄杰，下定决心处理《自由中国》，他说："我下命令，由我负责，你来执行。舆论越攻击这件事，让他们攻击我，绝对不要涉及'总统'。"不过，也有人向黄杰建言："民主政治，以言论自由为第一要义"，取缔《自由中国》，必须"审慎将事"，最好由"内政部"或省市政府，依出版法执行，而不由警备总司令部出面，以免引起不必要的纷扰。

7月13日，国民党中常会开会，对《自由中国》原则上决定处理。③7月22日，台湾当局召开第九次"国家安全会报"，蒋经国讲话，认为《自

---

① 《韩政演变的光明启示》，《自由中国》第22卷第11期。
② 《黄杰警总日记选辑》，第51页。
③ 《黄杰警总日记选辑》，第64页。

由中国》的雷震，纠合一般分歧分子喊叫组织反对党，"不可过于紧张"，"也不要大意，不要马虎"，"必须以政治方法来解决此一政治问题"，"小事放松，大事抓紧。小问题即刻处理，大问题从长商榷"。他说："别人看我们糊涂，我们不糊涂；别人看到我们没有力量，我们有力量。" 29 日，李立柏到警备总司令部会议，黄杰等都主张"依新出版法处理"。

为了逮捕、侦讯、起诉雷震等人，早在 1959 年 1 月，警备总司令部即进行"假想作业"，搜集数据，整理研究，由警备总司令部所属的政治部、保安处、军法处分别进行，最后由保安处加以汇总。该项作业，将"雷"字拆开，称为"田雨专案"。1960 年 6 月，军法处呈报《田雨项目起诉书假作业》，拟以"传播不实消息，摇动人心，及为有利于叛徒之宣传"，"有触犯惩治叛乱条例重大罪嫌"为理由，将雷震等提起公诉，但同时说明"证据部分，拟请保安处进行搜集，以资充实"。可见，连军法处都自感理由不足。其间，总政治部、情报局、调查局、"国家安全局"等单位陆续抽调人员，组成专业幕僚小组，分工合作。7 月 2 日，各专业幕僚小组召开联席会议，将项目改名为"七二项目"，分思想战斗、联战运用、法律研究、安全调查四组，制定三个月为期的工作计划。这一切充分显示，当时国民党的情治单位，工作重心已放在侦办雷震案上。同月 20 日，《蒋介石日记》云："本月对《自由中国》的反动刊物必欲有所处置，否则，台省基地与人民皆将为其煽动生乱矣。"①23 日再记云："如不速即处置，即将噬脐莫及，不能不作最后决心矣。"②

蒋介石虽下定"最后决心"，但仍然有所犹豫。7 月 25 日日记云："《自

---

① 《蒋介石日记》，1960 年 7 月 20 日。
② 《蒋介石日记》，1960 年 7 月 23 日。

由中国》半月刊之处治办法应再加考虑乎？"26 日，他决定警告和雷震一起筹组新党的李万居、高玉树等"反动文人"："甲、民主自由之基础在守法与爱国。乙、不得煽动民心，扰乱社会秩序。丙、不得违法乱纪，造谣惑众，动摇反共基地。丁、不得抄袭匪共故伎，破坏政府复国反共措施、法令，而为匪共侵台铺路，不得挑拨全体同胞团结精神情感，假借效尤'共匪'民主，实行颠覆政府之故伎。"在写下了一系列上述"不得"之后，蒋介石写了一句："其他皆可以民主精神，尊重其一切自由权利。"①

1960 年 8 月 3 日，警备总部签呈要求逮捕雷震和傅正，保安处要求增加捕拿马之骕和刘子英。8 月 8 日，李立柏向黄杰报告，军法处已拟就起诉书及向外发布的新闻稿。②8 月 13 日，蒋介石向黄杰询问"田雨项目"的准备情形，黄杰答称，一切均已准备完成，只等命令行动。他提出，雷震可能已经获知消息，预备逃亡，建议在机场、港口加以注意。他并提醒蒋介石：拖延时间太长，恐有泄密之虞。15 日，蒋介石再次召见黄杰，询问"田雨项目"有新资料否。他特别提出，雷震的秘书傅正当系"共匪之职业学生"，对本案有关人员，均应特别注意其行动和来往人物、信件，以期发现新线索、新资料。至于运行时间，可能不必等待至月底，有提前处理可能。③

8 月 20 日下午一时，蒋介石第三次召见黄杰，告以雷震已经得知政府对其个人已有处理决心，"如此亦好，使其明白政府无意再予纵容"。黄杰称：对雷震及其最亲近的党羽均在严密监视之中，一俟命令下达，即可行

---

① 《蒋介石日记》，1960 年 7 月 26 日。又，8 月 27 日日记云："只要依循合法的行动，中央绝不妨碍言论、结社之自由。"

② 《黄杰警总日记选辑》，第 82 页。

③ 《黄杰警总日记选辑》，第 88—89 页。

动。蒋介石答以"仍予监视，静候命令"。同日下午四时，蒋介石第四次召见黄杰，告以下星期即拟采取行动。他询问黄杰，是先逮捕雷震，还是先逮捕傅正，或同时逮捕雷、傅二人，表示如先逮捕傅正，或能从其供词中获得较多数据，但雷震必然通过所办刊物，甚或煽惑其他反动报纸，大肆攻击政府，应详加研讨，如何应付此一局势。

8月24日，蒋介石主持国民党中常会，第五次召见黄杰，询问先行逮捕傅正，其利弊如何。黄杰答称：弊多利少，雷震等可能更加嚣张，或将促使反对党早日成立。

8月27日，蒋介石第六次召见黄杰，询问"田雨项目"的行动计划是否已准备妥善。他说：雷震乃一级狡猾之徒，不可不作最周密之部署。接着，蒋介石询问：预备禁闭于何处？军法官已指派否？他特别强调，必须指定头脑清晰、学识经验均称丰富之干练人员担当此一非常之任务。①

9月2日，蒋介石第七次召见黄杰。在会见蒋介石之前，黄杰与唐纵先去见在阳明山休养的陈诚，陈诚表示：本案我可以处理。如需由"行政院"下令，余虽卧病多日，仍可即刻下山。在会见蒋介石时，唐纵提议，处理本案，要与反对党截然分开，以免分歧分子因惶恐而酿成其他事端。蒋介石指示：（1）本案不必由"行政院"负责。（2）本案行动以后，可由唐纵告知李万居、高玉树等人，此次行动，是处理《自由中国》半月刊旧案，与反对党毫无关联，同时请陈诚电告胡适，加以说明。蒋介石问：起诉后，判刑最高或最低各系多久？黄杰答：最高可判有期徒刑十五年或无期徒刑，最少亦将判七年。张群批评国民党的宣传工作实在"做得太差"。他说："分

---

① 《黄杰警总日记选辑》，第93页。

歧分子到处写文章，攻击政府，从未见本党有文章予以有力之驳斥，今后要争取主动，要作有计划之宣传准备。"黄杰请示行动时间，蒋介石表示，本人将亲自电话指定。

9月3日，蒋介石第八次召见黄杰，询问拟逮捕的四人，除雷、傅二人外，马之骕、刘子英系何种身份。在黄杰回答后，蒋介石当即指示："本案即依拟定之行动计划执行，时间定为9月4日上午3时开始行动。"

在连续八次召见黄杰，布置逮捕雷震等人期间，蒋介石仍在不断思考处理方针。8月27日日记称："以宽容与不得已的态度出之，非此，不能保证反共基地的秩序、安定。"为此，他亲自撰文，反复修改，准备发表公告，安定人心，甚至考虑到了胡适如果出面干涉，或在美公开发表反对政府言论时的应对措施。日记云："雷震逮捕之考虑，不厌其详。"[1] 蒋介石之所以如此，一是自感逮捕雷震等人的理由并不充分，二是担心此举将会激起各界、各方的强烈反应。

9月4日当日，马之骕、雷震、傅正、刘子英先后被捕，《自由中国》编辑部、雷震住宅都被搜查。所有档、若干书籍，中国民主党党纲、政纲等均被搜括捆载而去。事后，李立柏向黄杰汇报，雷震已经预作安排，寓所中，公文包内，均未搜出任何有关或不利于他的文件。九时四十分，蒋介石亲自打电话询问逮捕情形。九时五十分，雷震被送到军法处拘押。他不吃饭，不喝水，一言不发，也不回答提出的问题。为了摸底，军法处特别安排案犯洪国式和雷震同处，专做雷震工作，故意接近、套话。[2]

---

[1] 《上星期反省录》，《蒋介石日记》，1960年8月31日。
[2] 《黄杰警总日记选辑》，第192页。参见《雷震日记》傅正所作注释，见《雷震全集》第36册，第143—144页。

当日晚，陶希圣率同国民党中央党部第四组主任曹盛芬、"行政院"新闻局局长沈锜宴请各报社负责人，散发《自由中国半月刊违法言论摘要》，引用该刊自 1957 年 8 月 1 日起所发四十二篇文章，列举"倡导反攻无望""主张美国干涉我国内政""煽动军人愤恨政府""为共匪作统战宣传""挑拨本省人与大陆来台同胞间感情""鼓动人民反抗政府流血革命"等六大罪状，加以分析分析，列出所触犯的法条，声称该刊言论，"实逾越乎合法自由范围"，"自应依法予以制裁"。①

9 月 5 日晨 7 时，蒋介石打电话给黄杰，询问四人被捕后，有无新资料发现，如有，立即送阅。当日，在威胁、利诱之下，刘子英供称：1949 年中共占领南京后，通过邵力子之妻傅学文到南京市委，市委人员要求刘到台湾策动于右任、雷震及其他长官同事，立功赎罪，双方约定通信办法。其后，南京市委发给旅费及通行证，先到香港，致函"监察院"要求来台，未准，后致函雷震，雷震寄来入境证，于 1950 年 5 月 12 日来台。来台后，住雷家中，入《自由中国》任会计。第五天，将傅学文要其来台为中共工作事报告雷震，雷震表示：你不能做。李立柏据此向黄杰报告："刘子英接受匪方任务来台工作，并将为匪情形明告雷震，雷震反将其留居家中，并一直介绍工作，显有包庇叛徒嫌疑。"黄杰立即向蒋介石报告：刘子英"确系匪谍"。

据雷震回忆，刘子英的供词和稍后的《自白书》曾六易其稿，直到当局满意，其条件是供养刘子英一生及其大陆家属。刘生长在北京，喜吃面食，在狱时，警备总司令部每两个月送一袋面粉，几百元零用钱。出狱后，

---

① 《雷案始末》，《雷震全集》第 3 册，第 55 页。

每月给予新台币一千五百元，后来增加到四千多元。①

　　警备总司令部获得刘子英的供词后，可谓得其所欲。蒋介石认为这一发现甚为重要，雷震的"通匪之罪"可以确立。他指示唐纵说："雷案主要问题，因转移于刘子英匪谍，与雷有重大关系方面，而以其社论涉嫌为次要矣。"②此后，这一情节遂成为雷震案的重磅定性资料，使国民党摧残、迫害言论自由的行为有了堂皇的理由。9月5日，国民党中央委员会秘书长唐纵约见新党筹备人李万居，即称"雷震案系其个人问题：担保匪谍刘子英入境而又知情不报"。9月6日，张群指示，将刘子英数据报送陈诚，以便函复胡适。9月13日，蒋介石接见专为采访雷案来台的美国西海岸记者十四人时说：已有匪谍在《自由中国》幕后活动，"逮捕雷震当然是有法律根据的"。③一直到1961年8月，黄杰在和美国国务院中国科官员谈话时，还特别声明，逮捕雷震，由于"保证匪谍入境所应负之刑责，而非言论偏激"。④

五、各方的呼吁与抗议

　　雷震被捕，第一个出面营救的是雷震夫人——时任"监察院"监察委员宋英。1960年9月5日中午十二时，宋英向台北地方法院提出《声请状》，指责警备总司令部并不是司法、警察机关，未受法院委托，滥施逮捕，实属蹂躏人权，蔑视自由，要求追究其逮捕非现役军人、自行审判的

---

　　① 《雷案回忆》，《雷震全集》第12册，第319-320页。据黄杰记载，"过去在侦讯时为求其吐实，曾有代监执行之诺言。见《黄杰警总日记选辑》，第281、282页。
　　② 《蒋介石日记》，1960年9月6日、7日、10日。
　　③ 《雷震回忆》，《雷震全集》第11册，第7页。
　　④ 《黄杰警总日记选辑》，第296页。

责任。她同时要求台北地方法院提审雷震，如发现雷确有内乱或外患嫌疑，请转台湾高等法院审问。按照台湾国民党当局遵循的"中华民国宪法"规定，雷震等应在二十四小时内移送法院审问，否则即为违宪，违宪的审问无效。宋英的目的在于，将雷震等人自军法机关移至司法机关审判，是一种司法抗争手段。同日，台北地方法院认为雷震所犯系"叛乱罪"，驳回宋英的声请。8 日，宋英提出抗告。同日，在《自由中国》杂志社举行记者招待会，宣读雷震来信，信中称："初来三日，我未吃东西"，"老骨头实在无法和它反抗"。9 月 17 日，宋英的抗告被驳回，合议庭裁定，不得再次抗告。26 日，宋英公开发表《我的抗议与呼吁》，要求军事审判独立，她说："只要军事法官能不受干涉，全凭证据，认定事实，那我相信我的丈夫雷震先生是不会有罪的。"①

雷震被捕之后，台湾《公论报》《联合报》《香港工商日报》以及《征信新闻报》《中华日报》《新生报》迅速、相继发表社论，评论此事，一时成为舆论关注中心。"立法委员"成舍我、胡秋原著文称："此例一开，言论自由、出版自由、讲学自由及新闻自由自必遭受严重之损害，其流弊有不可胜言者。"②他们认为："有权在手之当局，对书生爱国热忱，评论时政，更应恢宏大度，相容并包"，而不应钳制、镇压。《公论报》因为连续刊登望天所写《雷案剖视》和《扪心问雷案——让我们跪在历史之前作证》，受到警告处分，最后并被"夺产"。③

陈诚和胡适关系不错，雷震被捕当日，致电台湾"驻美大使馆"，请其

① 《雷案始末》，《雷震全集》第 3 册，第 237 页。

② 《征信新闻报》，1960 年 9 月 14 日。

③ 傅正所作注释，见《雷震全集》第 36 册，第 11－12、43－44 页。

译转胡适，内称："《自由中国杂志》最近公然否认政府，煽动叛乱，经警备总司令部依据惩治叛乱条例，将雷震等予以传讯，自当遵循法律途径，妥慎处理，知注特闻。"胡适收到电报后，立即复电说明，已从此间早晨的新闻广播中得知消息，且消息说明雷震是"主持反对党运动的人"，胡适就此评论说："鄙意此举政府不甚明智，可预言：一则国内外舆论必认为雷震等被捕表示政府畏惧并摧残反对党运动。二则此次雷等四人被捕，《自由中国》杂志当然停刊，政府必将蒙摧残言论之恶名。三则在西方人士心目中，批评政府与谋成立反对党与叛乱罪名绝对无关。"胡适称："雷儆寰爱国反共，适所深知，一旦加以叛乱罪名，恐将腾笑世界。今日唯一挽救方式，似只有尊电所谓'遵循法律途径'一语，即将此案交司法审判，一切侦审及审判皆予以公开，乞公垂意。"①

陈诚这时候已获知刘子英的招供内容，于 9 月 6 日再电胡适，说明有"叛乱"罪嫌者归军法审判合法，现被拘四人中，已有一人承认受匪指使，来台活动，雷震至少有知情包庇之嫌。胡适复电称："近年政府正要使世人相信台湾是安定中求进步之乐土，似不可因雷案而昭告世人全岛仍是戒严区，而影响观光与投资。""果如尊电所云，拘捕四人中已有一人自认匪谍，则此案更应立即移交司法审判。否则，世人绝不相信，徒然使政府蒙滥用红帽子陷人之嫌而已。"胡适表示：雷震办《自由中国》十一年，"定有许多不谨慎的言语足够成罪嫌，万望我公戒军法机关不得用刑审，不得妄造更大罪名，以毁坏政府的名誉"。电末，胡适称，毛子水是忠厚长者，从不妄语，建议由陈雪萍出面，邀请毛子水与陈诚一谈自由中国社的史事，当

---

① 《胡适之先生年谱长编初稿》(增补版) 第 9 册，第 3334–3335 页。

有补益。[①]

　　雷震被捕之后，在华盛顿的美联社记者电话采访在纽约的胡适。胡适拒谈雷震与新党运动的关系，声称以叛乱罪名逮捕雷震是一件"最不寻常的事"，"他是一位最爱国的人士"，十年来，《自由中国》杂志一直是"台湾新闻自由的象征"，"我对这件事的发生很感遗憾"。[②] 胡适的态度迅速为蒋介石所知。8月8日，蒋介石日记云："此种真正的胡说，本不足道，但有此胡说，对政府民主体制亦有其补益，否则不能表明其政治为民主矣，故仍予以容忍。但此人有个人而无国家，外徒恃势而无国法，只有自私而无道义，无人格，等于野犬之狂吠。余昔认为可友者，今后对察人择交，更不知其将如何审慎矣。"[③] 胡适一生对蒋介石常有批评，有些批评还很严厉，但蒋介石始终"容忍"，其所以如此，蒋介石的这一页日记透露了秘密："表明其政治为民主"。

　　9月21日，胡适再次接见记者李曼诺说："雷震为争取言论自由而付出的牺牲精神，实在可佩可嘉。""为了维持《自由中国》半月刊的精神，他不但呕心沥血，还曾不惜当卖过私人的财物。"对于外界批评《自由中国》"言论过激一点"，胡适表示"各人的观点是不用的"，"美国总统竞选中，两党互相批评的言辞"，"不知激烈多少倍"。"我个人也没有觉得它有什么激烈的地方"。"事到如今，我仍旧觉得在'反共''爱国'这一点上，他并没有做错什么。"

　　胡适的抗争言辞温和，其他人就并不如此了。9月6日，美国旧金山中

---

① 《胡适之先生年谱长编初稿》（增补版）第9册，第3335-3336页。
② 《胡适之先生年谱长编初稿》（增补版）第9册，第3336页。
③ 《蒋介石日记》，1960年9月8日。

文《世界日报》发行人李大明直接致电蒋介石，批评逮捕雷震"其愚昧已达于新高潮"，是"赤裸裸的压制出版自由"，"徒足玷辱中华民国之名声"，"将无疑地是在历史上记载为阁下事业重大错误之一"。①9月8日，民社党领袖张君劢致电蒋介石，认为雷震三年前所刊论述"反攻大陆不易"一文，属于"政策讨论"，"其无危害国家行动，为世共见"，至于"奔走新党，则结社自由，明载宪法，何得因此构罪"？张称："大难当前，反共为第一义，其他内治争执，可凭众意从容讨论。"他要求蒋介石立即释放雷震。②

9月9日，左舜生、李璜等在香港举行记者招待会。10月5日，左舜生、李璜等十五人以香港文化界名义致函联合国人权委员会，指责台湾当局断章取义，故人人罪，迫害言论出版自由，是对于联合国人权宣言的公然蔑视。③

9月11日，李万居、高玉树、夏涛声、黄玉娇等十一人在《自由中国》杂志社会议，决定以"选举改进座谈会"名义上书，请求移交司法审判。④12日，到警备总司令部军法处探视雷震，未准。高玉树对同去探视的记者表示，"选举改进座谈会"已于昨日改为"中国民主党筹备委员会"。13日，李万居、高玉树等发表《救雷宣言》，抗议台湾当局以"莫须有"的罪名逮捕雷震，"实属违背宪法，侵害人权"，要求立即释放；退一万步言，即使真有罪嫌，亦应速交司法机关公开审理。⑤

除呼吁之外，有少数人计议采取更激烈的方式。9月13日，台湾大学

---

① 《黄杰警总日记选辑》，第113页。
② 《黄杰警总日记选辑》，第121页。
③ 《香港文化界向联合国紧急呼吁》，《雷震全集》第4册，第421-422页。
④ 《黄杰警总日记选辑》，第128页。
⑤ 《蒋介石日记》，1960年9月13日；《黄杰警总日记选辑》，第130、133页。

法学院学生伍国华等十余人集会，拟发动游行，声援雷震。[①]《公论报》更有人发表文章，建议万人签名游行。9月25日，台湾大学法学院等处发现标语：

> 国民党当权派，你瞧李承晚的下场。
>
> 我们要革蒋家的命。
>
> 战士们的刀枪，对准独裁者蒋〇〇。
>
> 消灭贪污无能的国民党。[②]
>
> 赶快释放雷震，不然我们要进攻了。

这些标语，反映的是更为强烈的革命情绪。

除台北外，美国国务院对台湾驻美"大使"提出警告，美国《时代》杂志、《纽约时报》《华府邮报》，英国《泰晤士报》等纷纷发表"恶评"，抨击台湾当局。[③]

六、雷震的判刑与胡适的"大失望"

1960年9月26日，台湾警备总司令部宣告侦查终结，对雷震、刘子英、马之骕三人提起公诉，对傅正提出交付感化。同月30日，《自由中国》编委殷海光执笔，与夏道平、宋文明共同发表声明，承认自己的立言和台湾十

---

① 《黄杰警总日记选辑》，第135页。
② 《黄杰警总日记选辑》，第165页。
③ 《蒋介石日记》，1960年9月17日。参见《雷案震惊海内外》，《雷震全集》第6册。

几年来"官方千篇一律的颁制品"有所不同，但都是对自己的知识、良心和读者负责。声明质疑台湾国民党当局的思想专制，声称："以人类思路之广，以中国人才之众，以反共救国大业蕴义之富，我们实在想不出任何理由必须把我们的言论强迫纳入官方织就的紧身衣以内，我们更想不出任何理由必欲将言论亦步亦趋地依照官方模型的铸造才算不违背'国策'。"三人表示，我们是撰稿人，从来没有打算规避自己应负的言论责任，但起诉书中摘录的《自由中国》的言论"尽是断章取义、东拼西凑、张冠李戴和改头换面之词"，"与我们的文章原义完全不符"。三人决定将起诉书指控的文字，搜集起来，印成专册，由读者公评。但是，国民党的特务通知所有印刷厂，不准承印。①

10月1日，台湾国民党当局宣告于10月3日对雷震等进行审判。至日，军法法庭高等审判庭开庭。自上午至下午，历时八小时三十分。庭讯中，雷震否认所控各罪。辩护律师梁肃戎事前遭到国民党中央的全力阻止，立委党部的全体委员到梁家，要梁肃戎退出辩护，有人甚至寄子弹，威胁其全家性命。②但是，梁肃戎仍然出庭为雷震作了无罪辩护。他认为：《自由中国》所发社论，系根据"宪法"，批评政府措施，朝野立场不同，观点可能有异，但雷震本人并无叛乱意思；至于刘子英的自白，别无其他积极证据，不足采信。③10月5日，张群召集会议，主张雷案"量刑宜轻，以表示政府之宽大，而免激起反对党方面之反感，甚至形成政治上之风波"。谷凤翔、陶希圣反对，认为对雷震的量刑"宜加重，而不应从宽"。④

---

① 《雷震回忆录》，《雷震全集》第 12 册，第 215 页。
② 《梁肃戎先生访谈录》，台北"国史馆"1995 年版，第 133 页。
③ 《黄杰警总日记选辑》，第 187 页。
④ 《黄杰警总日记选辑》，第 193−194 页。

10 月 6 日，黄杰召开警备总司令部部务会报，强调《自由中国》"言论之偏激，已至丧心病狂之程度"。同日，蒋介石召见黄杰、谷凤翔及"国防部"军法覆判局局长汪道渊等研究雷案，指示称，办案犹如作战，参谋人员至少须提出两个腹案。黄杰称：办理本案很困难，各方压力很大，不可再有变动，以免遭受攻讦。谷凤翔称：雷震"知匪不报"一事，证据薄弱，恐贻文字狱之讥。会后，依据条例不同，形成甲、乙、丙三个方案。甲、乙两个方案均定雷震十年徒刑，丙案则为徒刑十二年，除酌留家属生活费外，没收全部财产。8 日上午，蒋介石亲自主持会议，裁决采用乙案。下午，军事法庭即按乙案宣判。其判决书主文称：雷震明知为"匪谍"而不告密检举，连续以文字为有利于叛徒之宣传，合并判处徒刑十年。刘子英处刑十二年，马之骕处刑五年，傅正交付感化三年。①

宣判后，宋英立即表示："我要为我的丈夫雷震申请复判。"她说：舆论界及法律权威们对我丈夫的案子会有公平的裁判，历史也会有公平的裁判。她当场散发传单《公道自在人心》，提出何以采信刘子英的供词而不采信雷震的申辩？为什么不准梁肃戎与刘子英会晤？为何不使雷、刘对质等五点疑问。17 日，中国民主党筹备委员会李万居、高玉树发表声明，提出强烈抗议，声称雷案是"政治事件"，使正义之人受罪，是要对历史负责的。

胡适原定 10 月 16 日返台，蒋经国于 14 日约谈黄杰，声称新党分子可能利用机会制造越轨行动，导致社会不安，应该妥加防范。② 宪兵司令部等举行治安高阶层座谈会，研究增派部队到机场维持秩序。19 日，胡适到达日本东京。毛子水也赶到东京，向胡适报告雷震案发生后的台湾情形。当

① 《雷案始末》，《雷震全集》第 3 册，第 241–252 页。
② 《黄杰警总日记选辑》，第 213 页。

晚，胡适从东京打电话给陈雪萍探询，陈劝告胡适，目前不宜返国，以免受人包围，影响其超然立场。胡适决定将行期改到 21 日，表示将不通知台北友人。

10 月 22 日晚，胡适化名，悄悄回台。当夜十一时，在南港寓所接见记者，声称世界上的"法治国家"，有所谓"品格证人"，"我和雷先生相识多年"，"够资格"证明"雷震是个爱国反共的人"。当记者询问胡适，军法复判局传唤证人时，你愿不愿去作证？胡适明确回答："我愿意出庭作证"。当记者询问雷震被判十年徒刑的感想时，胡适表示："我不愿对这件事作正式评论。但个人的看法，则认为十年的刑期未免太重。"他说："雷震一生为国家服务，十一年来主持《自由中国》，已经替中华民国作了不少面子，而且是光荣的面子。""《自由中国》已经成为'自由中国'言论自由的象征，现在不料换来的是十年牢监，这是很不公平的。"记者询问《自由中国》复刊问题时，胡适回答，香港曾有两批人要用《自由中国》的名义出版杂志，但只有《自由中国》的发行人和编辑委员才有权决定。如果决定不出，一个杂志为了争取言论自由而停刊，也不失为光荣的下场；如果决定继续出，则应该仍然在台北。

中国民主党筹备会发言人李万居、高玉树曾于 10 月 17 日发表声明："新党运动绝不会因此停止"，"中国民主党已领回组党档，我们决定不久宣告成立。"[1] 胡适回台之后，新党发言人李万居、高玉树等五人立即探视胡适，因为客多，胡适约 26 日晚面谈。26 日上午，胡适先见陈诚，告以晚上要和李万居等谈话的内容：看看雷案的发展，看看世界形势，展缓时间，

---

① 《雷震全集》第 4 册，第 529-530 页。

不可急于组党。第一，对政府党，采取和平态度，不可敌对。第二，切不可变成台湾人的党，必须和民社、青年两党以及无党派的大陆同胞合作。第三，争取政府的谅解——同情的谅解。胡适对陈诚说：十年前"总统"曾说，如果我组织一个政党，他不反对，并且可以支持。"总统"大概知道我是不会组党的，但他的雅量，我至今不会忘记。

胡适一面劝李万居等人展缓成立新党时间，一面通过张群两次要求会见蒋介石，保证不谈雷案。11 月 18 日，蒋介石召见，但最后胡适还是忍不住地说："三个月来，政府在这件事上的措施实在在国外发生了很不好的反响。"蒋介石辩称："我对雷震能十分容忍。如果，他的背后没有匪谍，我绝不会办他。""我也晓得这个案子会在国外发生不利的影响，但一个国家有他的自由，有他的自主权，我们不能不照法律办。"胡适接着批评雷案量刑过重，审判匆忙："被告律师只有一天半的时间可以查卷，可以调查事实材料。这样重大的案子，只开了八个半钟头的庭，就宣告终结了。这是什么审判？"胡适自述："我在国外，实在见不得人，实在抬不起头来。""双十节这天，自己不敢到任何酒会去，只能躲到普林斯顿。"

一段时期来，蒋介石已经将胡适视为"卑劣政客""无耻之徒"和"最不愿见的无赖"，因此，不愿与之辩论。[①] 他有意岔开话题，声称"胡先生同我向来是感情很好的。但是这两年来，胡先生好像只相信儆寰，不相信我们政府。"胡适连忙表示："这话太重了，我当不起。"1949 年 4 月，蒋介石派胡适到美国，船抵旧金山时，胡适曾对访员说："我愿意用我道义力量来支持蒋介石先生的政府。"胡适向蒋介石表态说："我在十一年前

---

① 《蒋介石日记》(手稿本)，1958 年 11 月 22 日，1959 年 1 月 29 日、11 月 19 日。

说的这句话，至今没有改变。"话至此，胡适觉得时间不早了，在复述 26 日和陈诚的谈话后表示：我今天盼望的是"总统和国民党的其他领袖能不能把十年前对我的雅量分一点来对待今日要组织一个新党的人"。①

对胡适的要求，蒋介石没有表态，只说："下午要到南部去，改日再长谈。"这一天，蒋介石日记云："召见胡适，约谈三刻时。彼最后提到雷震案与美国对雷案舆论。余简答其雷关匪谍案，凡破坏反共复国者，无论其人为谁，皆必依本国法律处理，不能例外，不能受任何舆论之影响。"可见，胡适一番苦口婆心的谈话没有发生任何作用。

按台湾当局规定，军事法庭审判后，可以申请复判。10 月 30 日，雷震申请复判，辩护律师梁肃戎也具状说明，原判"过于草率，未能究明事情真相，未尽职权调查之能事"。② 11 月 23 日，军法复判局宣布，雷震、刘子英维持原判，马之骕改为感化三年。晚上，胡适接到雷震夫人来电，得知雷震仍处徒刑十年。胡适想说一句安慰的话，想了再想，就是想不出。记者们叩门来访，胡适说："现在叫我还有什么话说。我原来想，复判过程中有着较长的时间，也许会有改变。现在我只能说，大失望，大失望。"③ 11 月 24 日，中广公司的记者询问胡是不是去看雷震，胡适答："我就不去了。我相信他会知道我在想念他。"这一天，胡适感叹说："这对国家的损失很大。"④ 11 月 24 日，雷震、刘子英迁入监狱服刑，蒋介石认为这是"台湾基地反动分子之变乱与安定之唯一关键"。日记云："胡适投机政客，卖空与胁制政府，未能达其目的，只可以'很失望'三字了之。"27 日，他自省一

① 《胡适的日记》，1960 年 6 月 30 日。
② 梁肃戎：《军法辩护意旨书状》，《雷案始末》，《雷震全集》第 4 册，第 558 页。
③ 《胡适之先生年谱长编初稿》（增补版）第 9 册，第 3384 页。
④ 《胡适之先生年谱长编初稿》（增补版）第 9 册，第 3384-3385 页。

周情况，觉得对雷震与刘子英二人的复判决定能如期宣布，国际并无多大舆论，自己能够"不忧不惧""不愧不怍""不为任何压迫所摇惑或犹豫"，是"决心与定力"比前进步的表现，因此，心中很得意。①

雷案初审判决后，"监察院"司法委员会成立雷案调查小组，成员为陶百川、刘永济、金越光、黄宝实、陈庆华五人，以陶百川为召集人。复判决定宣布后，调查小组要求面晤雷震等四人，国民党当局答以"没有蒋总统之指示，不敢做主"，调查小组坚持面晤。但蒋介石核定，只准会见刘、马、傅三人，不准会晤雷震。②12 月 31 日，雷震声请举行"非常审判"，撤销原判，改判无罪。③1961 年 1 月 3 日，蒋介石召见张群等，下令驳复。同月 11 日，"国防部"遵令宣称："原判并无违背法令之情形。其声请为无理由，应毋庸议。"④2 月 10 日，"监察院"《雷案调查小组报告》发表，认为警备总部等机关在处理雷案过程中，"颇多不合或失当之处"，但办案人员，"或因懔于治安之重要，或因狃于积习之难返，不免操之过急，但用心则非无可原，故拟免予纠弹"⑤。文字写得相当有技巧，雷震和傅正认为，在当时的气氛和环境下，不这样写，"监察院"就无法通过。其间，胡适、李济、蒋匀田等四十六人曾于 2 月 4 日上书，要求蒋介石"体念雷震过去对国家的贡献"，予以特赦，旋被蒋介石否定。⑥

---

① 《上星期反省录》，《蒋介石日记》，1960 年 11 月 26 日。

② 《黄杰警总日记选辑》，第 272 页。

③ 雷震：《声请非常审判理由书状》，《雷震全集》第 5 册，第 775—783 页。

④ 《黄杰警总日记选辑》，第 267、270 页。

⑤ 《监察院雷案调查小组报告》，《雷震全集》第 12 册，第 345 页；《黄杰警总日记选辑》，第 280 页。

⑥ 《雷震全集》第 28 册，第 324 页；第 36 册，第 41 页。《蒋介石日记》（手稿本），1961年 3 月 8 日、23 日。上述文字见《雷震全集》第 36 册，第 14—15 页。参见傅正所作注释，《雷震全集》第 36 册，第 107—108 页。

七、雷震的狱中生活与出狱、平反

雷震初入看守所时，三天未吃东西，以绝食为抗议。9月6日深夜，雷震秘密致函宋英，内称："我的事情是政治问题，要用政治解决。""法律解决必判罪，中国人不相信，外国人更不相信，对政府是不大好看。你想他以《自由中国》之言论来课罪，当然是罗织。"他要宋英找张群、王云五、王世杰三人商量，以不参加反对党、自由中国社改组、言论缓和为条件换取释放，"脱离现实，过一点写作生活"。①

第四天，雷震经劝告，开始进食。十余天后，突然受到优待。表现在：（1）住单间，安纱门，昼夜不上锁，雷震可以随意到院中散步。狱中床铺短，雷震身高，监狱特为接长床板。（2）伙食比一般囚犯加一个菜，还经常买活鲤鱼给雷震吃，甚至到狱外饭铺买"元盅鸡汤"给雷震喝。（3）天天给予洗澡机会。（4）为了帮雷震解除寂寞，看守所所长张某、政工官员贺某经常到牢房谈天说地。之所以如此，看守所所长解释，其原因是，蒋总统和政府受到外界抨击，感到尴尬之至，关照给予"特别优待"的结果。②后来，雷震转入军人监狱，从上到下，对雷震都特别关照，一度可以携带冰箱和电扇，受到蒋经国批评。黄杰认为如此优待，"岂非天下奇谈"。③

1960年1月4日，蒋介石召见黄杰，询问雷震申请"非常审判"及宋英探监后对记者发表消息等事，蒋介石指示，通知军事监狱，不许家属探

① 《黄杰警总日记选辑》，第115页。
② 《雷案回忆》，《雷震全集》第12册，第372页。
③ 《黄杰警总日记选辑》，第286、300页。

视。此指示来自"最高",监狱方面本应无条件执行,但已决犯人在一周内可接见家属一两次,系"立法院"通过的法律,于是,由军事监狱方面面告雷震,接见时不得谈论政治,事后宋英不得在报端发表谈话。不过,雷震并未遵令。1961 年 6 月 3 日,宋英携女儿等到监探视,雷震仍然愤愤不平地说:"一个社会要有正义,我就是正义。一个社会没有正义,是要完的。"①

雷震被捕后,自由中国社同人曾决定由夏道平出面变更登记,重新出版;也曾考虑由胡适或雷震夫人宋英出面担任发行人,均未成功。1960 年 12 月 20 日,《自由中国》在台北各民营报纸发布启事,宣布遭遇"不可抗力","无法出刊"。雷震嘱咐家人,千万对读者负责,凡订阅《自由中国》而未到期的订户均须在计算清楚后退还钱款。②次年 2 月,李万居等决定"慢慢走",筹备多时的"新党"胎死腹中。③

雷震在狱中常给胡适写信。1961 年 7 月 3 日函云:"数十年来,始终没有养成客观而坦白讲话的习惯","我们有鉴于民主政治需要公开而坦白的讨论,故十年来极力这样做"。④

次年 7 月,雷震在监狱中度过六十五岁生日,胡适亲笔抄写南宋诗人杨万里的《桂源铺》绝句送给雷震:"万山不许一溪奔,栏得溪声日夜喧。到得前头山脚尽,堂堂溪水出前村。"

胡适特别说明,此诗"我最爱读","今写给儆寰老弟"。

同年 9 月 5 日,台风大起,雷震的牢房浸水。9 日天晴,雷震将书籍文稿、衣履被服,以至碗橱炊具,坛坛罐罐,搬到室外暴晒,又搬回室内,

---

① 《黄杰警总日记选辑》,第 284 页。
② 《自由中国》社启事,《雷震全集》第 5 册,第 764-765 页。
③ 《雷震全集》第 5 集,第 762-764 页。
④ 《雷震书信集》,《雷震全集》第 30 册,第 444 页。

忙了一天。入睡后，迷迷糊糊，梦到胡适的《容忍与自由》一文，成诗一首，醒来后记录润色：

> 无分敌友，和气致祥。多听意见，少出主张。容忍他人，克制自己。自由乃见，民主是张。批评责难，攻错之则。虚心接纳，改勉是从。不怨天，不尤人，不文过，不饰非。不说大话，不自夸张。少说多做，功成不居。毋揭他人短，毋扬自己长。毋追怀既往，毋幻想将来。忠于信守，悉力以赴；只顾耕耘，莫问收获。虚心无愧，毁誉由人。当仁不让，视死如归。做人和处世，皆赖之以进；治国平天下，更非此莫成。

雷震特别说明，所说"无分敌友"之"敌"，"系指政治上意见不同之人"，"如执政党和在野党之间"。该诗 1963 年 4 月在齐世英所办《时与潮》杂志发表，有人向蒋介石进言，本诗有讽刺之意。蒋介石大怒，将《时与潮》停刊一年，军人监狱的保防官记过一次，又设立雷震监视班，停止接见家属。后经雷震抗议，准每月接见一次。①

1961 年是胡适七十寿辰，雷震特意写了几首白话诗为贺，其 12 月 17 日所写云：

> 你无须乎叫人来拥护，
>
> 你更不会要人来效忠，

---

① 《雷案回忆》，《雷震全集》第 12 册，第 403–404 页。

世人自会跟着你向前进，

世人自会踏着你的步伐往前行，

因为你所倡导的活文字和你所创造的语体文学，

都是福世利人的事情，

也正是他们寤寐企求和朝夕需要的东西。①

雷震不会写诗。这首诗，可谓全无诗意，但它表现出雷震对胡适提倡白话文这一功绩的充分肯定，也表现出他对时代潮流和人心归向的看法。

1964 年 4 月，无党籍人士、和雷震共同筹组中国民主党的高玉树当选台北市长，国民党推荐的周百炼落选。蒋介石视之为国民党迁台以来"最大之打击"②，台北市民则拍掌狂欢，街上人声鼎沸，庆祝"狗民党失败"。雷震问清缘由，"不料成天自吹自擂的国民党在老百姓的心目中，竟是一个畜类东西"。他想起"自作孽不可活"的古语，作为曾经的国民党党员，心中难过之至。③

1968 年 3 月 7 日，联合国人权保障委员会的"赦免委员会"致函台湾当局，要求赦免雷震剩余的三分之一刑期，蒋介石置之不理。④

岁月如流，雷震的十年刑期转瞬将满。1970 年 7 月 23 日，狱方突然强行收走雷震的稿件、日记等物，雷震愤而多次致函蒋经国、蒋介石及监狱长抗议，其 8 月 18 日致监狱长函云：

我这一次所争者为法律，为人权，并非坐牢而不安分守己。蒋总

---

① 《雷震全集》第 30 册，第 464 页。
② 《蒋介石日记》，1964 年 4 月 28 日。
③ 《雷案回忆》，《雷震全集》第 12 册，第 381 页。
④ 《雷案回忆》，《雷震全集》第 12 册，第 354 页。

统一再训示要"守法"，而军监又是一个执法机关，一切自应依法办事。我们拥护领袖，就必须依照他所训示的"守法"等切实去做，仅仅喊喊口号、贴贴标语是算不得拥护的。①

他要求狱方交还"不依法而强取"的稿件和日记等物，否则就不出狱。

出狱前，军人监狱要求雷震有亲人和政界双重保人，同时填写"誓书"，雷震认为违反《监狱行刑法》，一再拒绝。雷震的妻子和女儿到监狱劝说，甚至跪求，雷震却宁可坐牢至死，也不肯填写。宋英无法，请来和雷共患过难的谷正纲，谷拿出警总负责人写就的稿子要雷震照抄，其中有"我出狱后不得有不利于国家之言论和行动"等语，雷震见在旁的妻女泪眼汪汪，"誓书"所言又是"不得有不利于国家之言论和行动"，遂同意照写。两三天后，王云五、陈启天、谷正纲三人到军人监狱，也劝说雷震出具"誓书"，雷震发现底稿中的"国家"二字，已改为"政府"，认为民主政治允许人民反对政府，不肯照写，但因王云五年过八十，远道而来，便含泪照抄。② 1970年9月4日，雷震出狱。

雷震虽出狱，继续处于警备总司令部项目小组的跟踪监视中，但他不改往日风格。1972年1月10日，雷震上书蒋介石、蒋经国等五人，提出《救亡图存献议》，要求国民党放弃事实上的"一党专政"，实行真正的民主政治。③1975年12月14日，致函香港《明报》，明确表示："我绝对反对搞台

---

① 《雷震全集》第27册，第221页。
② 《雷案回忆》，《雷震全集》第12册，第269、274页。
③ 《给蒋氏父子的建议与抗议》，《雷震全集》第27册，第73–121页。

湾独立"，"今日在台的大陆人和原居的台湾人，都是炎黄子孙，都是中华民族，都是由方块字培养出来的人"。他特别劝告国民党："说话要言行一致，才能取信于人，既说要彻底实行民主，就要根据宪法，实行民主。""既然宣称'人民有言论自由'，台湾警备总司令部就不该用两部汽车在街上把《台湾政论》总编辑张俊宏架到该部盘查了三小时。"①

1976年秋，雷震自感因坐牢健康受到摧残，来日无多，自费购地，预建墓园，命名为自由墓园，将亡儿及已故《自由中国》的编委罗鸿昭、殷海光的骨灰迁葬园中。1979年3月7日，雷震去世。

1988年4月，宋英、傅正发起雷案平反运动。4月22日，"监察院"司法委员会指派国民党籍"监察委员"谢昆山调查。29日，监狱召开监务会议，认为雷震的文稿攻讦三民主义，诋毁国父，污蔑"先总统蒋公"，丑化政府，应予全部焚毁。7月21日，谢昆山到监狱调查，认为监狱长等人"对当事人权益未能重视，办事粗鲁，处置不当"，提案弹劾，随即成立后援会，要求发还雷震狱中所写四百万字的回忆录及日记，同时要求"监察院"彻底重查雷案。

同年8月，刘子英赴大陆定居，行前致函雷震夫人，自称"当年为军方威势胁迫，我自私地只顾个人安危，居然愚蠢得捏造谎言，诬陷儆公，这是我忘恩负义失德之行"②。

八、结束语

言论自由是现代民主制度的关键。它可以充分表达人民的意志、愿望

---

① 《给香港明报函》，《雷震全集》第27册，第123页。
② 马之骕：《雷震与蒋介石》，第439页。

和思想，实现民主，促进民主，认识并发展真理。可以说，人类的知识积累、传承、传播，人民各项民主权利的行使，各类错误的发现与改正，劣政、恶政的淘汰与废弃，瑕漏、偏失的补苴和救治，社会的改良、改革和进步，都有赖于言论自由。实现了这一条，人民可以畅所欲言，发表各种主张、见解，批评政府的任何成员，以至任何一届政府，即使批评错了，也能不受打压。这样，人民的社会主人、国家主人的地位才得以体现。1789 年 8 月 26 日，法国制宪会议通过《人权和公民权宣言》，其第 11 条规定：一切公民都有言论、著作、出版的自由。这是人类文明史上一个伟大的有里程碑意义的进步，自此，几乎所有国家都将之写入宪法。1948 年 12 月 10 日，联合国大会通过并颁布《世界人权宣言》，宣称"人民的最高愿望"就是"人人享有言论和信仰自由并免于恐惧和匮乏的世界的来临"，人人可以"持有主张而不受干涉"，"通过任何媒介和不论国界接受和传递消息和思想"。自然，言论自由并非绝对，以一定手段，在合理、合法的程度内对有害言论加以限制，符合社会发展和人类社会共同生活的需求。

雷震及其《自由中国》半月刊以言论阐发政治主张，批评台湾当局的政治不当，发表不同政见，大目的、总目的在于台湾和人类社会的改良和进步，属于言论自由范畴，其是非曲直可以通过说理的方式、论辩的方式加以分析并判明，择取或参考其是者、正确者，容忍或批评其非者、谬误者，以供人民和历史的裁决。蒋介石虽然濡染中国传统文化甚深，但是，他却不懂或者有意忘记良药苦口、忠言逆耳的古训，仅从巩固统治的现实利益出发，用强力手段逮捕雷震，判以重刑，使其消声，是"以言治罪"的典型表现。整个过程，自始至终，完全取决于蒋介石的个人意志，不是法律至上，而是个人至上，是"以权代法""以权干法"的典型体现。其部属用威胁利诱的方式制造刘子英的虚假供词则是一种卑劣的有意构陷。

蒋介石败退台湾以后，标榜民主、自由以与大陆相抗。1954年3月25日的"国民大会"上，他甚至号召人民检举政府"钳制思想、束缚言论"的事实，其逮捕雷震事件有力地戳穿了这种"标榜"和"号召"的虚伪。①

---

① 参阅蒋介石《对第一届国民大会第二次会议闭幕词》，《总统蒋公思想言论总集》卷二十六，第30–31页。

蒋介石与晚年胡适 ①

一、胡适流亡美国，接到流亡台湾的蒋介石信函

　　1948 年，辽沈战役胜利后，中国人民解放军迅速入关，包围北平。12 月 13 日，蒋介石特派代理教育部长陈雪屏北上，劝胡适早日南下。胡适留恋北大，不愿立即离开这所与他的声名、成就密切相关的学校。14 日，蒋介石派专机到北平来接胡适和清华大学校长梅贻琦等几位学者。胡适将校事委托给汤用彤、郑天挺等人。15 日，胡适与夫人江冬秀凄然离开北平的南苑机场，飞抵南京。16 日，二人一起到蒋介石官邸，参加招待晚餐。17 日，胡适参加在南京中央研究院院内召开的"北京大学五十周年校庆会"，非常感慨地一再声称："我是一名不名誉的逃兵"，"实在没有面子再在这里说话"。② 这一天是胡适五十八岁生日，当晚，胡适偕同江冬秀再到

---

　　① 　未刊稿。

　　② 　《胡适自认逃兵》，《申报》，1948 年 12 月 18 日；参见曹伯言、季维龙《胡适年谱》，安徽教育出版社 1986 年版，第 701—702 页。

蒋介石官邸，参加为其祝贺生日的宴会。这以后的几天中，有人建议胡适到外国去"替政府做些外援的工作"。胡适以极为懊丧的心情回答："这样的国家，这样的政府，我怎样抬得起头来向外人说话！"①

1949年1月1日，胡适在南京度过元旦，心情自然非常不好，日记云："在南京作'逃兵'，作难民，已十七日了！"②1月8日晚，胡适在蒋介石官邸吃晚饭。蒋介石仍劝胡适去美国。他说："我不要你做大使，也不要你负什么使命。例如争取美援，不要你去做。我只要你出去看看。"③

3月下旬，胡适应邀到台湾住了七天，做过一次题为《中国文化里的自由主义传统》的报告，其中谈到古代的"谏官"和史官。他说："古代的这种谏官制度，可以说是自由主义的一种传统，就是批评政治的自由。此外，在中国古代还有一种史官，就是记载君主的行动，记载君主所行所为以留给千千万万年后的人知道。"又说："古代的史官，正如现代的记者，批评政治，使为政者有所畏惧，这却充分表示言论的自由。"报告最后，胡适称："自由不是奢侈品，而是必需品。"④

4月6日，胡适从上海乘轮船离开中国。14日夜，为《陈独秀的最后见解》一书写序，称道陈独秀在1949年提出的一个观点："保持了资产阶级民主，然后才有道路走向大众的民主。"胡适转述陈独秀的观点称："近代民主制的内容，不尽为资产阶级欢迎，而是几千万民众流血斗争五六百年才实现的。'无产阶级民主'的具体内容和资产阶级民主同样要求一切公民

---

① 胡颂平：《胡适之先生年谱长编初稿》（增补版）第6册，第2065页。
② 《胡适的日记》（手稿本）第16册，1949年1月1日。台湾远流出版事业股份有限公司1990年版。
③ 《胡适的日记》（手稿本）第16册，1949年1月8日。
④ 胡颂平：《胡适之先生年谱长编初稿》（增补版）第6册，第2080-2081页。

都有集会、结社、言论、出版、罢工之自由。”“轻率地把民主制和资产阶级统治一同推翻，以独裁代替了民主，民主的基本内容被推翻了，所谓‘无产阶级民主’‘大众民主’只是一些无实际内容的空洞名词，一种门面而已。”① 文中，胡适称陈独秀为“死友”，称陈对于民主、自由的见解，是他“深思熟虑了六七年”结论，很值得我们大家仔细想想。

4 月 21 日，胡适抵达美国西海岸的旧金山，接过新闻记者递过来的报纸，头条大字是“中国和谈破裂”“共军渡江”等消息。他对坐小汽轮到大船来采访、抢新闻的记者说：“我愿意用我道义力量来支持蒋介石先生的政府。”“我的道义的支持也许不值得什么，但我说的话是诚心。因为我们若不支持这个政府，还有什么政府可以支持。如果这个政府垮了，我到哪儿去！”② 4 月 27 日，胡适到达东海岸的纽约，住进东 81 街 104 号。这是胡适卸去驻美大使职务后租住过的老旧公寓。这时，国民党的军队已撤出南京，有美国朋友问胡适，胡答：“不管局势如何艰难，我始终是坚定的用道义支持蒋总统的。”③ 其后，胡适接到来自台湾的蒋介石的一封信，中称：

> 此时所缺乏而急需于美者，不在物质，而在其精神与道义之声援。故现时对美外交之重点，应特别注意于其不承认中共政权为其第一要务。至于实际援助，则尚在其次也。对于进行方法，行政与立法两途，但仍以行政为正途，且应以此为主务，望先生协助少川大使，多加功夫为盼。④

---

① 胡颂平：《胡适之先生年谱长编初稿》（增补版）第 6 册，第 2085–2091 页。
② 《胡适的日记》（手稿本）第 18 册，1960 年 11 月 18 日。
③ 胡颂平：《胡适之先生年谱长编初稿》（增补版）第 6 册，第 2092–2093 页。
④ 台北胡适纪念馆存，陈漱渝著《飘零的落叶》，《新文学史料》，1991 年第 4 期。

  末署 5 月 28 日。少川，指顾维钧，民国外交家。1945 年 6 月，代表中国出席旧金山会议，参加《联合国宪章》起草，并在《联合国宪章》上签字，其后任国民政府驻联合国代表。蒋介石 1949 年 5 月 29 日日记云："复核胡适之、魏德迈、顾少川、陈之迈等各函"，据此可证蒋介石核发时间为写作此函后的第二天。

  蒋介石于 1949 年 1 月 21 日宣布引退，当日离开南京到达杭州。次日，回到奉化溪口。4 月 25 日，蒋介石离开溪口到上海，在复兴岛召见顾祝同、汤恩伯等"战将"，商议防守上海策略。4 月 27 日，蒋介石发表文告，宣称要奋斗到底。5 月 2 日，李宗仁与白崇禧、居正等会谈，提出蒋介石如不愿复职，即应出国。蒋介石拒绝出国，答以自此"遁世远引"，"对于政治一切不复闻问"。①5 月 7 日，蒋介石乘轮离开上海，经普陀、舟山，5 月 17 日，到澎湖马公岛。5 月 26 日，抵达台湾南部的高雄。从时间上看，蒋介石致胡适 5 月 28 日函写于到达高雄之后。他当时在台湾刚刚立足，正在部署各事。其急务是，维持美国对于一再迁移、流亡的"中华民国"政权的承认，也阻止世界各国承认中共即将成立的新政权。蒋介石在此时写信给胡适，目的是要胡适在美国配合顾维钧，达成其外交目标。

  事实表明，蒋介石答李宗仁所称"遁世远引""不复闻问"政治云云，都是假话。6 月 11 日，国民党中央常务委员会提出，成立中央非常委员会，以蒋介石、李宗仁等十二人为委员。同日，国民党中央政治会议决定成立最高决策委员会，以蒋介石为主席、李宗仁为副主席。这样，蒋介石就又从后台站到了前台。6 月 24 日，蒋介石到台北，住到草山（阳明山）。7

---

  ① 参见拙作《李宗仁的索权逐蒋计划》,《寻求历史的谜底》, 首都师范大学出版社 1993 年版, 第 628–638 页。

月 1 日，成立总裁办公室。10 月中旬，国民党政府再迁重庆。11 月 14 日，
蒋介石自台北飞渝，谋划割据西南，抗拒中共大军的进攻。12 月 8 日，国
民党政府"迁都"台北。10 日，蒋介石飞离成都，也撤至台北。其后，流
亡台湾的蒋介石政权逐渐安定下来，重新打鼓开张。1950 年 3 月 1 日，
蒋介石在台北复"总统"职，阎锡山"内阁"辞职，陈诚出任"行政院长"，
形成蒋陈体制。

国民党中央党部及其政府机构"行政院"早在 1949 年 2 月即由南京迁
到广州。当年 6 月 12 日，流亡广州的新任"行政院"长阎锡山发表胡适为
"外交部长"。6 月，阎锡山出任"行政院长"，蒋介石曾助阎，劝胡出任"外
交部长"。胡适仔细考虑了七八天之后，认为以私人地位在纽约"为国家辩
冤白谤，实更有力量"。[①]6 月 21 日，胡适致电恳辞职务，但国民党政府不
让胡适对外宣布。[②]

同月 23 日，胡适在纽约会见美国助理国务卿腊斯克，声称由于缺乏美
国海军的支持，中国大陆已沦陷于共产党之手，并且造成了远东的紧张局
势。胡称，美国国会虽然通过了为数不多的七千五百万元的军事援助，用
于"中国地带"，但杜鲁门总统从未对中国花过其中一分钱。腊斯克向胡适
询问"自由中国运动"的情况，胡适答道：作为一个平民，无论他本人的
声望在这里有多高，但他没有丝毫权力。由于没有权力，他不能领导任何
运动或组织政府。胡适承认：蒋介石是唯一的领袖，但在美国国务院的心
目中，蒋介石是"不受欢迎的人"。[③]

---

① 《致叶公超、董显光电》，胡颂平：《胡适之先生年谱长编初稿》（增补版）第 6 册，第
2095 页。

② 胡颂平：《胡适之先生年谱长编初稿》（增补版）第 6 册，第 2095 页。

③ 《顾维钧回忆录》第 8 册，中华书局 1989 年版，第 55—56 页。

当时，在美国的宋子文与蒋廷黻商量，随后并致电蒋介石，建议胡适出任"行政院"副院长，留美一个月，与美国政府洽商，然后回台湾就任"行政院长"。6月27日，蒋介石复电称："甚望适之先生能先回国，再商一切。"①30日，胡适致电蒋介石，声称"宋子文电所言，我从未赞成，亦绝不赞成"。②

这一时期，胡适很苦闷，自称"百忧交迫"③。8月5日，美国国务院公布《美中关系白皮书》，其中详述抗战末期以来美国政府扶蒋反共政策及其失败的过程，为"弃蒋"做准备。胡适不喜欢美国国务院公布的这份官方档案，有五个月不去美国首都华盛顿。8月16日，他给老朋友赵元任夫妇写信，自称不愿意久居外国，特别是读了美国政府的《美中关系白皮书》之后，更不愿意留在国外教书。他告诉老朋友，要回台湾，做点能做的事，不做官，也不弄考据，也许写文章，也许讲演，或者两项都来。④

12月中旬，胡适因事去华盛顿，没有去访问美国政府中人，也没有访问国会中人。

胡适住进纽约老公寓后不久，夫人江冬秀也于6月9日到此相聚。胡适一面闭门著书，继续考证《水经注》；一面协助夫人，做点家务。直到第二年7月1日，胡适才在普林斯顿大学谋得葛思德东方图书馆馆长一职。葛思德是该馆创始者和捐书人，所捐图书中有包括手抄本《水经注释》在内的大量中文古籍，该馆便聘请胡适来清理并管理这批图书。管理人员实际只有两人。

---

① 《胡适的日记》（手稿本）第16册，1949年6月29日。
② 《胡适的日记》（手稿本）第16册，1949年6月30日。
③ 胡颂平：《胡适之先生年谱长编初稿》（增补版）第6册，第2100页。
④ 胡颂平：《胡适之先生年谱长编初稿》（增补版）第6册，第2098—2099页。

12 月 17 日，胡适在纽约过生日。蒋介石写信给胡适，为他祝寿，劝他回台湾。胡适本想去台湾看看，因事难以分身，又因心脏病发作，婉谢了蒋介石的邀请。①12 月 20 日，胡适的学生、好友、台湾大学校长傅斯年因脑出血突然逝世。26 日，当时担任"行政院长"的陈诚致电胡适，声称蒋介石和自己都希望胡"回国领导"，胡适认为傅斯年在掌管台大期间，励精图治，已有良好基础，便推荐年富力壮的台湾大学化学系教授兼教务长钱思亮继任。

胡适的馆长任期是两年，至 1952 年 6 月 30 日期满，续任该馆的终身荣誉馆长，不支薪水。②

二、胡适支持雷震创办《自由中国》半月刊，主张"用负责态度批评实际政治"，反对军方干涉言论自由

1949 年 1 月，蒋介石宣布引退下野。原政协秘书长雷震（字儆寰）即与胡适等人在上海商议，创办一份宣扬自由与民主的刊物。胡适提议，仿照戴高乐 1940 年倡导自由法国的前例，为刊物取名《自由中国》。11 月 20 日，刊物在台北面世，半月一期，雷震任社长，台湾大学教授毛子水任总编辑，胡适当时因在美国，只担任挂名的发行人。刊物发刊词称：以"思想自由"为原则，"弃黑暗而趋光明，斥集权而信民主"。胡适所写《〈自由中国〉的宗旨》共四条："第一，我们要向全国国民宣传自由与民主的真

① 胡颂平：《胡适之先生年谱长编初稿》（增补版）第 6 册，第 2154 页。
② 《胡适的暗淡岁月》，周质平：《光焰不息——胡适思想与现代中国》，九州出版社 2012 年版，第 375–395 页。

实价值，并且要督促政府（各级的政府），切实改革政治经济，努力建立自由、民主的社会。第二，我们要支持并督促政府用种种力量抵抗共产党铁幕之下剥夺一切自由的极权政治，不让它扩张它的势力范围。第三，我们要尽我们的努力，援助沦陷区域的同胞，帮助他们早日恢复自由。第四，我们最后的目标是要使整个中华民国成为自由的中国。"[①] 这四条宗旨说明，胡适既坚持"民主主义、自由主义"，又极端仇共、反共。它本是胡适在从上海到檀香山的轮船上写的，寄给雷震、杭立武等几个人，请他们修改，他们都没改，就登在《自由中国》的第一期上。后来每一期都登，成为该刊不变的宗旨。[②]

创刊号上，还刊登了胡适 1941 年 7 月在美国密歇根大学的讲演《民主与极权的冲突》。胡适认为，"这是急进革命的方法，与渐进改善的方法之冲突"，也是"企图强制划一，与自由发展的冲突"。胡适强调，"为民主的生活方式和民主的制度辩护，须对于健全的个人主义，具有清楚的了解，必须对于民主主义的迟缓渐进改善的重要性，具有深刻的认识。进步是日积月累的，如果个人不能自由发展，便谈不到文明"。这篇文章很典型地表现了胡适的思想特质：崇尚改良、崇尚渐进，反对革命。他提倡"健全的个人主义"，显然，他认识到了只强调"个人主义"有局限，会发生偏颇和危害，企图有所匡正。

《自由中国》编委共十一人，大体上属于国民党体制内的改革派。一开始曾得到国民党高层的鼓励和资助，也得到美国亚洲协会的支持。不过很快，《自由中国》就因其言论得罪了台湾国民党当局。

---

① 《自由中国》创刊号。

② 胡颂平：《胡适之先生年谱长编初稿》（增补版）第 6 册，第 2107 页。

1951 年初，雷震在国民党党务改造会议中提出，废除军队党部和学校中三民主义课程，受到蒋介石的严厉指责。6 月 1 日，《自由中国》发表编委夏道平所写《政府不可诱民入罪》，批评保安司令部经济检查人员钓鱼执法，借此获取巨额奖金。保安司令部副司令彭孟缉认为该文"侮辱"了保安司令部，呈请台湾省长吴国桢抓捕编辑，以刊物的名义道歉。胡适认为，《政府不可诱民入罪》一文"有事实，有胆气"，是该刊"出版以来数一数二的好文字"。8 月 11 日，胡适致函雷震，认为"《自由中国》不能有言论自由，不能用负责态度批评实际政治，这是台湾政治的最大耻辱"。他决定辞去"发行人"的名衔，用以表示对"军事机关"干涉言论自由的抗议。9 月 1 日，该函在《自由中国》第五卷第五期刊出。不过后来，胡适一直支持并指导《自由中国》的编辑。

蒋介石对《自由中国》刊发胡适来函非常生气。9 月 4 日，国民党改造委员会设计委员会主任萧自诚召开会议，批评雷震发表胡适来函是"捣乱"。1951 年，雷震曾被蒋介石派赴香港，慰问从大陆逃亡到当地的反共人士，彭孟缉即诬指雷震的香港之行"涉嫌套汇"。9 月 5 日，保安司令部向雷震发出传票。9 月 6 日，国民党改造委员会纪律委员会以"代电"指责雷震在《自由中国》发表胡适私信，"有损我国在国际上的威信"，"事先既未报告"，又复违反本党改造后"一切透过组织"的原则，已经改造委员会核议，并经"总裁"指示，"违反党纪部分交纪律委员会议处"。9 月 7 日，雷震得知，蒋介石认为雷震不配做党员，要开除其党籍，因陈诚反对，改为警告。9 月 15 日，雷震提出《答辩书》：

（1）胡适来函是对《自由中国》出版社全体同人说话，不得视为

"私函"。

（2）《自由中国》原有编委十一人，"代电"所称"本党党员雷震所主编"，并非事实。

（3）函件是"胡先生决心要发表的"，本社同人只有"遵办"。台湾"苟尚有发表言论之自由，则胡先生之负责的言论，自无不应发表之理"。

（4）胡先生并非不了解台湾的"实际情形"。倘胡先生真能明了本刊在社论发表后所受威胁，其愤慨"恐尚不止此"。

（5）"一个政府在国际的信誉之高低，端在于其实际的施政如何。""胡先生此函如合乎事实，政府许可发表，尊重言论自由，将可恢复国际信誉"。

（6）"一切透过组织"的原则，不知何所根据？遍查《改造纲要》，在"一元领导"下有"一切通过组织，组织决定一切"字样，应有的解释是"指领导而言"，不许本党今后再有派系之分，并非"党员之衣食住行及其他一切日常行动均须通过组织"。

（7）"掩蔽事实而又不加以矫正，则民主、法治之基础何以树立？人民之福利及国家社会之进步何从而获得？"

按照国民党人的习惯思维，"国民党"是真理化身，最高、最神圣，一切必须通过"国民党"，服从"国民党"，经过"国民党"的批准。现在《自由中国》却抬出一个"胡先生"来与"国民党"相抗，与党的领袖——"总裁"相抗，事前不报告，自行其是，岂非大逆不道！如何可以允许？

国民党与《自由中国》的矛盾日渐加深，军队、机关、学校禁止阅览，拒绝订阅，印刷厂多次拒印。《自由中国》在其创刊时曾得到美国方面的财政支持。1957 年 8 月 31 日，蒋介石"切戒"美国"公使衔代办"蓝钦（Karl L.Rankin）津贴《自由中国》。[1]1958 年 4 月 3 日，蒋介石突然声称《自由中国》为"反动刊物"，下令禁止美国自由亚洲协会给予其资助。[2]

三、胡适向国民党"七全大会"提出五点希望

对于以蒋介石为首的国民党政权，胡适既失望，又关心。1950 年，他在美国，曾和顾维钧谈起，国民党是"庸人党"或"耗子窝"，建议蒋介石摆脱"国民党总裁"职务。[3]1952 年 9 月 14 日，胡适听说国民党将在 10 月 10 日召开第七次全国代表大会，便写了封八页长信给蒋介石，希望国民党有大改变。函称这"是一个难得的机会"，蒋介石"应有明白的表示"：

> 第一表示民主政治必须建立在每个政党并立的基础之上，而行宪四五（年）来未能树立这基础，是由于国民党未能抛弃"党内无派，党外无党"的心理习惯。
> 第二表示国民党应废止总裁制。
> 第三表示国民党可以自由分化，成为独立的几个党。
> 第四表示国民党诚心培植言论自由。言论自由不是宪法上的一句

---

[1] 《蒋介石日记》，1957 年 8 月 31 日。
[2] 《蒋介石日记》，1958 年 4 月 3 日。
[3] 《顾维钧回忆录》第 8 册，中华书局 1989 年版，第 57 页。

空话，必须由政府和当国的党明白表示，愿意容忍一切具体政策的批评。并须表示，无论是孙中山、蒋介石，无论是三民主义、五权宪法，都可以作批评的对象。（今日宪法的种种弊病，都由国民党当日不容许我们批评孙中山几个政治主张，例如国民大会制、五权宪法。）

第五当此时期召开国民党大会，不可不有恺切的"罪己"的表示。国民党要"罪己"，我公也要"罪己"。愈能恳切"罪己"，愈能得国人的原谅，愈能得世人的原谅。但"罪己"的话不可单说给党员听，要说给全台人民听，给大陆上人民听。

最后，胡适向蒋介石讲了土耳其 1950 年 5 月 16 日大选的故事，自称这是他离开中国三年半之中"最受感动的一条新闻"：凯末尔（Kamal）首创的共和国民党专政二十七年，在大选中失败，仅得议会中 487 席的 69 席，而曾任经济部长、国务总理拜亚尔（Celar Bayar）在 1945 年创立的民主党，却获得大胜利，得到 408 席，占议会的 84%。胡适认为："这是土耳其六百年中第一次遵从民意，和平的转移政权。"

在胡适看来，台湾必须走"西方民主"道路，实行"真正的民主化政策"，建议学习土耳其，通过民主选举，和平转移政权。这一意见，他在美国也和顾维钧谈过。[①] 这是胡适多年形成的老观念，所以他向蒋介石建议，将国民党分化成几个"小党"，形成几个政党"并立"的局面，同时取消党魁的个人专断和独裁，即所谓"总裁制"。当然，胡适也念念不忘实行他长期梦想的"言论自由"，即个人有过问政治、批评政治的自由。

---

① 《顾维钧回忆录》第 8 册，第 58 页。

9 月 23 日，蒋介石收到胡适的上述长函，对其他意见并未重视，倒是抓住重点，只在日记中写了一段话："建议本党应照土耳其，分为两党的办法。此其书生之见，不知彼此环境与现状完全不同也。中国学者往往如此，所以建国无成也。"① 蒋介石还是觉得他多年来形成的一套老办法适合中国国情：以党治国、一党专政、领袖独裁。自然，他觉得胡适的意见是"书生意见"，不适合中国的"环境与现状"。

蒋介石入台后，首先抓的是"国民党"，他觉得，老的国民党不行了，要改造。

1949 年蒋介石下野之后，即产生改造国民党的思想的想法。其 12 月 15 日日记提出："此时若不能将现在的党彻底改造，决无法担负革命工作之效能也。"1950 年 3 月 1 日，蒋介石在台北复行"总统"职权。7 月 26 日，蒋介石以国民党总裁身份宣布中央评议委员二十五人及中央改造委员十六人名单。其中，中央评议委员会的职责为"对党的改造负督导与监督之责"；中央改造委员会在改造期间，居于最高党部的地位。1950 年 10 月至 1951 年 10 月，蒋介石先后在台湾推行"革命实践"与"反共抗俄总动员"两大运动。1952 年 5 月 29 日，国民党中央改造委员会认为"党的改造"已经完成，议决于 1952 年 10 月 10 日召开第七次全国代表大会。

国民党第七次全国代表大会给了胡适希望，遂有上书蒋介石之举。这次会议于 10 月 10 日开幕，20 日闭幕，大唱"反共抗俄"高调，除选出"总裁提名"的新的中央委员三十二人年龄较轻之外，并无胡适所希望的"大改变"。

---

① 《蒋介石日记》，1952 年 9 月 23 日。

由于对"七全大会"和国民党的"改造"失望，胡适遂逐渐形成并提出"毁党救国"思想。

四、胡适回台，向蒋介石提出"逆耳"之言

台湾大学和台湾师范学院邀请胡适讲学。1952 年 11 月 19 日，胡适从美国飞抵台北，蒋经国、王世杰、何应钦、朱家骅、程天放以及台湾大学校长钱思亮等一批党、政、文化界要人到机场迎接。蒋介石也派了代表到机场欢迎。胡适被挤得寸步难行，笑称"今天好像是做新娘子"。下午举行记者招待会，回答"美国舆论是否转而支持自由中国""韩战和谈前途如何""对大陆清算胡适思想为什么不做声"等各种各样的问题。胡适则称自己已经婉谢了各种长期讲学或教授职务，今后要完成《中国哲学史》《中国白话文学史》以及《水经注》研究等未完成的著作。谈话中，胡适也不忘作出"拥护国民政府和蒋介石的意志始终不渝"之类的表态。当晚，蒋介石邀请胡适共进晚餐。12 月 12 日，蒋介石邀约已经出任台湾省教育厅厅长的陈雪屏谈话，专门研究胡适此次回台的游览和招待问题。

12 月 13 日上午十时，胡适会见蒋介石，首谈对台湾政治和"议会"的感想。蒋介石这一时期，越来越热衷于个人专权。10 月 10 日至 20 日，国民党召开"第七次全国代表大会"，蒋介石主张国民党中央委员选举，其候选人必须由"总裁核定"，认为"此权比任何权力更为重要"[①]。因此，对胡

---

① 《蒋介石日记》，1952 年 12 月 14 日。

适所言仍然不感兴趣，称之为"民主、自由高调"。接着，胡适称："我国必须与民主国家一致，方能并肩作战，感情融洽，以国家生命全在于自由阵线之中。"胡适的意思是要台湾当局追随美国，和美国保持一致。蒋介石一直认为，自己之所以失败，在于美国杜鲁门政府对国民党政权的政策变化。据此，他说："凡西方各国，皆无公理与人道可言，更无所谓公法与国交可言。"①因此，他教训胡适说：第二次世界大战民主阵线胜利，我在民主阵线中牺牲最大，但最后仍要被卖亡国也。"蒋介石认为胡适的说法，是"书生之思想言行"，迂阔、无用，觉得这批人"被中共'侮辱、残杀'，亦有其原由"，"彼之今日，犹得在台高唱无意识之自由，不自知其最难得之幸运而竟忘其所以然也。"②蒋介石的内心不仅不以胡适的话为然，而且还有点嘲笑和挖苦的意思。

1953 年 1 月 16 日，胡适即将返美，当晚，蒋介石设宴为之饯行。胡适自称："谈了共两点钟，我说了一点逆耳的话，他居然容受了。"胡适的话听起来确实"逆耳"：

> 台湾今日实无言论自由。第一，无一人敢批评彭孟缉。第二，无一语批评蒋经国。第三，无一语批评蒋总统。所谓无言论自由，是"尽在不言中"也。

在各种"自由"中，胡适最重视的是"言论自由"，特别是批评党、政、军领导大员的"自由"。彭孟缉历任副参谋总长、陆军总司令兼台湾防卫总

---

① 《蒋介石日记》，1952 年 12 月 14 日。
② 《蒋介石日记》，1952 年 12 月 13 日。

司令；蒋经国到台湾初期，即担任国民党省党部主任委员、"国防部"总政治部主任；蒋介石则是台湾国民党当局的最高领导人。胡适要求台湾国民党当局允许台湾人民批评这三个人，显然与《自由中国》因发表夏道平的文章而受到批评有关。

"宪法只许总统有减刑与特赦之权，绝无加刑之权。而总统屡次加刑，是违宪甚明。然整个政府无一人敢向政府如此说！"

胡适认为，宪法必须人人遵守，虽"总统"亦不能例外。蒋介石到台湾后，屡次加刑，强化镇压力度。胡适对此不满，将批评的矛头指向蒋介石。

"'总统'必须有诤臣一百人，最好是一千人。开放言论自由，即是自己树立诤臣千百人也。"在将批评的矛头指向蒋介石之后，胡适向蒋介石建议，最好要有一千个"诤臣"，即一千个敢于对自己提出不同意见的人。

对于胡适的这些话，蒋介石没有反驳。他问胡适："召开国民大会有什么事可做？"

"当然是选举总统与副总统呀！"胡适答道。

"这一届国民大会可以两次选总统吗？"

"当然可以。"胡适答道。"此届国大是民国三十七年三月二十九日召集，总统任期到明年5月20日为满任，2月20日必须选出总统与副总统，故正在此第一届任期之中。"

"请你早点回来，我是最怕开会的。"

"难道他们真估计可以不要宪法了吗？"蒋介石的最后一段话使胡适很惊异。如果不开会，如何讨论各类大事？如何选举总统与副总统？

五、胡适参加"国民大会"一届二次大会，选举蒋介石为"第二任总统"

1953 年 1 月 17 日，胡适离开台北，经日本返美。此后，一直到 1954 年 2 月，国民党当局在台湾召开"国民大会"一届二次大会，胡适才再次回到台北。

国民党将"制宪"和"行宪"分为两个阶段。1946 年 11 月 15 日至 12 月 15 日，国民党当局在南京召开国民大会，制订《中华民国宪法》。当时，中国共产党和中国民主同盟拒绝参加。1948 年 3 月 29 日至 5 月 1 日，国民党当局宣称实行宪法，在南京召开"行宪国民大会"。4 月 19 日，蒋介石当选为中华民国第一任"总统"。

国民党迁台后，按照原来的规定，应于 1954 年 2 月召开"国民大会"第二次会议，选举"中华民国"第二任"总统"。2 月 14 日，国民党在台北召开第七届中央委员会临时全会，推举"总统"候选人。蒋介石计划在会上发言，说明"本人之性格与长处，不应为总统，而愿任副总统或行政院长"。至于"总统"人选，蒋介石的建议是"党内为于（右任），党外为胡（适）"。

2 月 15 日，七届中央委员会临时全会开幕，蒋介石致辞。其内容为（说明）"本人不可再任（总统）之理由与性质不宜之缺点"。党内候选人，蒋介石提名于右任；党外候选人，蒋介石提名胡适。蒋介石特别说明："以上届本约邀其为候选人，而未能如约提出之故也。"

按照 1946 年国民大会通过的《中华民国宪法》，当时的政权采取内阁制，行政院为国家最高行政机构，总统虽位居元首，代表国家，但只是虚位，权力受到很多限制。蒋介石不喜欢做"虚位"总统。1948 年 3 月底，国民党召开行宪国民大会，选举"总统"。蒋介石一度想推荐胡适出面挂个虚名，自己出任参谋总长或行政院长，掌握实权。蒋介石通过王世杰传话，要胡适出来竞选。胡适一度认为"这是一个很聪明、很伟大的见解，可以一新国内外的耳目"，表示"接受"，但第二天即取消"接受"。①4 月 18 日，会议通过临时制订的《动员戡乱时期临时条款》，空前地扩大了总统权力，蒋介石才不再演戏，同意参选并高票当选。蒋介石上述所称"上届"之"约"，即指 1948 年推举胡适为"总统"候选人之事。这一次，蒋介石又想故伎重演，以于右任、胡适为幌子，而实际上还想自己当。

　　1954 年 2 月 15 日，参加会议的国民党第七届中央委员三十一名投票者中，蒋介石以三十票被推举为总统候选人。②

　　2 月 18 日，胡适自美国回到台北，参加"国民大会"第一届第二次会议。

　　2 月 19 日，"国民大会"一届二次会议在台北中山堂开幕，胡适任主席。他在演说中声称：这是"国家历史上空前的大危难时期"，必须"维持宪法的法统"。③蒋介石在开幕词中承认国民党当局当时掌控的土地"只有台湾一省，与几百个沿海岛屿"，处于"空前未有的大变局"中，但是，蒋介石除了一两句"惶恐诚不知所措""期赎罪愆"的空话外，并没有说一句自责

---

①　曹伯言：《胡适日记全集》第 8 册，第 354 页。

②　《蒋介石日记》，1954 年 2 月 15 日。

③　台北《中央日报》，1954 年 2 月 19 日。

语言。① 3 月 25 日的《闭幕词》虽然也高喊"民主的本质，就是平等与自由"，但强调的重点却是"守法与守分"。

3 月 20 日，选举"第二任总统"。为了摆出竞选的样子，除蒋介石外，会议还推出了另一个候选人徐傅霖。结果，二人都未超过半数。至 3 月 22 日举行第二次选举，蒋介石才得以当选。胡适当即对记者表示"百分之一百的赞成"。他说："今后六年，是国家、民族最艰难困苦的阶段，只有蒋先生才能克服一切困难。"3 月 23 日，选举"副总统"。陈诚与摆样子的石志泉都未达到法定票数，至 24 日，才将陈诚选出，胡适立即表示拥护，声称"正中下怀"。

这次会议，胡适备受尊崇。2 月 21 日，蒋介石在日记中特别记载称："午宴胡适之、于斌等代表。"22 日，胡适受蒋介石之邀，参加阅兵式观礼。24 日，胡适被选为会议主席团主席之一，可谓备极荣光。

胡适主张"无条件的自由"。3 月 17 日，他在台北"联合国中国同志会"第九十次座谈会上发表演讲，题为《美国的民主制度》。他说："民主的第一要件，是人民有控制政府的权，政权的转移，不靠暴力，不靠武力的革命，而靠人民多数投票的表决。"他认为，在美国的民主制度下，人民的基本自由，都可以说是无条件的。②

3 月 28 日，他在台北市外勤记者联谊会上批评台湾新闻界"争取独立新闻的精神不够"，特别向台湾记者介绍了美国名报人普立玄的"十大信条"，例如：要为进步奋斗，为革新奋斗；绝不容忍贪污，绝不容忍不公平；

---

① 《对第一届国民大会第二次会议报告词》。《总统蒋公思想言论总集》，卷二十六，第17—21 页。

② 台北《大陆杂志》第 8 卷第 6 期。

绝不隶属于任何政党；反对用激烈的言辞，来煽动民众的政客；反对享有特权的阶级，反对一切掠夺公众的人；对于贫苦的人，绝不可缺乏同情；永远忠心于公众的福利；永远要极度的独立等。胡适讲这段话，是要台湾新闻界不要成为台湾蒋介石集团的附庸，努力为社会的进步和革新工作。报告末尾，胡适答复记者提问时强调，政府应"在国内去努力做到使不满意的人们感到满意，使批评的人转而赞美"，"最重要的，仍是由政府朝别人批评的方面去改革"。① 4 月 5 日，胡适离台，飞往东京，转飞美国。这一次，胡适在台北住了四十六天半。他在机场答复记者说："我希望更进一步实施宪政。我们的这部宪法很不错，尤其是第二章第八条至第十八条规定（关于人民权利之规定），可以说是无条件的。"又说："我认为无条件的自由，是没有什么危险的。"② 4 月 7 日，他在东京发表谈话，声称"战时控制"常常会阻碍"更多的民主改革及自由"，但是，蒋介石及其顾问、部属们在这些方面的努力，却"是最有诚意的"。③

　　蒋介石流亡台湾后，有些事大体上按照"民主"程序办，因此，胡适表示满意。但是，也有若干事，并不按"民主"程序，甚至根本不按程序办事。例如，蒋介石初到高雄，就利用蒋经国和彭孟缉，实行特务统治。1950 年至 1954 年，肆意滥捕，监禁八千人，枪决三千零九人，一时形成白色恐怖。蒋介石的这些举措，受到曾经留学美国，历任重庆、武汉、上海等市市长的吴国桢的反对。1949 年 12 月，蒋介石迫于美国的压力，任命吴国桢为台湾省主席。此后，吴国桢和蒋介石父子之间的矛盾加深，于 1953 年出

---

①　胡颂平：《胡适之先生年谱长编初稿》（增补版）第 7 册，第 2414-2415 页。

②　台北《中央日报》，1954 年 4 月 8 日。

③　台北《中央日报》，1954 年 4 月 8 日。

走美国。1954 年 6 月 29 日，吴国桢在美国《展望》杂志发表《美援在台湾建立了一个警察国家》，给了蒋介石父子最猛烈的攻击。

胡适在美国，并不很了解蒋氏父子在台湾实行"白色恐怖"的情况。8 月 16 日，胡适在《新领袖》杂志发表《台湾是如何的自由》一文，引用一位旅台三年的美国人士的言论，认为台湾已经有了"多少代以来中国最好的政府——最自由、最有效率，并且最廉洁"。胡适称："过去三年间，特别显著的是 1952 年 6 月以来，方始有了远比过去任何时期尺度为大的人民自由与法律统治。"胡适的这篇文章自然使蒋介石十分高兴。9 月 2 日，蒋介石在日记中写道："阅胡适与吴国桢来往函件，甚以胡不值与吴逆辩论。但其在《新领袖杂志》驳斥吴逆在《展望》上之荒谬言行即足矣。"

在吴国桢和蒋介石的矛盾中，胡适站在蒋介石一边，这使蒋介石颇为满意，也使作为"副总统"的陈诚很满意，认为胡适"批评政府的短处，但并不抹杀政府积极求进的努力"，"态度公正，总以实事求是为归，真不愧为国家之诤臣，政府之诤友"。①

胡适继续提倡言论自由，在中国古典文献中找寻前例。宋朝的范仲淹写过一篇《灵乌赋》，其中有"宁鸣而死，不默而生"二语，胡适著文将之解释为"当时专指谏诤的自由，我们现在叫做言论自由"，盛赞该文是"中国古代哲人争自由的重要文献"②。《灵乌赋》中还有两句"忧于未形，恐于未炽"，胡适认为这与范仲淹的"先天下之忧而忧"同义。文章末尾说：

> 从国家与政府的立场看，言论自由可以鼓励人人肯说"忧于未形，

---

① 《建设台湾》（上），《陈诚先生回忆录》，台北"国史馆"2005 年版，第 465 页。
② 胡颂平：《胡适之先生年谱长编初稿》（增补版）第 7 册，第 2437-2438 页。

恐于未炽"的正论危言，来替代小人们天天歌功颂德，鼓吹升平的
滥调。①

　　胡适的这段话，自然是写给在台湾新建立起来的蒋介石政权看的，也
是写给台湾的学者和文人看的，要他们不要"天天歌功颂德"。

六、胡适为蒋介石祝寿惹祸

　　1956 年 10 月 31 日是蒋介石的七十岁大寿。8 月 10 日，蒋介石手谕"总
统府"秘书长张群及中央委员会秘书长张厉生："党政机关不得发起祝寿等
有关之任何举动，并严禁募款。"②10 月 15 日，蒋介石主持国民党中央委员
会总理纪念周，再次强调"切勿有祝寿举动"。他要求各报章杂志、公私刊
物，在如何将台湾建设为"三民主义模范省"以及他本人"所有公私行动
生活及个性中的各种缺点"等六方面，"坦白各抒所见"③。这六个方面后来
被称为"生日纪念六条办法"或"六项求言号召"。

　　这一年的 10 月 19 日，胡适正在加州讲学，就接到《中央日报》社长
胡健中的电报，要胡适根据蒋介石"婉辞祝寿，提示问题，虚怀纳言"的意
思，赶写一篇短文。④胡适因为时间紧迫，便写了最近听到的关于美国现任
总统艾森豪威尔的两个故事。这两个故事的核心意思是，劝告蒋介石，"不
要多管细事，不可躬亲庶务"，要信任部属，放手令其负责任事，自己则做

---

①　胡颂平：《胡适之先生年谱长编初稿》（增补版）第 7 册，第 2441 页。
②　台北"国史馆"等：《蒋中正先生年谱长编》第 10 册，第 601 页。
③　台北"国史馆"等：《蒋中正先生年谱长编》第 10 册，第 622—623 页。
④　参见耿云志《胡适年谱》，四川人民出版社 1989 年版，第 403 页。

个"无智、无能、无为"的"守法、守宪"的领袖。此文发表于 10 月 31 日的《中央日报》，雷震、胡适自己的刊物《自由中国》半月刊的《祝寿专号》则于 30 日出刊，抢先一天发表。

《祝寿专号》除发表胡适文章外，还发表了雷震撰写的社论《寿总统蒋公》和徐复观、夏道平等十五个学者的专论。其倾向互有不同，但其核心却都在于反对国民党的一党专政和个人独裁。

文章发表前几天，胡适接受台北《新生报》记者访问，又就"建立台湾为三民主义模范省"问题发表意见。该报道说：

> 他强调彻底的言论自由，是建设台湾成为模范省最重要的工作，也是三民主义中民权主义最基本的一点。他率直地指出，如无言论自由，民主就不易实现，也无法实现。

胡适表示，台湾在作战状态下，因有事实上的顾虑，不得不限制言论自由。胡适希望从现在起，台湾能"真正做到言论自由"。他列举实行言论自由的好处，特别强调"对政府领袖而言"，"可以说有百利而无一弊"，"自由的言论，只有增加政府领袖的力量，绝不会损害他的力量"。

谈话中，胡适引用《孝经》中的"天子有诤臣五人，虽无道，不失其天下"等语，批评当时台湾的官僚中"没有诤臣"，"只有唯唯诺诺的'是是是先生'"。他希望台湾"销路最大的公营报纸"，"更应发挥言论自由，成为正的舆论机关"。他甚至提出具体建议：多辟篇幅，登载读者来函，让一般人有多多说话的机会。

胡适答《新生报》记者的访问没有引起注意，他的谈艾森豪威尔的文章却惹祸了,《自由中国》的《祝寿专号》也惹祸了。

1956 年 12 月,台湾国民党军队的"总政治部"发布"特字第 99 号"的"特种指示"《向毒素思想总攻击》,指名攻击:"有一种叫作《自由中国》的刊物,最近企图不良,别有用心,假借民主自由的招牌,发出反对主义、反对政府、反对本党的歪曲滥调,以达到颠倒是非、听闻,遂行其某种政治野心的不正当目的。"该部要求各级组织"有计划地策动思想正确、信仰坚定、有见解、有口才,有写作绘画能力的同志,口诛笔伐"。1957 年1 月,该部再次下发同名作者的长达六十一页的同题小册子,其中提到"最近有两个刊物",借领袖的"六项求言号召",散布"言论自由""军队国家化""自由教育""批评总统个人"等"毒素思想",特别不点名地提到胡适所写《述艾森豪威尔总统的两个故事》,认为与"叛国贼吴国桢的言论完全相同",有"毁坏国民党的声誉""打击政府的威信""减低军民对领袖的信仰"等八项罪状。在《毒素产生的原因》部分,不指名地指责"长居国外的所谓知名学者",不了解中国当时的"革命环境","完全近乎一种天真的妄想"。该小册子特别有一节《对批评总裁个人的批判》,认为"某刊物批评总裁个人"是"阴险毒辣"的行为,声称"总裁是伟大的","他是我们永远需要的伟大领袖","他一生革命,没有一点不是的地方,我们要虔诚的信仰他,绝对的服从他,团结在领袖的周围,跟着领袖走"。

"99 号特种指示"和《向毒素思想总攻击》小册子的作者均署名周国光,多年来被认为是蒋经国的化名。[①] 实际上,此人在小册子中自称曾是国民党军郭汝瑰的部下,称蒋经国为"前书记长",故此文应非蒋经国所作。

---

① 参见陈漱渝、宋娜《胡适与蒋介石》,湖北人民出版社 2011 年版,第 220 页。

蒋介石 11 月 28 日日记云："今后对于自由文人之政策，只要其无匪谍嫌疑与关系者则其反对政府与恶意批评，皆可宽容不校，以此时反蒋之恶意言论，不能减低政府之权威也。"

从这则日记可以看出，这一段时期，蒋介石自觉统治巩固，所以一度想采取较为宽松的政策，故《向毒素思想总攻击》的小册子似亦与蒋介石无关，但后来，却引起了蒋介石的注重和警惕。

《向毒素思想总攻击》的小册子代表了国民党顽固派和正统派的看法。

自 1951 年 5 月 15 日起，至 1955 年 5 月 11 日止，蒋介石曾通过"行政院长"俞国华，秘密资助胡适美金五千元，共九次。[1] 俗话说，吃了人家的饭嘴软。胡适为台湾当局和蒋介石捧场，固然首先在于政治观点和政治立场一致，但是，他并没有"嘴软"，该说的话还是说了。

早在 1956 年 11 月，胡适就私下对人说，想自己出钱，在南港盖几间小房，回台北居住。[2] 蒋介石闻讯，表示愿用自己出版《苏俄在中国》的稿费为胡适盖房。后来蒋介石是否真正掏了稿费，不得而知。确切的资料可证，台湾国民党当局追加了二十万元建设费，这几间小房才得以完工。[3]

国民党的所谓"改造"完成后，胡适认为圈子更小，人数更少，不如把党毁弃，由蒋介石纯粹以"全国人民领袖"地位，领导"复国"运动。[4]1956 年 12 月，胡适向中央日报社社长胡健中谈起这一设想，他说：政府在今天，如不放开手做，便不能争取全国人民的拥护，仅仅五十万国民党党员的支持

①　陈红民：《台湾时期蒋介石与胡适关系补正》，《近代史研究》2011 年第 5 期。
②　《胡适给赵元任的信》，曹伯元、纪维龙：《胡适年谱》，第 798 页。
③　陈冠任：《蒋介石在台湾》第四部，东方出版社 2013 年版，第 312 页。
④　《蒋介石日记》，1957 年 1 月 9 日。参见《胡适博士向记者谈话》，《蒋介石日记》第 17 册，1956 年 12 月 13 日，剪报；参见曹伯言《胡适日记全集》第 9 册，第 247-248 页。

是不够的，全台湾省人民的支持也是不够的，政府必须以国家至上为最高的原则，超越党派的限制，争取全国最大多数人的最大支持。胡适称：多年以来，他一贯主张国民党应走上自然分化的道路，任其党员分裂，形成数个政党。他认为这是中国实现政党政治最好的途径。但近年来，当政党在台湾故步自封，不但不能充分争取党外人士的合作，甚且丧失了许多忠诚的国民党员的支持，这是十分令人失望的。胡适强调：在今天提出"毁党救国"的口号，绝不是反对政党政治，而是希望政党痛下决心，放弃门户之见，将政治的重心放在"复国"运动上面。胡健中当即将此谈话发表在中文杂志《生活》上，并写信向蒋介石报告。蒋"殊出意料"，日记云："此种文人、政客，真是无耻，共匪之不若矣，予我以政治上重大之教训也。"①

张发奎、张君劢、顾孟余、童冠贤、张国焘等人曾于 1952 年在北美和香港等地秘密组织《中国自由民主战斗同盟》，既反蒋，也反共，企图走所谓"第三条道路"。这一组织虽在两年之后结束，但其人员、思想和影响仍在。1957 年 1 月 9 日，蒋介石在台湾召集宣传会议，认为在香港的这批"自由人"，其"内心一如胡适"，"为一丘之貉"，"不仅反对本党革命，而亦存心毁灭本党，宁为共奴而不恤也"。②

宣传会议期间，蒋介石还召集干部，讨论"对胡适应取之方针"，决定"表示反对立场"。③ 在《上星期反省录》中，蒋介石写道："胡适竟提'毁党救国'之荒唐口号，不能再事容忍。对此种文人政客，真不可予以礼貌优遇，是又增多一经历矣。"④

① 《蒋介石日记》，1957 年 1 月 8 日。
② 《蒋介石日记》，1957 年 1 月 9 日。
③ 《蒋介石日记》，1957 年 1 月 9 日。
④ 《上星期反省录》，《蒋介石日记》，1957 年 1 月。

1957 年 7 月 26 日，胡适致函好友赵元任：

> 这大半年"围剿《自由中国》半月刊"的事件，其中受"围剿"的一个人就是我。所以我当初决定要回去，实在是如此。至少这是我不能不回去的一个理由。我的看法是，我有一个责任，可能留在国内比留在国外更重要，可能留在国内或者可以使人 take me more seriously（对待我的话更认真）……我 underscored the word "more"（我更强调"更"这个字），因为那边有一些人实在怕我说的话，实在 have taken me seriously（已经把我的话看得很重），甚至我在 1952-1953 年说的话，他们至今还记在账上，没有忘记。①

胡适虽想回台，但是，8 月 15 日，台湾国民党当局特派胡适为出席联合国十二届大会代表，9 月 26 日，胡适在大会发表演讲，题为《中国大陆反共抗暴远动》，要求联合国大会拒绝恢复中华人民共和国的合法席位，为台湾蒋介石集团在国际论坛上的反共打了头阵。②

七、蒋介石称赞胡适"品德高尚"，胡适直言"总统""错误"，蒋介石在日记中指斥胡适为"妄人"

蒋介石在台湾，一方面要依靠美国的帮助，维持生存，同时又担心美

---

① 《胡适给赵元任的信》，曹伯言、季维龙：《胡适年谱》，第 804 页；参见陈冠任《蒋介石在台湾》第四部，第 311-312 页。
② 《胡适在联大发表的演说》，台北《中央日报》，1957 年 9 月 28 日。

国换马，另觅他人来代替自己。1955 年 5 月，蒋介石校阅台湾北部军队完毕，计划于 6 月 6 日到台湾南部校阅。28 日晨，蒋介石得报，当自己到台湾南部校阅部队时，孙立人的第四军训班将控制炮兵，瞄准阅兵台，以请愿的方式，要求蒋介石任用孙立人。这一情报，使蒋前所未有地提高了对美国人的警惕。

当时，蒋介石担心美国用以"换马"者除孙立人、吴国桢外，还有胡适。1955 年 5 月，蒋介石再次得到情报，其日记云："自余抗拒美国要求放弃金、马之拙策以后，其阴谋倒蒋之幼稚行动消息又纷至突来，并将以吴国桢、孙立人与胡适为其替代之意中人，此一情报殊令人不可想象，岂其政府果如此荒唐乎？"[1]

蒋介石怀疑胡适，可以说是一种多疑症作祟。其实，胡适对蒋，虽有意见和不满，但还是拥戴和忠诚的；蒋对胡，也觉得还有利用的价值和必要。

1957 年 7 月，蒋介石开始准备胡适回台北后的住宅。其后，考虑由胡适担任"中央研究院"的院长问题。11 月 1 日，蒋介石日记云："'中央研究院'重选院长，应提胡适之为最宜。"3 日，胡适与李济、李书华同被选为"中央研究院"院长候选人。11 月 4 日，原"代理院长"朱家骅提出辞呈。蒋介石与李济商量后，决定任命胡适为"中央研究院"院长，旋即致电胡适，劝其早日回台就任。11 月 6 日，胡适电告蒋介石，自己二月份做过外科手术，此后五次高烧，最后一次是肺炎，近期中恐不能回国，请以"史语所"所长李济暂代。8 日，蒋介石再次致电胡适，对他的身体复原状况表

---

[1] 《上月反省录》，《蒋介石日记》，1955 年 5 月。

示"深为系念"，声称"中央研究院"仍赖胡"出面领导"，"至希加意调摄，早日康复，回国就任"。12 月 12 日，蒋介石复电同意由李济暂代。一直到1958 年 4 月 8 日，胡适方才不听两位医生的劝告，抱病回台。

胡适回台后的第二天，就得到蒋介石接见，大约谈了一小时。[①] 对胡适所谈关于研究学术与办理大学的意见，蒋介石认为"颇多可取"。[②] 事后，胡适对记者表示："总统气色很好，很健康，对我的病况很关心，使我很感谢。'总统'对于学术研究和发展自然科学，很关切，也很感兴趣。所以今天所谈的都是关于学术问题。"胡适称："由于大陆沦陷，我们多少年来在学术方面的成就，及学术界人才的培养损失很大，今后如何重建学术基础，如何发展科学研究，实为当前刻不容缓之事。"又说："兹事体大，必须多和国内学者们谈谈，为国家着想，在何种方式之下，才能建立高等学术的基础。'七年之病，求三年之艾'，不预为筹划，则不可得也。"[③] 记者询问胡适今后的著述计划。胡适表示，希望有两三年的安静生活，写完《中国思想史》之后，写一部英文本《中国思想史》，接着写《中国白话文学史》下册。

1958 年 4 月 10 日上午九时，"中央研究院"在考古馆楼举行院长就职典礼。胡适发表演说，声称"世界已进入原子时代，国家亟需良好的学术基础，愿与各同人共同努力"。十时，主持第三次院士会议，胡适请蒋介石致"训词"。

蒋介石对这次致训是做了准备的。鸦片战争之后，西学东来，中国人接触到了这个陌生的思想体系。如何对待、处理中国传统文化和这个陌生

---

① 台北《中央日报》，1958 年 4 月 10 日。
② 《蒋介石日记》，1958 年 4 月 9 日。
③ 胡颂平：《胡适之先生年谱长编初稿》（增补版）第 7 册，第 2658 页。

的新体系之间的关系，于是，有了西学和中学、新学和旧学之争。张之洞提出：中学为体，西学为用。蒋介石想换个说法，改为"哲学（文化）为体，科学为用"。不过，10 日临场，蒋介石并没有完全按照原先准备的思路讲。

蒋称："胡适院长除以思想学术来领导我们学术界外，最令人敬佩者，即为其个人之高尚品德。"又说："要尽量发扬'明礼义，知廉耻'之道德力量。""伦理道德实为吾人重建国家，复兴民族，治标治本之基础，必须在此基础巩固，然后科学才能发挥其最好效能，民主才能真正成功，而独立自由之现代国家，亦才能确实建立起来。"①

胡适不同意蒋介石"伦理为先"的观点，认为蒋对自己的夸奖夸得也不是地方，所以答辞一开始就表示："刚才总统对我个人的看法不免有点错误。至少总统夸奖我的话是错误的。"然后，胡适提出自己得意的"要拿出证据来"的一贯主张，认为"以科学方法破除怀疑"，"以证据打倒迷信"，才"是真正的中国文化"。胡适自称反对一切教条主义、盲从主义。他说："被孔夫子牵着鼻子走固然不是好汉，被朱夫子牵着鼻子走也不是好汉，被马克思、列宁、斯大林牵着鼻子走，更不算是好汉。"接着，胡适表示："谈到我们的任务，我们不要相信总统十分好意夸奖我个人的那些话。我们的任务，还不只是讲公德、私德，所谓忠信孝悌礼义廉耻，这不是中国文化所独有的，所有一切高等文化，一切宗教，一切伦理学说，都是人类共有的。"胡适特别表示："总统对我个人有偏私，对于自己的文化也有偏心，所以在他领导反共复国的任务立场上，他说话的分量不免过重了一点。我们要体谅他，这是他的热情使然。我个人认为，我们学术界和中央研究院挑

---

① 台北《中央日报》，1958 年 4 月 11 日。

起反共复国的任务，我们做的工作，还是在学术上，我们要提倡学术。"①

胡适又接着说："现在世界进步已经到了原子能时代，而我们还是落得远远的。"他肯定台湾不久前向美国订购原子炉的决定，认为这是走上了正确的道路。他并举 1870 年至 1871 年法国与普鲁士战争为例，引用法国科学家巴斯德的话，说明法国之所以战败，"并不是道德的问题，而是科学不如人"。

胡适的答辩讲话很长，最后回到蒋介石对自己的"称赞"话题：

> 我向来是乐观的。现在国难危急的时候，我的话并不是驳总统，总统对我个人有偏私，说的话，我实在不敢当。我觉得我们的任务，还是应该走学术的路……

此外，胡适还谈道："人才缺乏，但我们可以造就人才。"等等。②

4 月 11 日，举行院士选举会议，选出吴健雄、杨振宁、李振道等新院士十四人。

胡适就任中央研究院院长，蒋介石来参加，给了胡适很大面子，称赞胡适"个人之高尚品德"，更是给足了他面子，但是，胡适却不识抬举，强烈反驳，话虽然婉转，但"有点错误""有偏私""有偏心""分量不免过重了一点"等语，否定蒋介石"训词"的意思很清楚。

多年来，蒋介石极少遭遇过这样的"抢白"，当日日记云：

---

① 胡颂平：《胡适之先生年谱长编初稿》（增补版）第 7 册，第 2663-2665 页。
② 胡颂平：《胡适之先生年谱长编初稿》（增补版）第 7 册，第 2663-2668 页。

今天实为我平生所遭遇的第二次最大的横逆之来。第一次乃是民国十五年冬—十六年初在武汉受鲍罗廷宴会中之侮辱，而今天在'中央研究院'听胡适就职典礼中答辩的侮辱，亦可说是求全之毁。我不知其人之狂妄荒谬至此，真是一个妄人。今后又增我一次交友不易之经验，而我之轻交过誉，待人过厚，反为人所轻侮，应切戒之。惟余仍恐其心理病态已深，不久于人世为虑也。①

1927 年 1 月 12 日，蒋介石偕彭泽民等人自江西南昌抵达武汉，受到武汉各界盛大而热烈的欢迎。当晚，苏联顾问鲍罗廷设宴招待蒋介石，以教训的口吻说：革命之所以能迅速发展到武汉，"乃是因为孙中山先生定下了三大政策"，"第一是联俄政策，第二是联共政策，第三是农工政策"。"以后如果什么事都归罪到 C.P.，欺压 C.P.，妨碍农民工人的发展，那我可不答应的"。蒋介石听出了鲍罗廷的语义，认为这是对自己的"侮辱"，第二天即在和鲍罗廷谈话时声色俱厉地责问："哪一个军人是压迫农工？哪一个领袖是摧残党权？"②现在蒋介石将胡适的答辩视为"第二次最大的横逆之来"，可见其自感打击、侮辱之巨大。

尽管蒋介石心中十分恼怒，但表面上，对胡适"仍以礼遇，不予计较"。会后，参观展出的河南安阳文物时，仍然"甚为欣慰"。

因为胡适的话冲撞了自己，蒋介石"终日抑郁，服药后方安眠"。第二天，在日记中写道："此一刺激太深，仍不能彻底消除，甚恐驱入潜意识

---

① 《蒋介石日记》，1958 年 4 月 10 日。

② 蒋介石：《在庆祝国民政府建都南京欢宴席上的讲演词》，上海《民国日报》，1927 年 5 月 4 日。

中。"一直到这年年底，蒋介石回忆"中央研究院"院长就职典礼，仍然对胡适的冲撞记忆深刻，声称"其间复有胡适之狰狞面目与荒谬言行，从中煽惑，及其在'中央研究院'无理面斥，更为难堪"①，居然用了"狰狞面目"四字，可见蒋介石对胡适当时表现的印象，非常恶劣。

4 月 12 日，蒋介石继续回忆参加胡适就职典礼时的情景，在《上星期反省录》写道：胡适就职典礼中，"余在无意中提起其民国八九年间，彼所参加领导之新文化运动，特别提及其打倒孔家店一点，又将民国卅八九年以后共匪清算胡适之相比较，余实有尊重之意，而乃反触其怒（殊为可叹），甚至在典礼中特提余为错误者两次。余并不介意，但事后回忆，甚觉奇怪"。②

蒋介石还回忆了 4 月 12 日招待院士的宴席。由于胡适此次自美返台，与梅贻琦同机，蒋介石遂提到 1949 年特派专机飞赴北平迎接学者南下，梅、胡二人同机的往事。蒋介石声称，现在二人皆在台主持学术要务，至为欣幸。梅当即对蒋介石表示感谢，而胡适则"毫不在乎，并无表情"，蒋介石对此不满。尽管如此，蒋介石仍在日记中表示："总希望其能醒悟，而能为国效忠，全力反共也。"蒋介石的这则日记透露，他之所以礼遇胡适，目的在于利用胡适的地位和声望，将胡适绑在他的反共战车上。

由于感觉胡适的傲慢无礼，蒋介石想起了蔡元培，在日记中赞美蔡的"道德学问"，特别是蔡"安详雅逸，不与人争"的品性，认为"可敬可慕"。③

5 月 30 日，蒋经国向蒋介石报告与胡适谈话经过。谈话中，胡适再次提出自己的"毁党救国"论。胡适所谓"毁党"，有故作惊人之语的成分，

①《本年总反省录》，《蒋介石日记》，1958 年。
②《上星期反省录》，《蒋介石日记》，1958 年 4 月 12 日。
③《上星期反省录》，《蒋介石日记》，1958 年 4 月 12 日。

并不是要毁坏或抛弃国民党，而是要弱化国民党在社会生活中的作用，发展其理想中的"西方民主"模式。蒋介石一直将国民党当成得心应手的反共和维护自身统治的工具，其为国民党"八全大会"提出的议题就是"无党不能建国，毁党只有救共"①。蒋介石的目的在于强化国民党的社会作用，与胡适的思想正好相反。因此，当他再次听到胡适仍在鼓吹其"毁党救国"论时，自然十分愤怒，认为胡适"不仅狂妄，而且愚劣成性"，"与共匪之目的如出一辙"。日记云："不知其对我党之仇恨甚于共匪之对我也。可耻！"② 这一则日记显示，蒋介石认为胡适不仅狂妄，而且仇恨国民党，视其为"反动派"。

当时，台湾部分人士正在怂恿胡适"组党"。31日，蒋介石再与蒋经国谈话，认为胡适本人有"勾结美国"，"跃跃欲试"之意。蒋介石决定对胡作"最后规劝"，"尽我人事"。③ 不过，过了几天，蒋介石越来越看不惯也不能容忍胡适的"狂言妄行"，决定不予理睬，而由陈诚或张群出面转告或切诫。④ 他自己连和胡适谈话的兴趣都没有了。

八、胡适反对修订出版法，蒋介石认为"胡适荒谬言行，最为害国"，将其视为"反党分子"

蒋介石政权迁台后，于1952年4月9日颁布过一份出版法。此后，由于台湾出版界对国民党的批评日益增加，因此，台湾"行政院"于1958年

---

① 《蒋介石日记》，1957年1月27日。
② 《蒋介石日记》，1958年5月30日。
③ 《蒋介石日记》，1958年5月31日。
④ 《蒋介石日记》，1958年6月3日、6日。

3 月 15 日向"立法院"提出《出版法修正案》（以下简称《修正案》），要求审议。该《修正案》增强了政治控制力度。例如原《出版法》细则规定，非经法院宣判，不得查封出版品和出版机构，而《修正案》则以防止"黄色新闻"为名，空前提高了行政机关的权力，规定政府可以不经司法机关判决，径行取缔出版品，限制其登记、发行，甚至命令其停刊。

4 月 11 日，台北市报业同业公会召开紧急会议，各县、市民营报社均派代表参加，反对《出版法修正案》。次日，发表联合宣言，反对《修正案》。15 日，台湾各民营报刊推出九名代表集体上访，到"行政院"陈情，要求撤回议案，当即遭到"院长"俞鸿钧的拒绝。16 日，台湾全省民营报纸共同发表《我们的看法——对于俞院长所提修正意见的共同观点》，声讨俞鸿钧。17 日，再次发表《从法律观点看"出版法修正条文草案"》，继续讨俞。

提出《出版法修正案》本来是蒋介石的主意。4 月 15 日，蒋介石主持宣传会谈，研究对策。16 日，蒋介石向国民党中常会提出，为维护民心士气，安定社会秩序，防止中共渗透，必须修订原有的出版法。其后，胡适无视蒋介石的态度，频频接见各报记者，从"新闻言论自由"的角度说明《修正案》的荒谬，认为任何不经过司法手续而经由行政官署对出版机构加以警告、停刊、撤销登记等处分，都是不对的、危险的。18 日，胡适接受《中央日报》记者访问，声称："出版法施行以来，甚为良好，倘此时谈论修正似不甚相宜。"又称："欧美国家是没有出版法的。美国宪法有关人权之记载中，即规定国会不得制定任何法律，限制言论出版之自由，在战争期间，为了保防保密，可以制定临时性的法律，在平时，国会立法，其与人民有直接关系者，均在事前搜集民间意见，或邀请国会询问。"当时，台湾有报纸报道胡适关于《出版法修正案》的谈话，用了"违宪的"三字。胡适声明，系"危险的"三字之误。他向记者表示，出版法施行以来，一直很平静，并未发生过太大的事情，因此，又何必重提此事，让别人来指责评论？^①同月19日，胡适到《自由中国》杂志社参加编辑会议，对《修正案》提出异议。《自由中国》随即发表社论，批评《修正案》"钳制言论自由"，是"立法史上可耻的一页"。22日，以 CC 派"立法委员"为主，联合其他"立委"共一百二十人，要求公布《修正案》，听取各界意见，再行审议。这一意见立即遭到另一部分一百五十七名"立委"的反对。^②在 5 月份"立法院"讨论中，两派对立，几乎演变为武斗，其中质疑和非难之多，大出蒋介石意料。蒋介石认为：这种"本党党员反抗中央政策"，与"党纪与党德之败坏"，"为迁台十年间最恶劣之一次"。^③

　　为了坚持维护《出版法修正案》，4 月 20 日，蒋介石决定对新闻界表态，宁可背负"限制出版自由"的"恶评"。5 月 19 日，发表讲话，严厉指责新闻界的"卑污言行"，认为当时台湾的新闻界"无新闻自由之资格"。接着，严厉指责国民党籍的"立委"和"监委"，自称是"不计毁誉、不问荣辱的革命领袖，绝不为任何恶声恶名所动摇"^④。为了强行贯彻蒋介石的意志，5 月 21 日，国民党中常会作出决议，要求党内"立委"必须坚决服从中央决议，负责在本届会期内照原案通过《出版法修正案》，否则一律执行党纪，甚至开除出党。

　　黑云压城，胡适却毫不怯阵。5 月 27 日，胡适在自由中国社的欢宴会

①《中央日报》，1958 年 4 月 19 日。
②　陈冠任：《蒋介石在台湾》第五部，第 94 页。
③《本年总反省录》，《蒋介石日记》，1958 年。
④《蒋介石日记》，1958 年 5 月 19 日。

上发表讲演，题为《从争取言论自由谈到反对党》。其中说：言论自由不是天赋的人权，言论自由须要我们去争取来的。从前和现在，没有哪一个国家的政府愿意把言论自由给人民的，必须要经过多少人的努力争取而来的，所以"自由中国"的言论自由，也须要大家去争取的。

谈到《出版法修正案》时，胡适称，始终没有看到全文，不知道为何"闹得满城风雨，大家惶惶不可终日"。他再次以美国为例，表示自己到现在，还是怀疑一个国家是否需要出版法，政府为什么要修正出版法，而引起这许多风波！他说：《出版法修正案》的提出，是一个技术上的错误。对许多人所希望的象征——言论自由，拿一个法案来制裁，这在技术上有欠高明。

胡适直言不讳地说："现在为什么要改出版法，恐怕是有人觉得争取言论自由太多了，所以有人想要阻止它。我可以告诉诸位，无论旧出版法也好，新出版法也好，大家所希望的言论自由，还是要我们大家去争取的，相信大家一定能胜利。旧的出版法不能阻止我们争取言论自由的努力，新的出版法也不能阻止我们争言论自由的努力。"[1]

反对《出版法修正案》是台湾新闻界、出版界的集体行动，有一定规模，在蒋介石看来，已经形成"党内外反动分子大联合运动"[2]。蒋介石认为，反对《出版法修正案》就是"反党的叛逆行动"，胡适在其中起了恶劣的作用。其日记云："反动派与民营报人蛊惑、勾结本党少数党员，竭力破坏与延误，从中胡适又为其助长气焰。迁台以来，所谓民主人士，嚣张与捣乱至此，殊为万万不可料之事。"[3]6月3日日记又云："胡适态度最近更为猖

---

① 胡颂平：《胡适之先生年谱长编初稿》（增补版）第7册，第2702—2707页。
② 《蒋介石日记》，1958年6月21日。
③ 《上月反省录》，《蒋介石日记》，1958年5月。

狂，无法理喻。只有不加理会，但亦不必与之作对，因为小人自有小人对头也。"①

6月20日，经过两个月的争吵，《出版法修正案》终于在"立法院"三读通过。蒋介石思前想后，得出的结论是"胡适荒谬言行，最为害国，惟有置之不理。此种政客不屑计较为宜"②。

"行政院长"俞鸿钧在1958年1月即受到"监察院"弹劾，此次在《出版法修正案》讨论中又备受攻击，不得已向蒋介石呈请辞职。6月30日，蒋介石向国民党中常会提名陈诚为"行政院"院长。7月6日，陈诚会见蒋介石，商谈"内阁"改组的人事安排。蒋介石认为教育最为重要，提议以老出版家王云五为"行政院"副院长，"教育部"部长张其昀调任"考试院"副院长。显然，这是为了安抚骚动的台湾新闻界和出版界。

张其昀，字晓峰，宁波人。毕业于南京东南大学，是著名地理学家。1954年，俞鸿钧出任"行政院长"，张任"教育部"部长。他执行蒋介石的教育意志，注重"党化教育"，主张中小学教科书必须"部审"，遭到民间出版商的反对。1958年7月初，"行政院"改组，蒋介石坚持张留任，而陈诚则主张由曾任清华大学校长的梅贻琦替代。7月9日，蒋介石与张其昀谈其调职问题。日记云："余虽知其受北大派攻击而遭辞修之无情打击，亦明知此为胡适等反党分子对党的重大胜利。孰知'行政院'改组未露消息以前，此事早为胡适所泄，并以此预对晓峰示威，望其早日预备下台，此实为余所万不及料及者。可知辞修不仅不分敌我，亦失党性，

---

① 《蒋介石日记》，1958年6月3日。
② 《上月反省录》，《蒋介石日记》，1958年6月。

而其不守机密至此，殊为浩叹。"[①] 辞修，陈诚的字。所谓"北大派"，指雷震为北大校友，胡适、陈雪屏、蒋梦麟均为北大教授。这一则日记显示，胡适已被蒋介石视为"反党分子"，列入敌对阵营，陈诚则被蒋视为"不分敌我，亦失党性"，他对胡适泄露了"内阁"改组、张其昀即将下台的消息。

6 月 16 日，胡适自台北飞美，处理私人事务，并携家属回台北长住。10 月 30 日，自纽约返台。11 月 5 日，胡适住进南港"中央研究院"院内的新居。11 月 17 日，通过张群两次要求会见蒋介石。11 月 19 日，蒋介石召见胡适，其日记云："此诚一政客也。余仍以普通礼遇，不使难堪，以彼二次请见也。"22 日，在《上星期反省录》中云："今见最不愿见的无赖（胡适政客）。"将"无赖"二字加到胡适头上，可见在蒋介石的心目中，胡适已经很坏很坏了。

九、在蒋介石心目中，胡适由"妄人""无赖政客"，升级为"反动敌人"

1959 年 1 月 16 日，《自由中国》刊出署名陈怀琪的"读者投书"《革命军人为何要以"狗"自居》，事后，在军方唆使下，又出面否认，控告《自由中国》"违反出版法"，"伪造文书"。3 月 2 日，台北地方法院传讯雷震。3 月 9 日，胡适写作《自由与容忍》一文，意在调解官司。他一面劝雷震

---

① 《蒋介石日记》，1958 年 7 月 9 日。参见《教育部长梅上张下之经过——兼述蒋中正与陈诚为此事摊牌之经过》，阮大仁：《蒋中正日记中的当代人物》，台北学生书局 2014 年版，第 223—234 页。

和"闯祸先生"夏道平"多多忍耐",一面请刚刚出任"行政院"副院长的王云五向蒋介石求情,请他宽大为怀。4月18日,蒋介石召见"司法行政部"部长谷凤翔,指示其"对雷震案应不作速决为宜"。他还要观察、思考、斟酌。

1959年1月至3月,蒋介石有几天日记批评到胡适。

1月26日日记云:"陈与胡等商谈明年政治问题,殊出意外,真太不识大体,可叹。凡多疑不诚与狭小患得者不能与谋大事乎?"

所称"陈"与"胡",分别指陈诚与胡适。"商谈明年政治问题",可见陈诚对胡适的重视,这使蒋介石很意外,也很不快。

1月29日日记云:"辞修不知大体,好弄手段,又为政客、策士们所包围利用,而彼自以为是政治家风度,且以反对本党、侮辱首领的无耻之徒反动敌人胡适密商政策,自愿受其控制之言行放肆,无所顾忌,不胜郁闷,无法自遣。惟此人盖诚非可托国事,而只能用其短中之长。"

这一天的日记集中反映出蒋介石对陈诚的不满,也集中反映出蒋介石对胡适的敌视,称胡适为"反对本党、侮辱首领的无耻之徒",甚至称之为"反动敌人",这是此前从未有过的事。这一变化,应和"总政治部"的《向毒素思想总攻击》的"特种指示"与小册子有关。该小册子列了十条标准,认为"凡违反者,一律是我们思想上的敌人"。[1]

3月4日,《蒋介石日记》云:"召见谷凤翔同志,提及陈雪屏为反动分子,包庇并借胡适来胁制本党,此人积恶已深,其自身言行再不可恕,但余能抑制情感,出之以忍也。"

---

[1] 《向毒素思想总攻击》,转引自陈漱渝、宋娜《胡适与蒋介石》,湖北人民出版社2011年版,第223页。

谷凤翔，察哈尔人。1950 年 7 月被蒋介石聘为国民党中央改造委员会委员。1952 年任国民党中央委员会副秘书长。陈雪屏，江苏宜兴人。美国哥伦比亚大学毕业，1950 年 7 月被蒋介石以"学者与干才"的身份聘为中央改造委员会委员，1952 年任中央委员会常务委员。蒋介石认为陈雪屏"包庇并借胡适来胁制本党"，可见，胡适得到陈雪屏的支持。

3 月 5 日，《蒋介石日记》再云："入府，见赵元任夫妇，甚和洽。余近对学者心理，以为皆如胡适一样，殊不然也，毕竟真正学者，其言行风度多可敬爱者也。"

赵元任，语言学家。长期在美国加州大学伯克利分校教授中国语文和语言学。1948 年，赵元任当选"中央研究院"第一届院士。1959 年到台湾大学讲学。可能他见蒋介石时，态度谦恭、平和，和胡适趾高气扬，以导师、大师自居的风格迥异，因此给了蒋介石相当良好的印象。

这一段时期，胡适和陈诚的关系较为密切。例如，1 月 15 日至 20 日之间，胡适曾和陈诚等人到云林、屏东、台南、彰化等地参观、旅行。但是，蒋介石这些日记所指，由于文献不足，今天已很难一一考实。从留存文献考察，陈诚充分肯定胡适对加强台湾自由民主运动的贡献。例如，陈诚在回忆录中说："胡先生所宣扬的自由民主精神以言论自由为其实质"，"这种看法是很平实而正确的"。对于胡适所说"中国能在自由民主方面多一分努力，即在自由世界多抬高一分地位"，陈诚更是给予高度评价，称其"苦口婆心，值得人们感动"。[①] 可见，蒋介石与陈诚，对"民主"的看法不同，因之，对胡适的态度也就有所不同。

---

① 《建设台湾》(上)，《陈诚先生回忆录》，第 456-457 页。

十、提倡思想自由，反对文化专制，拒当"孔孟学会" 发起人

1959 年 12 月 23 日，蒋介石在"光复大陆设计委员会第六次会议"致辞，声称三民主义的思想教育，最基本的方针有三条：

第一，是要恢复我们固有的民族精神——亦即是首先要恢复我们民族传统的伦理道德。

第二，是要发扬人类固有的德行——要解除一切心灵、思想的禁锢，发扬本然的良知良能。

第三，是要尊重个人人格的尊严，并尊重一切人的基本自由和基本权利。

蒋介石特别声称："我今天说的三民主义的思想教育，并不是说要以三民主义的思想来排斥其他思想，更不是以三民主义的思想来控制其他思想。"又称：除了共产主义之外，"其他思想皆当并存不悖，所谓'小德川流，大德敦化'，就是殊途同归"。蒋介石的这段讲话，《中央日报》在报道时说，胡适五次表示"我举双手赞成"。12 月 25 日，胡适向《中央日报》发去更正信，声称对于蒋介石所讲"恢复传统伦理道德"的第一点，他没有说过赞成、拥护一类的话。他说："我举起双手赞成拥护的是总统的第二点和第三点，和他后来说的，并不是以三民主义思想来排斥其他思想，更不是以三民主义的思想来控制其他思想，和'其他思想并存不悖……殊途同归'的容忍精神。"胡适郑重表示称，"举起双手赞成"这句话，他只说过四次，

没有五次。①

1960 年 1 月 11 日，胡适主持蔡元培生辰纪念会，邀请台湾大学文学院院长沈刚伯演讲明代方孝孺的政治思想。胡适说：

> 明太祖和明成祖是明朝两个专制魔王。明太祖中年读《孟子》，认为《孟子》是可怕的，《孟子》是危险的思想，而不能全部让人念，于是叫翰林们删减，叫做《孟子节本》，整整删了三分之一。人人仍念二千多年来作为教科书的《孟子》。

胡适接着谈到明成祖残酷杀害方孝孺的历史，他说："明成祖杀了方孝孺，灭九族，灭十族，甚至对留存片言只字也有罪。成祖那样摧残言论自由，但方孝孺的书在他死了一百年后，又都出来了。"胡适以上述二例说明，思想不能简单地加以禁止或镇压。最后，胡适推崇蔡元培，声称"蔡先生一向提倡言论自由，学术思想的自由平等"②。

大概正是在这一时期，台湾各大专院校校长集会，决定组织孔孟学会，推选胡适为发起人。1960 年 1 月 29 日，胡适复函梅贻琦称："我在四十多年前，就提倡思想自由、思想平等，就希望打破任何一个学派独尊的传统。我现在老了，不能改变四十多年的思想习惯，所以不能担任'孔孟学会'发起人之一。千万请老兄原谅。"③尽管胡适不赞成，并且拒当发起人，不过当年 4 月 10 日，台湾还是成立了孔孟学会，蒋介石被推举为名誉理事长。

---

① 曹伯言：《胡适日记全集》第 9 册，第 549 页。

② 《胡适日记全集》第 9 册，第 722、344 页，

③ 胡颂平：《胡适之先生年谱长编初稿》(增补版) 第 9 册，第 3167 页。

他出席会议并且致辞，称赞"孔子乃是中华民族最伟大的一位思想革命家"，孙中山系以孔子和孟子的有关言论作为其"三民主义崇高之理想"。①他在日记中自称其演说，不仅对中共，也是"对政客、学人之一大打击，可谓予以当头一棒"。②蒋介石曾因听说胡适反对华侨子弟"读国文"，"懂英文已足"，大骂其"不爱民族与反对祖国文化"，"可痛之至"！③蒋介石的这段话，没有明指胡适，但显然包括胡适在内。

1960年5月4日，台湾的北大同学会等召开"五四"纪念会，胡适主持并应邀演说，介绍四十多年来中国科学、民主和新文学的发展，认为"皆没有成绩"。胡适分析其原因，一是"大家努力不够"，一是"执政党的努力也不够"。他说："这不是责备执政党，而这是一个历史事实。"他进一步分析说："中国国民党是民族主义的，因而也就有守旧性"，"中国国民党没有采用党内最进步的思想"。在胡适看来，国民党内的吴稚晖、蔡元培、刘大白和蒋梦麟的思想才是当时"最进步的"。④胡适这里将批评的矛头直接指向了在大陆和台湾长期执政的国民党。

很长一段时期内，国民党一直神化孙中山，将其人、其思想列为不能批评的对象，胡适则认为孙中山，包括蒋介石在内，都可以批评，反对任何形式的文化专制主义和定于一尊的现象。关于此点，本文第三节已有论述。

---

① 《总统蒋公思想言论总集》卷二十七，《演讲》，第386-388页。
② 《蒋介石日记》，1960年4月10日。
③ 《蒋介石日记》，1957年1月29日。
④ 《北大同学纪念五四》，胡适存剪报，《胡适的日记》（手稿本）第18册，1960年5月4日。

十一、胡适始而坚决反对蒋介石"三连任",终于缄默不言

蒋介石贪恋权力,退到台湾后,仍然梦想长期执政,掌控党政大权。其 1955 年 4 月 9 日日记云:"如天父愿留余当政,再有十年,自信乃可完成第三次大战、反共抗俄之使命。"如果从这一天起算,蒋介石准备"当政"十年,也就是说,他自己想"当政"到 1965 年。

蒋介石当选第一任"总统"是 1948 年,第二任"总统"是 1954 年。按照 1946 年制订的《中华民国宪法》,"总统"每届任期六年,以两届为限。到了 1959 年,蒋介石就面临第二年是否要出任第三届"总统"的问题了。

早在 1959 年 4 月底至 5 月初,蒋介石就接连有几个晚上睡不着。其 5 月 1 日日记云:"总统"绝不能再任,而"统帅"则不能不当。理由呢?"为拯救同胞与领导同胞,雪耻复国,皆不能逃避其责任!"他和张群商量,决定辞谢"总统"职务,而在"至不得已"的情况下,可以由"国民大会"推举自己为"三军统帅","专负反攻复国之全责"。当时,有一种修改宪法,或修改《临时条款》的意见,蒋介石都不赞成。5 月 5 日日记云:"我绝不愿再任修宪后之总统。"

同年 5 月 28 日,胡适面见蒋介石,约蒋于 7 月 1 日到"中央研究院"院士会议致训。面见时,胡适的表情、言语都"特表亲善",蒋介石觉得奇怪,不过,他却因此而更看不起胡适。日记云:"凡政客爱好面子而不重品

性者，皆如此耳。"① 接着，又在《上星期反省录》写道："胡适无聊而约我7月1日到其研究院院士会致训，可笑。"② 蒋介石没有出席院士会议，但是，却于7月2日宴请了到会院士。蒋介石认为，这是对胡适"作不接不离之态度"的"又一表示"。日记称："对此无聊政客，唯有消极作不抵抗之方针，乃是最佳办法耳。"③

蒋介石没有想到的是胡适和《自由中国》对自己"三连任"的强烈反对态度。

《自由中国》自1959年1月1日起，至1960年4月1日止，共发表社论二十一篇，专论二十篇、通讯七篇，反对蒋介石"三连任"。1960年2月1日，《自由中国》的社论标题居然是《敬向蒋总统作一最后之忠告》，强烈要求蒋介石不再连任。

还在1959年11月上旬，胡适即与陈诚谈话，要求蒋介石作"不连任声明"。同月7日，陈诚与蒋介石谈话，转达胡适意见。蒋介石不悦，问陈：胡适"以何资格言此？若无我党与政府在台行使职权，则不知彼将在何处流亡矣！"④ 同月17日，美国国务院发表了一份题为《中华民国政府的展望》的文件，蒋介石认为这是美国政府对自己的支持。⑤ 其日记云："（报告书）现时对我政府有益之影响甚大"，"目前国内反动派胡适等反蒋之心理无异予以打击"，"彼等假想美国不赞成连任为其反蒋之唯一基础也。可耻！"⑥

---

① 《蒋介石日记》，1959年5月28日。
② 《上星期反省录》，《蒋介石日记》，1959年5月。
③ 《上星期反省录》，《蒋介石日记》，1959年7月4日。
④ 《蒋介石日记》，1959年11月7日。
⑤ 《美国外交文件集》（1958—1960）第19卷，1959年11月17日，第317页。
⑥ 《上星期反省录》，《蒋介石日记》，1959年11月13日。

11 月 15 日，胡适在宴请日本前文部大臣滩尾弘吉的酒席上，见到蒋介石的亲信、谋士，曾任"行政院长""总统府"秘书长等职务的张群，饭后，张群邀请胡适到家里小谈，胡适请张群转告蒋介石四点：

（1）明年二、三月里，国民大会期中，是中华民国宪法受考验的时期，不可轻易错过。

（2）为国家的长久打算，我盼望蒋总统给国家树立一个"合法的、和平的转移政权"的风范。不违反"宪法"，一切依据宪法，是"合法的"，人人视为当然，鸡犬不惊，是"和平"的。

（3）为蒋先生的千秋万世盛名打算，我盼望蒋先生能在这一两月里，作一个公开的表示，明白宣布他不要作第三任总统，并且宣布他郑重考虑后盼望某人可以继他的后任；如果国民大会能选出他所期望的人做他的继任者，他本人一定用他的全力支持他，帮助他。如果他作此表示，我相信全国人与全世界人都会对他表示崇敬与佩服。

（4）如果国民党另有别的主张，他们应该用正大光明的手段明白宣布出来，绝不可用现在报纸上注销的"劝进电报"方式。这种方式，对蒋先生是一种侮辱，对国民党是一种侮辱，对我们老百姓是一种侮辱。

张群表示，他可以郑重地转达胡适的意思，但蒋先生的考虑是三点：（1）革命事业没有完成；（2）对"反共复国"有责任；（3）对全国军队有责任。

胡适不赞成蒋介石的考虑，对张群表示：全国人民谁不知道蒋先生是中国的领袖？如果蒋先生能明白表示，他尊重宪法，不做第三任总统，那时候他的声誉必能更高，他的领袖地位必能更高了。①

10月25日下午，胡适去见国民党元老、担任过"行政院"副院长等多种职务的黄少谷，将对张群所说再说了一遍。日记云："只是凭我自己的责任感，尽我的一点公民的责任而已。"②此后，胡适又找陈群，表达了同样的意见。

11月19日，胡适再次会见张群，要求与蒋介石个人"关门密谈"，同时要求张群向蒋转达自己和陈诚谈话的情况。蒋介石对张群称："余此时脑筋唯有如何消灭共匪，光复大陆，以解救同胞之外，无其他问题留存于心。至于'国代大会'选举'总统'等问题，皆不在我心中，亦无暇与人讨论，否则我即不能计划反攻复国要务矣！"他指示张群，如胡适再来问讯时，即以此意告之。③

对胡适的活动情况，蒋介石一清二楚。11月20日，蒋介石日记云："胡适反对总统连任事，各处运用关系，间接施用其威胁伎俩，余皆置若罔闻。"又云："此种无聊政客，自抬身价，莫名其妙，诚不知他人对之如何厌恶也。可怜实甚！"

11月23日，胡适去看望王云五，得知张群向蒋介石转述自己的四点意见，蒋介石郑重考虑之后只说了两句话："我要说的话，都已经说过了。即使我要提出一个人来，我应该向党提出，不能公开的说。"胡适听了后，立刻明白后续情况必然是："他向党说话，党的中委一致反对，一致劝进，于

---

① 《胡适的日记》（手稿本）第18册，1959年11月15日。

② 《胡适的日记》（手稿本）第18册，1959年10月25日。

③ 《蒋介石日记》，1959年11月20日。

是他的责任已尽了。"①

11月28日，蒋介石《上星期反省录》云：

> 胡适无耻，要求与我密谈选举总统问题，殊为可笑。此人最不自
> 知，故亦最不自量，必欲以其不知政治而又反对革命之学者身份，满
> 心想来操纵革命政治，危险极矣！彼之所以必欲我不再任总统之用意
> 完全在此，更非有爱于辞修也。因之余乃不能不下决心，而更不忍固
> 辞也。以若辈用心不正，国事果操纵在其手，则必断送其国脉矣！②

蒋介石的这段日记语义隐晦，但其意思还是可以寻绎的，这就是：
蒋介石认为胡适反对自己"三连任"，并非"有爱"于陈诚，企图推陈出任
总统，而是自不量力，有意"操纵革命政治"，这是危险之"极"的事。他
决定不再装模作样地"固辞"，仍然由自己出任。

在1959年11月的《上月反省录》中，蒋介石写道："胡适无耻言
行，暗中反对连任，与张君劢亡国言论，皆狂妄背谬之极，惟有置之不理
而已。"

1960年1月15日，南越"总统"（越南共和国）吴庭艳将于下午到台
湾访问蒋介石。上午十时，蒋介石约见胡适，征询对南越"外交"的意见。
蒋介石觉得，胡适对自己，"其态度、神气，似已大有改变为怪"③。当晚，
蒋介石宴请吴庭艳，胡适应邀参加。

---

① 《胡适的日记》（手稿本）第18册，1959年11月23日。
② 《上星期反省录》，《蒋介石日记》，1959年11月28日。
③ 《蒋介石日记》，1960年1月15日。

这一时期，蒋介石内心虽然决定第三任"总统"仍由自己"连任"，但表面上，不得不作出"固辞"的样子。同月底，蒋介石决定在"国民大会"讲话中表明"个人立场"："至公无私，不求不争，依照宪法，不可连任总统。"这一年，是蒋介石"反攻复国"计划与准备完成及开始实施的一年，因此，他又故作高姿态表示："应乎反攻复国需要，必须赋予继任总统者以改革政府全权。"①2月2日，蒋介石再次在会上宣布，"绝不承受第三任总统之选举"。

2月11日，胡适到"国民大会"秘书处报到。1960年1月10日，胡适在一次宴席上遇见"秘书长"谷正纲，要求在"国大"开会时，不要上主席团，声称太辛苦，现在事情多，年纪也老了，实在支持不下。②2月18日，谷正纲打电话给胡适，请胡适担任临时主席。胡适答道：当主席要说话，你们何必强迫，我能不能不说话呢？"并称：我是决定不当主席。19日，张群再次劝胡适担任"国民大会"四次预备会议主席。胡适答道："当主席的时候，往往逼成说话的机会，箭在弦上，不得不发，我无法不说话。"他表示："还是不让我当主席的好。"20日，胡适出席"国民大会"第三次会议开幕典礼。有记者在胡适下车的时候，拦在车门前问，是否说过反对蒋先生连任的话。胡适表示：两年前说过，最近没有谈到这个问题。因为我重视的是坚决反对修改宪法。21日，《征信新闻》记者询问胡适，对修改宪法有什么意见。胡适表示"坚决反对"。他说："当年我曾亲手把《中华民国宪法》交给蒋先生。今天，我希望看到它完整无缺。"

---

① 《本星期预定工作课目》，《国民大会讲词要旨》，《蒋介石日记》，1960年1月30日。

② 胡颂平：《胡适之先生年谱长编初稿》（增补版）第9册，第3153页。

2月29日，胡适出席"国民大会"第一次大会。中午，蒋介石宴请大会主席团。饭后，谈起投票方式，蒋介石询问胡适的意见。胡适答道："无记名投票是澳洲发明的，到今天还只有一百零四年的历史。无记名投票是保障投票的自由，可以避免投票的威胁，因此很快的被世界采用。"这时，有人站起来问："在此地谁威胁谁？"胡适答道："我本不想说话。今天总统点名要我说，我才说的，我说的无记名投票是保障投票的自由，可以避免投票的威胁。这是无记名投票的意义。"胡适的这段话不知道何处引起蒋介石的不快。当日日记云："余不知胡适博士之浅薄、荒诞至此也。自觉往日视人之无方矣。"①

"国民大会"期间，蒋介石情绪变化不定，喜怒无常。2月24日，会议收到海外侨胞的电报一千四百余件。25日，又收到一千二百余件。这些电报，正如胡适估计，都要求蒋介石"连选、连任"，蒋介石在日记中自述："殊令人感动。何以慰之？"②有时，蒋介石又觉得代表们"无理、无知"，要挟勒索，因此大发脾气，自觉"言行激动失态"，决定以后"遇有发怒之险时，必须缄口不言"。③

会议按照预定设计发展。3月10日，第五次大会三读通过"动员戡乱临时条款"修订案，规定"总统"可连选连任，不受"宪法"约束。3月13日，国民党第八届临时中央全会与评议委员会第四次会议提名蒋介石为"总统"候选人，同时接受蒋介石提名，以陈诚为"副总统"候选人。3月21日投票，到会1509人，蒋介石以1481票当选。废票2张，白票26张。蒋介石在日

---

① 《蒋介石日记》，1960年2月29日。
② 《蒋介石日记》，1960年2月25日。
③ 《蒋介石日记》，1860年2月1日、2月26日（上星期反省录）。

记中写下"应自警惕"四字。3 月 25 日，会议闭幕。

根据 1946 年的《中华民国宪法》，胡适最初反对蒋介石"三连任"，但是，在会议期间，他再也没有发表过反对意见。1960 年 4 月 1 日，蒋介石主持情报会谈，认为胡适担任"国大"代表主席团，"态度尚持大体"，派"国防会议"秘书长蒋经国于 4 月 2 日到台大医院，慰问正在住院的胡适。[①]

据《蒋介石日记》所载，胡适是听了蒋梦麟的劝告，才不再反对蒋介石"三连任"[②]。蒋梦麟曾任国民政府第一任教育部长、行政院秘书长，1949 年随国民党政权去台湾。他是北京大学历史上任职时间最长的校长，他的话对胡适自然会有作用。不过，蒋介石认为，胡适的转变与其"观望美国政府之态度"有关，因此，在日记中批评其为"可耻之至"，"只有个人，而绝无国家与民族观念，其对革命自必始终立于敌对与破坏地位，无足奇哉！"[③]

十二、雷震等人筹组"反对党"与胡适的"反对"

蒋介石集团退据台湾后，青年党和民社党也跟着到了台湾，但内争不断，势力微弱。在台湾，国民党表面上一党独大，而实际上一党专政。为了突破这种局面，雷震一直想组织一个"反对党"。为此，他首先在《自由中国》发表《如何确保反对党的自由》一文，继而在 1957 年 2 月发表牟力

---

① 《蒋介石日记》，1960 年 4 月 1 日。
② 《蒋介石日记》，1959 年 12 月 19 日。
③ 《蒋介石日记》。

非所作《略论反对党问题的症结》，要求"执政党或政府确认反对党为当前所必需"。4月1日，再次发表朱伴耘所作《反对党！反对党！反对党！》，认为"强大反对党的存在是救国良药"。自此，《自由中国》连续发表相关文章二十九篇。

1958年5月，胡适在《自由中国》第十八卷第十一期发表《从争取言论自由谈到反对党》，认为"今天大家觉得一党当政的时间太久了，没有一个制裁的力量，流弊甚多，应该有一个别的党派出来"。但是，胡适认为"反对党"一词有捣乱、颠覆政府的意味，最好不用。他建议由教育界、青年、知识分子出来组织一个不希望取得政权的在野党。胡适称："一般手无寸铁的书生或书呆子出来组党，大家总可以相信不会有什么危险。政府也不必害怕，在朝党也不必害怕，我想如能从这个新的方向走，组织一个以知识分子为基础的新政党，这样一个在野党，也许五年十年甚至二十年都在野也无妨。"[1] 胡适认为，这一方法比他自己在1951年给蒋介石写信，"等国民党里分出来"的办法要"快一点"。

雷震与胡适相呼应，推出"今日的问题"系列社论，在《反对党问题》一文中提出"反对党问题是解决一切问题之关键"。又于第二十二卷第十期发表《我们为什么迫切需要一个强有力的反对党》，主张成立一个新的政党，与"独霸局面至三十年之久而今天仍以武力为靠山的国民党竞争"。他当时已决定将这个新的政党定名为"中国自由党"，胡适则主张既以改善选举、争取民主为目的，则应取名为"中国民主党"。1960年5月8日，雷震、胡适、齐世英、吴三连等在台北李万居住宅集会，讨论组党问题。胡适表示自己

---

[1]　胡颂平：《胡适之先生年谱长编初稿》（增补版）第7册，第2075—2076页。

对政治不感兴趣，不愿参加筹组反对党。当时，台湾地方自治选举刚刚结束，暴露出国民党操纵选举的种种弊端。同月 18 日，雷震、吴三连、李万居等召开"选举改进座谈会"，宣称将立即筹组新党，"务使一党专政之局，永远绝迹于中国"。会后，雷震等七人向台湾各报发送声明，指责国民党当局"政风败坏，剥夺人民权利自由"，除要求发生选举诉讼地区一律重新验票外，号召立即筹组新党，与政府抗衡。6 月 18 日，该声明在李万居的《公论报》发表，美国当时驻台湾"大使"庄来德等人立即表示支持。

　　6 月 30 日，雷震与夏涛声会见胡适，要求胡适支持他们组织反对党。胡适表示："我不赞成你们拿我来做武器，我也不牵涉你们和人家斗争。如果你们将来组成一个像样的反对党，我可以正式公开的赞成，但我绝不参加你们的组织，更不给你们做领导。"[①] 当时，胡适即将赴美参加"中美学术会议"。7 月 2 日晚，雷震、夏涛声等为胡适饯行，胡适说：他个人赞成组织在野党，并且希望在野党强大，能够发挥制衡作用，以和平的方法，争取选民支持，使政治发生新陈代谢。他并称：在野党要有容忍的精神和严正的态度，要有长远的眼光，长远的计划，做长期的努力，使我们能够看到民主政治与政党政治走上正轨，在政治上发生交替与监督作用。胡适表示，自己老了，"朽木不可雕"，希望新党培养领导人物。[②]

十三、雷震被捕、判刑与胡适的"大失望"

　　蒋介石无论如何不能容忍雷震等人谋划组织"反对党"的活动。

　　① 胡颂平：《胡适之先生年谱长编初稿》（增补版）第 9 册，第 3306 页。
　　② 胡颂平：《胡适之先生年谱长编初稿》（增补版）第 9 册，第 3309 页。

　　1960 年 7 月 11 日，蒋介石与国民党中央党部秘书长唐纵、谷正纲等研讨《自由中国》半月刊与"选举讼案"。18 日，蒋介石再次召见谷正纲、唐纵、张群等人，商讨对《自由中国》半月刊与"雷震叛徒"的处置法律问题。① 20日，蒋介石日记称："对《自由中国》的反动刊物必欲有所处置，否则台省基地与人民皆将为其煽动而生乱矣。"23 日正午，再次商讨《自由中国》刊物与雷震、傅正的处置问题。同日，在《上星期反省录》中指雷震为雷逆，称其为"反动"，"挑拨台民与政府恶劣关系"，"如不速即处置，即将噬脐莫及，不能不作最后决心矣"。7 月 25 日，蒋介石决定逮捕雷震，以此警告正在筹组新党的李万居、高玉树等人。其日记称："甲、民主自由之基础在守法与爱国；乙、不得煽动民心，扰乱社会秩序；丙、不得违法乱纪，造谣惑众动摇反共基地；丁、不得抄袭共匪故技，破坏政府复国、反共措施、法令，而为匪共侵台铺路，不得挑拨全体同胞团结精神情感。""其他皆可以民主精神尊重其一切自由权利。"② 这一天的日记表明，蒋介石惩治雷震和《自由中国》，其目的在于镇压台湾正在兴起的组织"反对党"的活动。

　　7 月 9 日，胡适等二十二人赴美，出席在美国西雅图华盛顿大学召开的"中美学术合作会议"。会议至 15 日结束。9 月 2 日，胡适到华盛顿参加中华教育文化基金董事会会议。当天即回纽约。他茫然不知台湾政坛已经发生了前所未有的巨大事件。

　　大概陈诚最初不赞成蒋介石对《自由中国》采取行动。7 月 30 日，蒋介石约张群、唐纵、陶希圣等人谈《自由中国》与"雷逆"问题，涉及

---

① 《蒋介石日记》，1960 年 7 月 18 日。
② 《蒋介石日记》，1960 年 7 月 26 日。

陈诚，蒋介石称："辞修行态，不胜奇异之至，奈何！"①8月27日，蒋介石约见警备总司令黄杰，询问"田雨项目"准备情形，确定对《自由中国》的处理方针："甲、以宽容与不得已的态度出之，非此不能保证反共基地的秩序、安定，否则行将以此一线生机之国脉，被殉于假借民主、自由的共产铺路者之手。乙、该半月刊雷某所言所行，完全如在大陆上卅六七年时期的民主同盟的口号如出一辙。"谈话末尾，蒋介石假惺惺地特别声明："只要依循合法的行动，中央绝不妨碍言论、结社的自由。"②28日，"选举改进座谈会"发言人李万居、雷震、高玉树等共同表示，新的政党将定名为中国民主党。30日，蒋介石口授处治《自由中国》半月刊公告文稿，说明台湾的环境与现状，外有"匪军"窥伺进犯，内有"匪谍"隐伏渗透，在此情况下，每一负责公民和团体都应该"作反共消患的准备，确保此一片干净土"。③9月2日，再次修改该稿。

蒋介石估计，雷震被捕，胡适会出面干涉，或者在美国采取反对政府的行动，觉得应该有所准备。8月31日，蒋介石决定：甲、置之不理；乙、间接警告胡适，不宜返国。丙、间接通知美国逮捕雷震的原因，以免误会。④蒋介石自知，逮捕雷震，事关重大，反复考虑，自称"不厌其详"。⑤

1960年9月4日，台湾当局依据所谓涉嫌叛乱条例第十条的规定，逮捕《自由中国》杂志社雷震等四人。6日，被捕的《自由中国》杂志社会计刘子英供称：由"匪共"派到台湾，联络雷震，曾将身份明告，但雷震仍

---

① 《蒋介石日记》，1960年7月30日。
② 《蒋介石日记》，1960年8月27日。
③ 《蒋介石日记》，1960年8月30日。
④ 《蒋介石日记》，1960年8月31日。
⑤ 《上星期反省录》，《蒋介石日记》。

将其留在家中，并派其担任会计。蒋介石在主持情报会谈时得知这一消息，很高兴，在日记中写道："其通匪之罪确立矣！"[①]7日，蒋介石主持国民党中央常会，指示唐纵说："雷案主要问题因转移于刘子英匪谍与雷有重大关系方面，而以其社论叛乱涉嫌为次要矣。"[②]

雷震被捕当天，陈诚即致电胡适，通知他《自由中国》"最近言论公然否认政府，煽动变乱"，已经警备总司令部将雷震等"传讯"，保证"自当遵循法律途径妥慎处理"。胡适当日早晨已经从新闻广播中得知有关消息，也从台湾驻美"大使馆"读到"外交部长"沈昌焕来电：此事曾经经过长期慎重考虑，"政府"深知在今日国际形势下，此事必将发生于我不利之影响，但事非得已，不能不如此办。[③]

胡适接到陈诚来电后立即复电："鄙意政府此举不甚明智，其不良影响可预言：一则国内外舆论必认为雷等被捕，表示政府畏惧并摧残反对党运动。二则此次雷等四人被捕，《自由中国》杂志当然停刊，政府必将蒙摧残言论之恶名。三则在西方人士心目中，批评政府与谋成立反对党与叛乱罪名绝对无关。雷儆寰爱国反共，适所深知，一旦加以叛乱罪名，恐将腾笑世界。今日唯一挽救方式，似只有尊电所谓'遵循法律途径'一语，即将此案交司法审判，一切侦审及审判皆予公开。"[④]

9月6日，陈诚再电胡适，声称"叛乱"罪嫌由军法审判，系属合法。并称："被拘四人中已有一人承认受匪指使来台活动，雷至少有知情包庇之

---

① 《蒋介石日记》，1960年9月6日。
② 《蒋介石日记》，1960年9月7日。
③ 《胡适的日记》（手稿本）第18册，1960年11月18日。
④ 胡颂平：《胡适之先生年谱长编初稿》（增补版）第9册，第3335页。

嫌，自当依法，迅予处理。"①

9月8日，胡适再电陈诚称："（一）近年政府正要世人相信，台湾是安定中求进步之乐土，似不可因雷案而昭告世人，全岛今日仍是戒严区，而影响观光与投资。（二）果如尊电所云，拘捕四人中已有一人自认匪谍，则此案更应立即移交司法审判。否则，世人绝不相信，徒然使政府蒙滥用红帽子陷人之嫌而已。（三）雷震办此杂志十一年，定有许多不谨慎的言语足够成罪嫌。万望我公戒军法机关不得用刑审，不得妄造更大罪名，以毁坏政府的名誉。（四）毛子水先生忠厚长者，从不妄语，可请雪屏邀子水与公一谈自由中国社史事，当有补益。"②

此后，胡适还给陈雪屏个人写了一封信，针对沈昌焕来电所称"政府深知"一语，驳斥道："政府绝不会深知。总统没有出过国，副总统也没出过国，警备司令部的发言人也没有出过国，他们不会'深知'此案会发生的影响，所以我不能不做这件事：向政府陈说。"胡适称："我是杂志发行人、编辑人，我是一个报人，不能不替报人说话，不能不为言论自由说话。"

胡适在致电、致函陈诚和陈雪屏，为雷案呼吁期间，又不断接受新闻界访问：9月7日，在华盛顿的美联社记者打电话到纽约，询问胡适对雷震案的看法。胡适说："我认为这是一件最不寻常的事。我认识雷震多年，我觉得以叛乱罪名逮捕他是一件最不寻常的事。""他是一位最爱国的人士，自然也是一位反共分子。他以叛乱罪被逮捕，乃是最令人意料不到的，我不相信如此。"又说："我是《自由中国》半月刊的创办人之一，但现在已经

①　胡颂平：《胡适之先生年谱长编初稿》（增补版）第9册，第3335页。

②　胡颂平：《胡适之先生年谱长编初稿》（增补版）第9册，第3336页。本电时间，原书系于6日，现据《胡适的日记》（手稿本）第18册订正。

不是发行人。十年来，这杂志一直是台湾新闻‘自由’的象征。”“我对这件事的发生很感遗憾。”“我诚挚希望雷震的案件由普通法院审理，而不付诸军事审判，以期他能依法受审。”①

9月17日，合众国际社记者向胡适采访雷震事，胡适说：“我希望我回到台北的时候，我的朋友和同事雷震将自叛乱罪下获释。他是一位爱国公民及反共人士。”《自由中国》半月刊在过去十一年内一直是中华民国出版自由的象征。我希望这一象征不被肆意毁灭。”②

蒋介石高度注意胡适在美国发表的为雷震鸣冤的言论，称之为“真正的‘胡说’，本不足道”，但他认为此说可为台湾粉饰，又有点高兴。8日日记称：“有此胡说，对政府民主体制亦有其补益，否则不能表示其政治为民主矣！”③然而这以后的日记，蒋介石对胡适的批判火力越来越猛，上纲就越来越高了。20日日记云：“胡适挟外力以凌政府为荣，其与匪共挟俄寇以颠覆国家的心理并无二致。其形式虽有不同，而重外轻内，忘本逐末，徒使民族遭受如此空前浩劫与无穷耻辱。”④

10月8日，台湾警备总部军法处判处雷震有期徒刑十年、刘子英十二年、马之骕五年。其主要理由为：明知为“匪谍”而不告密检举，连续以文字为有利于叛乱之宣传。

10月13日，蒋介石听说胡适定于10月16日回来，猜想其目的是，在雷震未复判之前为其要求减刑或释放，便愤怒地在日记中骂胡适是“最无品格之文化买办”。日记云：“无以名之，只可名之曰‘狐仙’，乃为害国家，

---

① 台湾《大华晚报》，1960年9月8日。
② 台湾《大华晚报》，1960年9月18日；台湾《公论报》，1960年9月19日。
③ 《蒋介石日记》，1960年9月8日。
④ 《蒋介石日记》，1960年9月20日。

为害民族文化之蟊贼，彼尚不知其已为他人所鄙弃，而乃以民主、自由来号召其反对革命、破坏其反共基地也。"① 在这一天的日记中，蒋介石称胡适为"文化买办"，而且称之为"文化蟊贼"，大概是对胡适最严厉的攻击和贬损了。

由于雷案，蒋介石受到许多人的批评和攻击，但蒋介石认为胡适最突出，称之为"卑鄙之言行"②。因此，他很担心胡适。当时，李万居等组织筹委会，对军法处对雷震的判决不服，蒋介石除指令驳斥外，担心胡适回台后存心"捣乱为难"。此后，《蒋介石日记》几乎每天都有胡适归来的记载。如：

10 月 20 日："闻胡适往日逗留，暂不回台，或其听其友人之劝乎？"

10 月 22 日："据报，胡适今晚回来也。"

10 月 24 日："今日闻胡适回来后，对雷案各种胡说不以为意，听之，我行我事可也。"

10 月 29 日："为胡适无赖卑鄙之言行考虑痛苦不置，其实对此等宵小，不值较量，更不宜痛苦，唯有我行我事，置之一笑，则彼自无奈我何矣。"

《上星期反省录》："胡适无耻言行与美国左派与糊涂友人仍为雷震张目说情，并加胁制的情形更加令人痛心。"③

上述日记，可见蒋介石承受的巨大精神压力。不过，蒋介石认为雷案"完全操之在我，而且法理皆在我方"，用不着像对美国大选一样担心忧愁。

10 月 18 日，胡适离开美国回台。19 日，到达东京，听取自台北赶来

---

① 《蒋介石日记》，1960 年 10 月 13 日。

② 《蒋介石日记》，1960 年 10 月 20 日。

③ 《上星期反省录》，《蒋介石日记》，1960 年。

的毛子水的报告，了解雷案发生后的台北情形。22 日晚，胡适回到台北南港寓所。《新生报》《中央日报》《联合报》《公论报》的记者已经在等着采访。胡适当即发表谈话，否认外间所传他将担任新党顾问一说。他表示："我以前不干政治，现在已届七十之年，也不会做政治活动。"谈起新党，胡适说："我很希望有一个有力量的、像个样子的反对党。""十多年前我曾劝过国民党的领袖，最好是从中国国民党自由地分化出来，根据各人的政见演变成两个大党。"又说："新的政党，不妨以在野党为号召，而不必称反对党。如果新党表现得好，他一定公开赞成；如果不满意，应该有保留不说话和批评的自由。"①23 日，李万居等来见，胡适约以 26 日晚见面再谈。

10 月 26 日上午，胡适先见陈诚，报告将要与李万居等的谈话内容：第一，看看雷案发展，看看美国大选等世界形势，暂缓成立新党的时间，不可急于组党。第二，根本改变对政府的态度。要和平，不可敌对；不可成为台湾人的党，必须要和民社党、青年党两党合作，和无党派的大陆同胞合作；要争取政府的谅解，同情的谅解。②

回台后，胡适继续为雷震呼吁。10 月 23 日夜，胡适接见《联合报》记者于衡，声称"我不是帮雷震的忙，而是帮国家的忙，因为雷案已使他的国家受到损失"。③11 月 9 日，再次接见于衡，发表谈话道："别的话可以不登，但我不是营救雷震，我营救的乃是国家，这句话是不能不登的。"④

---

① 台北《中央日报》，1960 年 10 月 23 日。
② 《胡适的日记》(手稿本) 第 18 册，1960 年 11 月 18 日。
③ 台湾《联合报》，1960 年 10 月 24 日。
④ 台湾《联合报》，1960 年 11 月 10 日。

十四、胡适以不谈雷震为条件会见蒋介石，要求给予组织新党的人士以"雅量"

胡适一面向新闻界呼吁，一面通过张群要求会见蒋介石。11 月 16 日，蒋介石同意胡适于 18 日来见。11 月 18 日，胡适会见蒋介石，张群在座。

蒋介石要胡适谈谈政治形势。胡问：国内的，还是世界的。蒋称："整个世界的。"胡适谈了两件大事。说完了，胡适忍不住说：我本来对岳军先生说过：我见总统，不谈雷案。但现在谈到国际形势，我不能不指出，这三个月来，在这件事上的政府措施实在在国外发生了很不好的影响。接着，胡适向蒋汇报了得知雷震被捕消息的经过以及致电陈诚，特别是致函陈雪屏的情况。蒋称："我对雷震能十分容忍。如果他的背后没有匪谍，我绝不会办他。我们的政府是一个反共救国的政府，雷震背后有匪谍，政府不能不办也。我也晓得这案子会在国外发生不利的反响，但一个国家有它的自由，有它的自主权，我们不能不照法律办。"此前，蒋介石曾对美国西海岸的报人作过类似谈话，现在又重复了一遍。

雷震和《自由中国》半月刊本来是个单纯的"言论自由"问题，然而一扯上"匪谍"，性质就变化，胡适也就无话可说了。他只能就审判性质、辩护、定案时间一类技术性、细节性的问题提出疑问，而这是无法击中雷震案的"要害"的，也是蒋介石乐于讨论的。胡适对蒋介石说："关于雷震与匪谍的关系，是法庭的问题。我所以很早就盼望此案转移交司法审判，正是为了全世界无人肯信军法审判结果。这个案子的量刑，十四年加十二年，加五年，总共三十一年徒刑，是一件很重大的案子。军法审判的日子

（10月3日）是10月1日才宣布的，被告律师只有一天半的时间可以查卷，可以调查事实材料。10月3日开庭，这样重大的案子，只开了八个半钟头的庭，就宣告终结了，就定期八日宣判了，这是什么审判？”

接着，胡适又说：“我在国外，实在见不得人，实在抬不起头来。所以8日宣判，9日国外见报，10日是双十节，我不敢到任何酒会去。我躲到普林斯顿去过双十节，因为我抬不起头来见人。”

蒋介石觉得没有必要和胡适辩论这一类问题，便主动转移话题：“胡先生同我向来是感情很好的，但是，这一两年来，胡先生好像只相信雷儆寰，不相信我们政府。”

蒋介石打开这一话题，胡适只能回答：“这话太重了，我当不起。”接着，胡适叙述自己1949年4月21日乘船到旧金山时对美国记者的表态，表示愿意重述。说到这里，胡适觉得时间不早了，便决意叙述自美回台第二天对陈诚所述，准备对筹组新党的李万居等人说的话，即：根本改变对政府党的态度，要和平，不可敌对。他对蒋介石说：

> 十年前总统曾对我说，如果我组织一个政党，他不反对，并且可以支持我。总统大概知道我不会组党的。但他的雅量，我至今不忘记。我今天盼望的是，总统和国民党的其他领袖，能不能把那十年前对我的雅量，分一点来对待今日要组织一个新党的人？

胡适说了半天，终于说出了他十分想说而蒋介石十分不愿意听的话——允许在国民党之外，组织一个新的政党。说完，胡适觉得时间晚了，便起身告辞。蒋介石很客气地表示：将来从南边回来，还要约见，再谈谈。他将胡适一直送到接待室门口，张群则送到楼梯边。胡适下楼时看表，十二点十七八分钟。①

蒋介石接见胡适的当天，日记云："余只知有国家而不知其他。如为国际舆论，则不能再言救国矣。如大陆沦陷之教训，则不能不作前车之鉴也。最后略提过去与胡适之感情关系，彼或有所感也。"② 在《上星期反省录》中，蒋介石又写道："胡适之'胡说'，凡其自夸与妄语皆置之不理，且明答其雷为匪谍案，应依本国法律处理，不能例外示之，使之无话可说。既认其为卑劣政客，何必多予辩论。"同日，《蒋介石日记》云："雷案复判已核定，不能减刑。"

11月23日，胡适接到雷震夫人电话，知雷震一案维持原判。当夜，各报采访胡适，胡适只说："大失望！大失望！"24日，雷震与刘子英入狱服刑。胡适读到11月17日的判决书，日记云："我忍不住要叹气了。"胡适叹气，蒋介石却有点高兴，日记云："胡适投机政客卖空与胁制政府，未能达其目的，只可以很失望三字了之。"

12月2日，蒋介石接到其"驻美大使"来电，要求对雷震"自动减刑"，蒋介石立即拒绝，日记称："美国之愚拙极矣！"12月9日，蒋介石听说胡适、成舍我发起特赦雷震运动，日记云："此与美国共党同路人，内外相应之行动也。"

尽管蒋介石认为胡适是"投机政客"，为他定了"卖空与胁制政府"的罪名，但是，到了12月21日胡适七十岁生日这天，蒋介石还是为其办了祝寿宴会。

---

① 《胡适的日记》(手稿本) 第18册，1960年11月18日。
② 《蒋介石日记》，1960年11月16日。

蒋介石等为雷震定罪的时候，口口声声"匪谍"。这是怎么回事呢？

后来，刘子英被释，于 1988 年自台湾赴大陆定居，行前，致函雷震夫人称："当年为军方威势胁迫，我自私地只顾个人安危，居然愚蠢得捏造谎言，诬陷儆公，这是我忘恩负义失德之行。"[①]

原来如此。

十五、蒋介石为胡适"盖棺论定"

1962 年 2 月 6 日，适逢春节，蒋经国到胡适处拜年，代蒋介石邀约胡适夫妇等人午宴。蒋介石日记云："宴胡适之夫妇等，以尽人情之理。"

胡适早有心脏病。1949 年 10 月底、11 月初，曾两次心脏剧痛。[②] 1951 年 12 月 17 日，他六十一岁时，写作《生日决议案》，自称："常常带药瓶走路，连人寿保险公司也拒绝我这个顾客，生命很可能忽然结束。"[③]1961 年 2 月 25 日，胡适心脏病发，入住台湾大学医院。4 月 22 日出院。11 月 26 日，心脏病再发，重入台大医院，至 1962 年 1 月 10 日出院，入住台湾大学招待所疗养。

1961 年 9 月 24 日，胡适在《民主潮》第十一卷第十八期发表《纪念曾慕韩先生文》，中云："过于颂扬中国传统文化，可能替反动分子助威。凡是极端国家主义运动中，总都含有守旧的成分，总不免在消极方面排斥外来的文化，在积极方面拥护或辩护传统的文化，所以，我总觉得，凡提倡

① 马之骕:《雷震与蒋介石》，(台湾)自立晚报出版社 1993 年版，第 493 页。
② 胡颂平:《胡适之先生年谱长编初稿》(增补版)第 6 册，第 2107 页。
③ 《在台北市记者招待会上答问》(1952 年 11 月 19 日)，《胡适言论集乙编》，曹伯言、季伟龙:《胡适年谱》，第 732 页。

狭义的国家主义或狭义的民族主义的朋友们，都得特别小心的戒律自己，偶一不小心，就会给顽固分子加添武器了。"事后，"立法委员"林栋当即在"立法院"教育委员会向"教育部长"提出质询。大部分"立委"也都表示反对胡适的观点。

同年11月6日，胡适应美国国际开发总署之邀，在亚东区科学教育会议开幕时作主题演讲，题为《科学发展所需要的社会改革》。演讲中，胡适谈到"东方文明"中缺少"精神价值"。他以缠足等为例说："一个文明容忍像妇女缠足那样惨无人道习惯到一千年之久，而差不多没有一声抗议，还有什么精神文明可说？"又说："科学和技术的新文明"是"人类真正伟大的精神成就，是我们必须学习去爱好，去尊敬的"。其结论是："我主张把科学和技术的近代文明看作高度理想主义的、精神的文明。"[1] 胡适的这些看法立即受到"东方文明"维护者的反对。"立法委员"廖维藩提出质询，徐复观在《民主评论》发表文章，批评胡适"以一切下流的词句，来诬蔑中国文化，诬蔑东方文化"，"向西方人卖俏"，"得点残羹冷汁（炙）"，"脸厚心黑"，云云。[2]

1962年2月24日上午，胡适主持"中央研究院"院士会议。下午，主持欢迎第五届新院士酒会，讲了十分钟的话，胡适突然面色苍白，仰身倒地，经急救无效，七时十分去世，享年七十二岁。

2月25日，蒋介石亲撰挽联："新文化中旧道德的楷模；旧伦理中新思想的师表。"从新文化与旧伦理两个方面对胡适作了评价。蒋介石自认为"公平无私"，"并未过奖，更无深贬之意"。3月1日，蒋介石偕同张群到"中央研究院"吊唁。次日日记云："盖棺论定，胡适不失为自由主义者。

---

[1]　胡颂平：《胡适之先生年谱长编初稿》（增补版）第10册，第3803—3806页。

[2]　胡颂平：《胡适之先生年谱长编初稿》（增补版）第10册，第609页。

其个人生活亦无缺点，有时亦有正义感与爱国心。惟其太褊狭自私，且崇拜西风，而自卑其固有文化，故仍不能脱出中国书生与政客之旧习也。"3月2日，陈诚率领治丧委员会全体举行公祭，到会一百多单位，二万余人。3月3日，蒋介石在《上星期反省录》中写道："胡适之死，在革命事业与民族复兴的建国思想言，乃除了障碍也。"6月27日，蒋介石发布褒扬令，全面评价其一生，称其"恺悌劳谦，贞坚不拔"①。10月15日，治丧委员会公推毛子水撰写墓志铭，词曰：

　　　　这个为学术和文化的进步，为思想和言论的自由，为民族的尊荣，为人类的幸福而苦心焦虑、敝精劳神以致身死的人，现在在这里安息了。②

　　蒋介石的褒扬令，用文言；毛子水的墓志铭，用白话，维护了胡适的遗愿。

　　1949年当胡适被围北平之际，蒋介石等一再电邀其南下，最后派专机相接。毋庸讳言，自然有其特定的政治目的。南下之后，胡适对蒋介石时有"逆耳"之言，蒋介石在日记中对胡适则不满、不屑、怨愤、嘲讽、辱骂甚至敌视，体现了两人之间政治观念、治世理念的凿枘难合。由于胡适的极高声望和装点、粉饰自身政权的需要，蒋介石没有采取对雷震那样的严厉措施，而是"不即不离"，始终保持了适当的克制和礼遇，并在其生命终结之后，给出了一个自以为"公平无私"的评价。

　　胡适一生，其思想和事业广阔而复杂。蒋介石的上述三段话，抛弃了

---

① 台北《中央日报》，1962年7月4日。

② 胡颂平：《胡适之先生年谱长编初稿》（增补版）第10册，第3903—3904页。

其日记中前引对胡适的谩骂、攻击语言，有摆脱党派和个人私见的方面，但是，也严重反映出党派和个人私见的局囿。有些话包含正确因素，有些话大谬不然，需要人们认真、深入、细致地辨析。蒋介石虽自视其上述评价是对胡适的"盖棺论定"，其实离"定论"很远、很远。从某种意义上看，关于胡适的评价，和中国近代史上的许多问题一样，也许是一个长期的、永远说不完的话题。

　　　　2021 年 2 月 27 日，传统元宵节之第二日，完成于
北京东城之悔文斋，时已八十五周岁矣。